MÉMOIRES DE GUERRE

*Collection dirigée
par
François Malye*

DANS LA MÊME COLLECTION

Curzio Malaparte,
La Volga naît en Europe

Winston Churchill,
La Guerre du Malakand

Curzio Malaparte,
Viva Caporetto !

Brice Erbland,
Dans les griffes du Tigre

Maréchal Soult,
Mémoires. Espagne et Portugal

John Steinbeck,
Dépêches du Vietnam

Rudyard Kipling
La France en guerre

Arthur Conan Doyle
Visite sur les trois fronts

Élise Rida Musomandera
Le Livre d'Élise

Dino Buzzati
Chroniques de la guerre sur mer

Alain
Lettres aux deux amies

Ernst Jünger
Sur les otages

Winston Churchill,
La Guerre du fleuve (Soudan)

Carlo Salsa,
Tranchées. Confidences d'un soldat d'infanterie

Journal de guerre
1939-1945

Dans la même collection
(suite)

Martha Gellhorn,
La Guerre de face

Stratis Myrivilis,
La Vie dans la tombe. Le livre de la guerre

David Galula
Pacification en Algérie

H. G. Wells
La Guerre et l'Avenir

Pauline Maucort,
La Guerre et après…

Guillaume Ancel,
Vent glacial sur Sarajevo

Jorge Ricardo Masetti,
Avec Fidel et le Che

François Malye,
Camp Beauregard

Guillaume Ancel,
Rwanda, la fin du silence

John Steinbeck,
*Bombes larguées.
Histoire d'un équipage de bombardier*

Eugene B. Sledge,
Frères d'armes.

André Hébert,
*Jusqu'à Raqqa
Avec les Kurdes contre Daech*

Evelyn Waugh

Journal de guerre

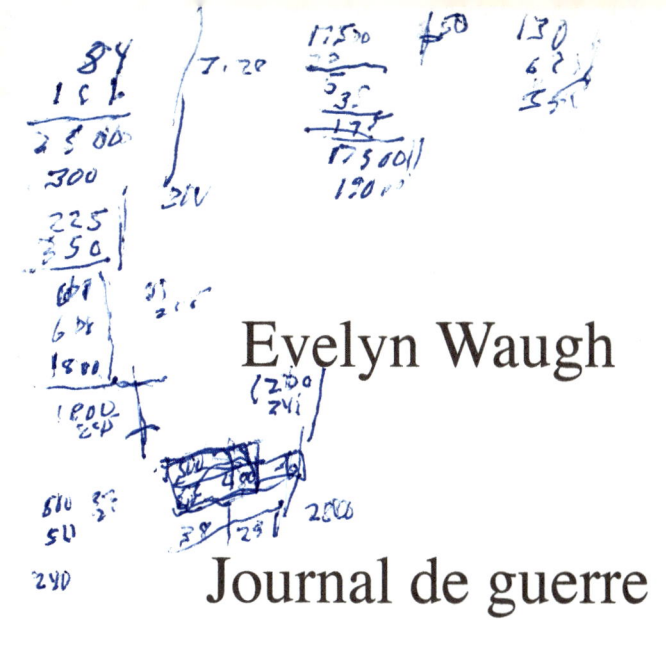

1939-1945

*Traduit de l'anglais
par
Julia Malye*

Paris
Les Belles Lettres
2019

© 1979, The Estate of Laura Waugh
All rights reserved

*Tous droits de traduction, de reproduction et d'adaptation
réservés pour tous les pays.*

*Pour la présenté édition et la traduction française
© 2019 Société d'édition Les Belles Lettres
95, bd Raspail 75006 Paris
www.lesbelleslettres.com*

ISBN : 978-2-251-44986-9

Présentation

Le journal de guerre d'Evelyn Waugh (1903-1966) est un texte inédit, extrait du monumental journal[1] que l'écrivain britannique tint depuis l'âge de sept ans jusqu'à peu avant sa mort. Cette chronique décalée et souvent comique de la Seconde Guerre mondiale est la matrice de sa célèbre trilogie romanesque *Sword of Honour*[2] – titre tout à fait ironique – publiée à partir de 1952, récit romancé de l'étrange guerre que livra ce féroce contempteur de la société britannique et pilier de son œuvre prolifique.

Âgé de trente-six ans, Evelyn Waugh a dû mobiliser son influent réseau au sein de la haute société britannique pour parvenir à servir comme officier. Son expérience militaire sera variée et insolite, de l'expédition avortée de Dakar – « Great Dakar Fuck-Up », « le grand foutoir de Dakar » – aux côtés des Français libres dirigés par le général de Gaulle, en passant par la désastreuse bataille de Crète jusqu'à une longue mission dans les Balkans avec Randolph Churchill, incapable et alcoolique notoire, fils du Premier Ministre britannique, auprès de Tito et de ses Partisans.

---

1. *The Diaries of Evelyn Waugh* (1976), édité et présenté par Michael Davie, Weidenfeld and Nicolson, Londres, réédition Orion Publishing Group, Limited, 2010.
2. *Hommes en armes* (1954), *Officiers et Gentlemen* (1956), *La Capitulation* (1962).

Le meilleur portrait de Waugh au combat a été livré par l'historien américain Paul Fussel, vétéran de la Seconde guerre mondiale, dans son livre *À la guerre*[1] qui en examine les coulisses peu reluisantes. « L'erreur est pratiquement le personnage central […] des journaux de guerre d'Evelyn Waugh […]. Waugh savait tout sur la question, étant lui-même un officier solidement incompétent des Royal Marines, trop âgé pour son grade, et, pendant quelque temps, un membre fort peu apprécié du Commando n° 8. » À chaque étape du « désastre […], j'étais à une place bien en vue », reconnaît l'écrivain britannique. Waugh et Fussel poursuivent le même but, sortir la guerre de son récit de propagande, agencé, structuré pour faire apparaître toute la stupidité de cette immense tuerie, en réalité menée « par des amateurs et des bureaucrates ». « Depuis cinquante ans, la guerre côté Alliés a été aseptisée et poétisée, à en devenir presque méconnaissable, par les sentimentaux, les patriotes à tous crins, les ignorants et amateurs de chair fraîche. J'ai tenté d'équilibrer la balance », écrit Paul Fussel. Avec Evelyn Waugh, l'un des plus caustiques des écrivains britanniques de son siècle, le lecteur sera servi.

Le journal d'Evelyn Waugh, publié en 1976, est présenté et annoté par l'écrivain britannique Michael Davie, journaliste à l'*Observer*. Réédité à deux reprises, en 1995 et 2010, c'est de cette dernière version qu'a été extraite la partie consacrée à la Seconde Guerre mondiale qui forme ce journal de guerre. Les principaux éléments de l'édition britannique sont repris ici. La notice biographique de l'auteur est suivie de la préface de l'ensemble du journal rédigée par Michael Davie dans l'édition originale de 1976, reprise dans celle de 2010. Chaque période du journal d'Evelyn Waugh faisant l'objet d'une courte introduction, celle consacrée à la guerre a été conservée.

---

1. *À la guerre, psychologie et comportements pendant la Seconde Guerre mondiale*, traduit par Paul Shemla, Paris, Seuil, 1992.

Evelyn Waugh n'écrivait pas ces journaux pour qu'ils soient publiés. Il passe souvent, dans un même paragraphe, d'une idée à une autre sans la moindre transition. L'absence d'éléments de contexte a rendu la traduction de certains passages complexe ; nous nous sommes efforcés, par des notes, de les resituer. Les interventions typographiques de Michael Davie, lorsque la lecture du manuscrit prêtait à confusion, ont été conservées. Durant ses nombreux allers et retours entre le front et l'Angleterre, Evelyn Waugh croise de nombreuses célébrités de l'establishment souvent citées simplement par leur prénom. On y trouve Graham Greene, Nancy et Diana Mitford, Martha Gellhorn (alors correspondante de guerre et épouse d'Ernest Hemingway[1]) ou encore le photographe Cecil Beaton. Les notes de Michael Davie sont précieuses pour débrouiller cet écheveau.

Le journal de guerre s'achève le 15 mars 1945 alors qu'Evelyn Waugh s'apprête à quitter Naples pour rentrer à Londres. Nous avons choisi de poursuivre jusqu'au jour de la capitulation allemande en ajoutant un extrait du journal suivant, *The 1945-56 Diary*.

Nous avons traduit en français les titres des ouvrages ayant été publiés en France, les titres des inédits apparaissent en anglais, la bibliographie des ouvrages de l'auteur cités se trouve en fin de volume.

Les notes sans précision sont celles de l'édition originale, celles de la traductrice sont notées *NdlT*, celles de l'éditeur *NdE*.

Julia et François Malye
Paris, le 26 mai 2019

---

1. Voir *La Guerre de face*, Martha Gellhorn, traduit par Pierre Guglielmina, Paris, Les Belles Lettres, coll. « Mémoires de guerre », 2015.

Evelyn Waugh en 1940 « Guy, des moustaches ?
C'est tout à fait affreux ! » *(Hommes en armes)* – © D. R.

Biographie

Evelyn Waugh est né à Hampstead en 1903, second fils d'Arthur Waugh, éditeur et critique littéraire, et frère d'Alec Waugh, le romancier populaire. Il étudie l'histoire moderne à Lancing et Herford College, à Oxford. Il publie son premier ouvrage, une biographie de Dante Gabriel Rossetti, en 1927, et en 1928 son premier roman, *Grandeur et Décadence*, bientôt suivi par *Ces corps vils* (1930), *Diablerie* (1932), *Une poignée de cendres* (1934) et *Scoop* (1938). À la même période, il fait de nombreux voyages et visite la plupart des pays européens, le Proche-Orient, l'Afrique, et l'Amérique tropicale. En 1939, il est nommé officier dans les Royal Marines et plus tard transféré à la Royal Horse Guards, servant au Moyen-Orient et en Yougoslavie. En 1942 il publie *Hissez le grand pavois* puis en 1945 *Retour à Brideshead*. *When the Going was Good* et *Le Cher disparu* sont suivis par *Helena* (1950), son roman historique. *Hommes en armes*, paru en 1952, est le premier tome de la trilogie *Sword of Honour* récompensée par le James Tail Black Memorial Prize. Les autres tomes, *Officiers et Gentlemen* et *La Capitulation*, sont publiés en 1955 et 1961. Evelyn Waugh se convertit au catholicisme en 1930 et sa biographie du martyr jésuite élisabéthain, *Edmund Campion*, reçoit le Hawthornden Prize en 1936. Il publie *Life of Reverend Knox* en 1959, et en 1964 le premier tome de son autobiographie, *A Little Learning*. Il se marie deux fois et a six enfants. À partir de 1937, il vit avec sa famille dans le West Country. Il meurt en 1966.

Michael Davie (1924-2005), journaliste britannique, est également l'auteur de nombreux ouvrages comme *LBJ, A Foreign Observer's Viewpoint* (Duell, Sloan and Pearce 1966) et *Titanic : The Death and Life of a Legend* (Random House, 1986).

Chronologie

1903	Né au 11 Hillfield Road, Hampstead (28 octobre).
1907	La famille déménage à North End Road, Hampstead.
1910-1917	Élève à l'école préparatoire Heath Mount.
1917-1921	Élève à Lancing College, Sussex.
1921-1924	École d'art (septembre-décembre). Tombe « amoureux d'une famille tout entière », les Plunket Greenes.
1925	Instituteur au Pays de Galles ; tentative de suicide.
1926	Instituteur dans le Berkshire. Publication de sa première nouvelle, *P. R. B., An Essay on the Pre-Raphaelite Brotherhood 1847-1854*, tirage privé par Alastair Graham.
1927	Renvoyé de l'école du Berkshire (février). Instituteur temporaire à Notting Hill, Londres (mars). *Daily Express* (avril-mai). Commence à écrire *Grandeur et Décadence*.
1928	Publication de son premier livre, *Rossetti*. Épouse Evelyn Gardner (juin). Publication de *Grandeur et Décadence* (septembre).

1929	Sa femme le quitte (juillet). De 1929 à 1937, « pas de domicile fixe » et sans cesse en voyage.
1930	*Ces corps vils* ; succès littéraire et social ; chroniqueur au *Daily Mail* ; premier récit de voyage, *Bagages enregistrés*. Se convertit au catholicisme. Voyages en Abyssinie et en Afrique centrale.
1931	*Hiver africain*. Amoureux de « Baby » Jungman. Rencontre Lady Diana Cooper. Noël à Madresfield avec les Lygons.
1932	*Diablerie*. Voyages en Guyane britannique et au Brésil (novembre-février 1933).
1933	Croisière sur la Méditerranée. Son mariage est annulé (octobre-novembre).
1934	Hiver de 1933-1934 au Maroc. « Expedition » Spitzbergen. *Ninety-Two Days*. *Une poignée de cendres* (octobre).
1935	Couvre la guerre entre l'Italie et l'Abyssinie pour le *Daily Mail*, interviewe Mussolini. *Edmund Campion*.
1936	Rome confirme l'annulation de son mariage, ce qui lui permet de se remarier. Troisième voyage en Abyssinie. *Waugh in Abyssinia*.
1937	Épouse Laura Herbert (avril) ; s'installe à Piers Court, Stinchcombe, Gloucestershire.
1938	*Scoop*. Visite la Hongrie au printemps et le Mexique à l'automne.
1939	*Robbery Under Law : The Mexican Object-lesson*. S'engage dans les Royal Marines (décembre).
1940	Participe à l'expédition de Dakar. Transfert dans les commandos.

1941	Présent à la bataille de Crète ; désabusé par ses collègues officiers et, après l'entrée en guerre de la Russie, par la guerre elle-même.
1942	*Hissez le grand pavois. Work Suspended.* « Une bonne année » passée au Royaume-Uni.
1943	Démission forcée des commandos. Son père, Arthur Waugh, meurt.
1944	Obtient une permission spéciale pour écrire *Retour à Brideshead* (janvier-juin). Se rend en Yougoslavie, alors occupée par les Allemands, avec la mission militaire britannique auprès des Partisans (septembre). En décembre, il devient officier de liaison à Dubrovnik, Yougoslavie.
1945	Publication de *Retour à Brideshead* (mai). Démobilisé (septembre) ; retourne à Piers Court.
1946	Visite l'Espagne, ce qui donnera *Scott-King's Modern Europe*, publié en 1947.
1947	Visite Hollywood, ce qui donnera *Le Cher Disparu*, publié en 1948.
1948-1949	Tournée de conférences aux États-Unis.
1950	*Helena.*
1951	Série de voyages au Proche-Orient pour *Life*, qui inspirera *The Holy Places* en 1952.
1952	*Hommes en armes.* Noël à Goa.
1953	*Love Among the Ruins.*
1954	Part en voyage dont les expériences lui inspirent « Pinfold ». Sa mère, Catherine Waugh, meurt.
1955	*Officiers et Gentlemen.*
1956	S'installe à Combe Florey House, près de Taunton, Somerset.

1957	*L'Épreuve de Gilbert Pinfold.*
1958	Voyage en Rhodésie, rassemblant des documents pour écrire la biographie de Ronald Knox.
1959	*The Life of the Right Reverend Ronald Knox.*
1960	*A Tourist in Africa.* Série de voyages en Europe pour le *Daily Mail.*
1961	*La Capitulation.* Hiver en Guyane britannique.
1964	*A Little Learning, The First Volume of an Autobiography.*
1966	Le dimanche de Pâques, le 10 avril, meurt à Combe Florey House. Laura et Evelyn Waugh avaient six enfants (un autre mourut à la naissance) :

- Teresa, née en mars 1938 ; elle épouse en 1961 John D'Arms, professeur de latin et de grec à l'université du Michigan.
- Auberon, né en novembre 1939 ; il épouse en 1961 Lady Teresa Onslow.
- Margaret, née en juin 1942 ; elle épouse en 1962 Giles FitzHerbert, du Foreign Office.
- Harriet, née en mai 1944.
- James, né en juin 1946.
- Septimus, né en juillet 1950.

Préface

Evelyn Waugh tient un journal, de façon intermittente, presque toute sa vie. Les entrées les plus anciennes qui nous sont parvenues datent de septembre 1911 ; la dernière du jour de Pâques 1965, un an avant sa mort. Le journal, dans son intégralité, compte près de 340 000 mots.

Après la mort de Waugh, le manuscrit est transféré de sa maison de Combe Florey, près de Taunton, à l'université du Texas à Austin, où il est aujourd'hui conservé dans des boîtes bleu foncé sur les étagères d'une salle climatisée du Humanities Research Center. Les journaux de jeunesse sont divisés en deux parties : ceux de 1911 et 1912, décorés de joyeux dessins au crayon de couleur, sont rédigés sur des feuilles volantes ; les journaux de 1913 et 1914 dans de petits carnets. Les importants journaux que Waugh tient à son internat, Lancing, entre 1919 et 1921, et après son départ d'Oxford, entre 1924 et 1926, sont rédigés dans des carnets folio qui seront plus tard reliés par Maltby, le relieur d'Oxford. Le journal du 2 octobre 1926 au 4 août 1927 tient dans un cahier rouge. Le journal suivant apparaît en majeure partie sur des pages volantes, principalement folio ; les entrées de 1930, une fois Waugh devenu une célébrité littéraire après la publication de ses deux premiers romans, *Grandeur et Décadence* (1928) et *Ces corps vils* (1930), sont tenus sur des doubles pages d'un bon papier la première étant frappée des initiales entrelacées « E. W. » L'ensemble du manuscrit est écrit à l'encre.

Le journal qui nous est parvenu est incomplet. À Lancing, le 10 octobre 1919, Waugh raconte qu'il a arraché les entrées qu'il avait écrites sur les vacances. Une correspondance inédite découverte dans les archives de l'université du Texas contient une lettre écrite par Waugh d'Oxford à un ami d'école, Dudley Carew. « Au cours de la dernière quinzaine, je suis devenu presque fou. Je suis maintenant un peu plus sain d'esprit. Mon journal de cette période est détruit. » Dans une autre lettre au même correspondant, de toute évidence écrite dans les mêmes moments, Waugh dit qu'il a été « assez incroyablement dépravé moralement ». Considérées ensemble, ces lettres suggèrent que Waugh a détruit son journal « de cette période » parce qu'il relatait les expériences homosexuelles qu'il a vécues quand il était étudiant de premier cycle, auxquelles son biographe officiel, Christopher Sykes[1] fait allusion. On peut remarquer qu'il n'existe aucun journal pour deux autres périodes de crise émotionnelle traversées par l'auteur : l'effondrement de son mariage en 1929, et sa « folie » de 1954 – les hallucinations décrites dans *L'Épreuve de Gilbert Pinfold*.

Peu de membres du cercle de Waugh savaient qu'il tenait un journal. Alastair Graham, un ami proche au milieu des années 1920, l'ignorait ; tout comme la première femme de Waugh ; tout comme Lord Birkenhead, qui vivait aux côtés de Waugh dans une petite ferme en Yougoslavie, alors occupée par l'ennemi, pendant la Seconde Guerre mondiale. Et pourtant, se comporter secrètement et cacher son journal ne ressemblait pas à Waugh. Pourquoi a-t-il même commencé à tenir un journal ? Les raisons qui l'ont poussé à écrire pendant ses voyages, surtout pendant ceux des années 1930, sont assez claires : il avait besoin d'un

---

1. Christopher Sykes, *Evelyn Waugh, A Biography*, Collins, Londres 1975, p. 48.

aide-mémoire[1] pour les articles et les récits de voyage qu'il prévoyait d'écrire, ou qui lui avaient été commandés. En tenant (au mépris des règlements militaires) un journal pendant la Seconde Guerre mondiale, alors qu'il était engagé dans l'armée, il était sans aucun doute conscient qu'il était en train de coucher sur le papier une réserve d'expériences dont il souhaiterait peut-être plus tard s'inspirer, comme il le fit en effet ; la trilogie *Sword of Honour*, écrite entre 1951 et 1961, coïncide à de multiples reprises avec les journaux. Ceux de Lancing et ceux des années 1920 deviennent une source, discrètement utilisés et cités, pour le « premier volume » de son autobiographie inachevée, publié en 1964. Quand en décembre 1960 il recommence à tenir son journal après s'être arrêté pendant un temps, il écrit : « Une mémoire défaillante et une démangeaison sénile d'écrire au *Times* à n'importe quel sujet m'ont décidé à prendre des notes irrégulières décrivant ce qui me traverse l'esprit. » Les journaux ne sont pas écrits pour être publiés. La décision de les publier est prise par Mme Laura Waugh, sa seconde femme, avant sa mort en 1973, conjointement avec son fils aîné M. Auberon Waugh, et avec l'approbation du frère aîné de Waugh, M. Alec Waugh.

Michael Davie, Londres, mars 1976
(et mars 1978).

---

1. En français dans le texte (*NdlT*).

Introduction

Tenir un journal en campagne pendant la Seconde Guerre mondiale constituait une sérieuse infraction militaire ; le journal de Waugh entre 1939 et 1945 est considérable. Sa carrière dans l'armée, en revanche, est loin d'être simple et n'est pas toujours facile à suivre à partir du journal ; un bref résumé pourrait donc être utile aux lecteurs.

Waugh rejoint les Royal Marines en tant que lieutenant en second[1]. Après avoir suivi un entraînement préliminaire au quartier général divisionnaire de Chatham, il le poursuit ensuite à Kingsdown, près de Deal, dans le Kent, puis à Bisley, près d'Aldershot. En juillet 1940, maintenant capitaine commandant une compagnie, il est posté à Haverfordwest, Pembrokeshire, où il embarque avec ses hommes à bord d'un ancien bateau à vapeur transmanche afin de faire face aux Allemands en cas d'invasion de l'Irlande. Une fois cette menace dissipée, l'unité se rend à Cornwall pour en assurer la défense. En août 1940, elle part pour Birkenhead où elle embarque à bord d'un transport de troupes, l'*Ettrick*, qui met le cap sur Scapa Flow. Waugh devient officier du service de renseignements du bataillon.

---

1. Les Royal Marines sont un corps d'élite comparable à celui de nos fusiliers marins ou aux marines américains. Evelyn Waugh, comme Guy Crouchback, le personnage principal de sa trilogie romanesque sur la guerre *Sword of Honour*, rejoint les Royal Marines en tant que sous-lieutenant (*NdE*).

Après avoir été formé à lancer des assauts à Scapa Flow, il part pour l'Afrique de l'Ouest à bord de l'*Ettrick* en tant que membre de l'expédition britannique lancée aux côtés du général de Gaulle, le chef des Français libres, pour s'emparer du port de Dakar en Afrique de l'Ouest française. L'expédition est un fiasco. Après un retour en Écosse en passant par Gibraltar, Waugh obtient, de sa propre initiative, d'être transféré aux Opérations combinées, sous les ordres du colonel Robert Laycock.

En février 1941, Waugh quitte l'île d'Arran en bateau avec le Commando 8, en route pour le Moyen-Orient. La nuit du 19 au 20 avril, il participe à un raid sur la côte libyenne tenue par les Allemands, à Bardia. À la fin du mois de mai et au début du mois de juin, en tant qu'officier du service de renseignements de Laycock, il participe aux combats de l'arrière-garde qui précèdent l'évacuation et la perte de la Crète. Le 5 juillet, quand les commandos au Moyen-Orient sont dissous, il est à nouveau transféré au sein des marines et retourne en Angleterre à bord d'un paquebot de ligne qui suit l'itinéraire le plus long en passant par Le Cap ; pendant le voyage, selon ses notes, il écrit *Hissez le grand pavois*.

Dans son journal Waugh décrit l'année suivante, 1942, comme « une bonne année ». Ayant suivi un stage de formation de commandant de compagnie à Édimbourg entre janvier et février, il obtient à nouveau d'être libéré des marines et de retourner « servir aux côtés d'amis » avec les commandos, d'abord en Écosse et ensuite, après un stage d'interprétation photographique de cinq semaines, à Sherborne dans le Dorset, où il sert comme officier du service de renseignements au quartier général de la brigade.

Il passe toute l'année 1943, comme celle de 1942, au Royaume-Uni. À la différence de 1942 en revanche, cette année-là n'est pas bonne. Laycock part pour l'Afrique du Nord et l'invasion de la Sicile sans lui, et en l'absence de Laycock, il est renvoyé, en juillet, de la Special Service Brigade ; le journal contient l'échange de lettres qui précède sa démission forcée. En décembre 1943, il participe à un stage de parachutisme.

Pendant la première moitié de l'année 1944 il est en permission, occupé à écrire « un roman ambitieux », *Retour à Brideshead*. En juillet, il quitte Londres avec le major Randolph Churchill[1] pour rejoindre la mission militaire britannique auprès des Partisans de Tito en Yougoslavie, alors occupée par l'ennemi. Le 16 juillet l'avion à bord duquel il voyage avec Churchill s'écrase en Yougoslavie ; ils sont rapatriés en avion jusqu'à un hôpital en Italie, partent faire un tour en Corse pour se remettre, et retournent en Yougoslavie en septembre. Waugh reste en Croatie avec la mission jusqu'à début décembre. Il est alors affecté à Dubrovnik, sur la côte dalmate, comme officier de liaison entre les troupes britanniques et les autorités yougoslaves. Sous la pression des Partisans, il est renvoyé de Dubrovnik.

En février 1945 il retourne en Italie. Le 2 mars, il est reçu en audience privée par le pape afin d'évoquer la façon dont les Partisans traitent l'Église catholique en Yougoslavie. Plus tard, en mars, il rentre à Londres. En mai, il se voit refuser sa demande de repartir en Yougoslavie en tant que diplomate ; il commence alors à écrire *Helena*. Mi-septembre 1945, il retourne avec sa famille dans sa maison de Piers Court. Il est démobilisé le 18 septembre.

De tous les passages manquants du journal de guerre, les plus longs se situent entre novembre 1940 et le printemps de 1942. Cette période est cependant couverte par le « Mémorandum sur LAYFORCE », dans lequel Waugh livre un récit complet de ses expériences au sein des commandos, y compris son rôle lors de la bataille de Crète.

---

1. Randolph Churchill (1911-1968), deuxième des cinq enfants de Winston et Clementine Churchill (*NdE*).

Evelyn Waugh

JOURNAL DE GUERRE, 1939-1945

Chatham, lundi 11 décembre 1939

Notre première journée de travail, rien de bien impressionnant à part l'entraînement physique. Comme d'habitude, beaucoup de temps perdu à rester debout sans rien faire.

Mardi 12 décembre 1939

Petit-déjeuner à 7 h 30 ; exercice à 8 h 15 ; manœuvres d'infanterie, une visite de la zone dont est responsable l'officier d'intendance où on nous a appris, entre autres, comment différencier un chat d'un lapin en comptant leurs côtes ; 10 h 45 droit militaire ; 11 h 45 entraînement physique comprenant de nombreux jeux dégradants conçus pour nous maintenir de bonne humeur mais qui, en réalité, vont à l'encontre de la dignité naturelle de l'homme. Déjeuner. Exercice à 14 h 30 et manœuvres[1] jusqu'à 16 heures, après quoi tous les hommes de la section se sont endormis dans des fauteuils à l'exception de quelques ambitieux qui ont tenté de s'attirer les bonnes grâces du sergent en le privant de son temps libre et en s'entraînant une heure de plus entre 17 et 18 heures. Le dîner d'hier soir était très officiel, avec des nappes retirées d'un grand geste

---

1. Dans le texte anglais « ID ». Note de l'éditeur anglais : sans doute « *infantry drill* » que nous avons ici choisi de traduire par « manœuvres » (*NdlT*).

à chaque extrémité de la table, mais sans la moindre bouteille de porto. Un nouvel officier nous a rejoints d'Oxford, et Griffiths menace de partir pour la RNVR[1]. Froid mordant avec risque de neige. Les Finlandais se battent pendant que la Société des Nations se réunit, j'imagine, pour la dernière fois à ce sujet.

Mardi 19 décembre 1939

Une semaine froide pendant laquelle les diverses sottises de l'entraînement physique se sont atténuées ou ont changé de nature. Nous avons maintenant trois exercices de nuit par semaine. La durée de notre stage a été raccourcie et nous terminerons le 12 janvier, ce qui nous laissera ridiculement peu préparés pour Deal. Je suis allé en permission à Londres samedi. Ai emmené Mary et Francis Howard dîner au Buck, bu quelques verres avec Judith au Wrights, dormi à Cornwall Terrace, déjeuné avec Tom Burns et dîné avec lui et Anne Bowes-Lyon. Suis rentré à la base par le train du soir avec le sentiment d'avoir dépensé beaucoup d'argent pour bien peu de plaisir. Le pauvre Alfred[2] profite de quelques jours de permission pour Noël. Il a envoyé un télégramme à la maison de campagne de Lady Curzon pour qu'elle le retrouve au Dorchester pour dîner. Elle s'est rendue à Londres, s'est faite belle, a acheté des places pour une pièce et a attendu de 20 heures à minuit avant d'aller se coucher. À 3 h 30, on lui a téléphoné pour lui annoncer qu'il fallait qu'elle apporte sur-le-champ 3 £ au Slip-In. J'ai appris au St James qu'un parasite nommé Pakenham s'est

---

1. Royal Naval Volunteer Reserve (*NdlT*).
2. Alfred Duggan, fils issu du premier mariage de Lady Curzon.

senti obligé d'expliquer pourquoi il n'était pas en uniforme. Nouvelles du monde extérieur, l'échec du *Graf Spee*[1] voué à devenir glorieux.

Pixton Park, samedi 23 — dimanche 31 décembre 1939

Huit jours de permission à Pixton qui se sont terminés par un rhume sévère. Laura[2] a pu me rejoindre quelques jours. Nous prenions nos repas séparément, soit à l'étage soit dans le salon de Bridget. Les enfants, les nôtres et ceux des évacués, étaient omniprésents. Un moine sympathique et silencieux originaire d'Ampleforth comme aumônier. Les habituelles festivités de Noël à Pixton, comme toujours préparées au dernier moment et donc insuffisantes. Je suis allé déjeuner avec Christopher et Trim l'autre jour. Des nouvelles de Chatham : notre stage y est décidément écourté et nous allons à Deal le 13 ou 14 du mois prochain pour nous entraîner avec le reste des officiers de la brigade d'infanterie. Je pense que nous en avons terminé avec le sergent Fuller et l'instruction d'infanterie. Mary Pakenham fiancée et mariée, mais je n'ai pas pu quitter Laura pour me rendre au mariage. Les Finlandais résistent toujours et soulèvent des espoirs impossibles.

---

1. L'*Admiral Graf Spee*, croiseur cuirassé allemand, endommagé durant la bataille navale du Rio de la Plata et acculé par la flotte britannique est sabordé par son équipage le 17 décembre 1939 à la sortie du port de Montevideo (*NdE*).

2. Laura Herbert (1916-1973) deuxième femme d'Evelyn Waugh qu'il épouse en 1937 (*NdE*).

Dimanche 31 décembre 1939 – Dimanche 7 janvier 1940

Un voyage lugubre à Londres. Francis Howard prenait le train avec moi et avait oublié d'emporter de quoi déjeuner et donc, comme il n'y avait pas de voiture-restaurant, j'ai dû lui donner la moitié du mien. Neige boueuse et brouillard à Londres. J'ai appelé Henry et les ai retrouvés, lui et Dig, chez eux, nous avons pris le thé ensemble et j'ai eu beaucoup de plaisir à échanger avec eux. Puis dîner avec Miles, Trim et un parasite de Miles nommé Loftus. Nous avons dîné au Buck, beaucoup bu, et j'ai ensuite dû reprendre mon train et m'asseoir, le vin gelant dans mes veines, dans un wagon sombre plein de fumée et de sapeurs ; aucun taxi à la gare, une marche dans le froid avant d'aller me coucher. Mal dormi.

Notre nouveau stage se concentre sur les armes légères, ce qui implique d'incessantes leçons sur le terrain pour apprendre comment fonctionnent les fusils, le Bren[1] et les fusils antichar, trop peu d'exercice physique, pas d'air frais, aucun intérêt – chacun d'entre nous s'appliquant tour à tour à reproduire quelque truc mécanique plus ou moins maladroitement. Un charmant sergent-major qui considérait le tout avec un mépris non dissimulé. Notre futur colonel a passé un jour ou deux ici et nous a donné un aperçu de notre printemps et de notre été, concluant que nous n'existerions plus en août. St John frappé par des calculs biliaires[2], j'ai dû lui trouver un médecin au milieu de la nuit. Après une demi-heure passée au téléphone dans le poste de garde, après avoir marché jusqu'à la caserne

---

1. Fusil mitrailleur de l'armée britannique reconnaissable à son chargeur courbe sur le dessus de l'arme (*NdE*).

2. John St John, auteur de *To the War with Waugh* (Londres, 1973), bien que jamais diagnostiqué, assure qu'il ne souffrait pas de calculs biliaires et qu'il n'a jamais eu de problème de vessie (voir entrée du 18 novembre 1939).

Melville, on a trouvé le médecin endormi dans une chambre juste au-dessus de nous. Une bonne petite pantomime au théâtre de la garnison.

Instruction à Kingstown, Kent, jeudi 18 janvier 1940

J'écris depuis le Deal-Walmer Union Club. Les derniers jours à Chatham étaient exquis. Nous avons suivi un cours de tir pour apprendre comment se servir de diverses petites armes, exercice auquel je me suis avéré très mauvais, sur un champ de tir incroyablement morne à Gravesend. Avec un revolver, à portée si proche que je pouvais voir la cible, je m'en suis mieux sorti. Je suis allé à Londres pour le week-end et j'ai dormi chez Tom Burns. J'ai bu des cocktails avec Teresa[1] et j'ai été ému par notre réconciliation et son air rayonnant – elle se rend quatre soirs par semaine à un bureau de l'ARP[2] et danse avec des Canadiens dans de petits night-clubs les autres soirs, dort toute la journée et a perdu son chien – et nous avons prévu de nous retrouver après la messe le lendemain, un rendez-vous qui s'est avéré amèrement décevant puisqu'elle était extrêmement occupée et irritante. J'ai vu des membres de la batterie de Cazalet – « le monstrueux régiment de gentlemen », G. Berners – en tenue de campagne et arborant leurs médailles. Ai mangé des escargots pour le dîner avec Burns et Stanley Morison. Burns vit dans un monde purement fictif au ministère de l'Information, où le seul problème de la guerre est de déterminer précisément quel type de gouvernement doit être instauré en Allemagne, et ce dans l'immédiat, sans effusion de sang. Tout le monde ne

1. Teresa Jungman.
2. ARP pour Air Raid Precautions, service chargé des alertes aériennes (*NdlT*).

cesse de parler du renvoi de Belisha[1], les personnes âgées et les gens de bonne famille en jubilent, les jeunes et les plébéiens s'en indignent. J'ai déjeuné avec Maimie et son prince. Nous avons reçu des invités à Chatham le dernier soir de notre stage. Patrick est venu pour l'occasion et, je pense, a trouvé la soirée très surprenante, en particulier les « cordes[2] » qui descendaient apporter le porto et la cérémonie élaborée autour de la corne de tabac à priser.

Le 12 janvier, vendredi, j'ai quitté Chatham et les quarante-huit heures les plus heureuses de ma vie ont commencé. Ai retrouvé Laura à l'hôtel Fleming où nous logions, dîné tôt avec Phyllis et Hubert qui ne cessaient de débattre et Gérald Berners, suis allé voir un magnifique film d'espionnage, ai bien dormi et me suis réveillé reposé, quelques achats, déjeuner avec Liz et Raimund[3], thé avec Mary Pakenham, maintenant étonnamment mariée, dîner au Boulestin, le Little Review, souper au Fleming. Une autre agréable nuit et une matinée au lit à lire les journaux, messe à Farm Street, ai invité Phyllis, Hubert, Liz et Raimund à déjeuner au St James. Tout s'est passé à merveille. Deux jours parfaits pour se préparer au camp de Kingsdown.

Nous sommes arrivés là-bas dimanche après la tombée de la nuit et avons découvert une villa victorienne délabrée, entourée de petites cabanes en amiante qui sont utilisées en été comme camp de vacances. Une baignoire pour soixante hommes, un lavabo, les toilettes ont gelé et celles à l'intérieur de la maison n'ont pas de lunette. Aucun tapis, bruyant, froid. Une pièce est rendue inhabitable par une table de ping-pong, une autre par un

---

1. Leslie Hore-Belisha, le ministre des Transports britannique (*NdlT*).
2. Vraisemblablement les musiciens à cordes, puisque Waugh décrit une scène très similaire dans *Hommes en armes* (p. 137) (*NdlT*).
3. Lady Elizabeth Paget, nièce de Lady Diana Cooper, a épousé en 1939 Raimund von Hofmannsthal, second fils d'Hugo von Hofmannsthal, le poète autrichien.

poste de radio. Nous dormons à cinq dans une chambre sans une seule patère entre les lits. Les autres détachements d'officiers venus de Deal, Portsmouth et Plymouth ont une composition tant similaire à la nôtre qu'on dirait une « galerie des glaces ». La première matinée de travail était essentiellement dédiée à une série de cours, principalement dispensés par le commandant de brigade, St Clair Morfort[1], qui semble tout droit échappé de Sing-Sing et parle comme un collégien – dents d'hermine, oreilles de faune, yeux brillants comme ceux d'un enfant qui jouerait aux pirates, « C'est là que nous devons leur rentrer dedans, gentlemen ». Il est aussi effrayant que fascinant. Nous avons eu un peu de temps libre en début d'après-midi et je me suis rendu au club avec Hedley, une petite maison confortable essentiellement fréquentée par des médecins retraités, nous avons payé une guinée et sommes devenus membres. Nous avions bien besoin de ce refuge. Nous avons aussi acheté des poêles à mazout et décidé de nous installer dans les cabanes.

Mardi nous avons passé la matinée dans les collines des Downs, la plupart du temps dans une neige abondante, à résoudre de très simples problèmes tactiques que j'ai réussi à rater. Après le déjeuner nous avons eu un autre cours et avons ensuite marché au beau milieu d'un blizzard pour aller voir des latrines de campagne. Je me suis installé dans ma cabane où j'apprécie mon intimité retrouvée, mais j'ai eu froid pendant la nuit en dépit de ma couverture en fourrure et du poêle à mazout. La souffrance des marines est intolérable. Ce pauvre marine, Rose, se montre tout à fait enthousiaste à la perspective d'une telle détresse. Ce matin une neige profonde et un vent oscillant entre vif et frais, des exercices de tactique faciles.

---

1. Qui inspira le personnage du « général Ritchie-Hook » dans *Hommes en armes*.

La vue est remarquable avec un premier plan entièrement blanc et la mer au loin, terne, ponctuée d'une centaine ou plus de navires neutres attendant de passer les contrôles de contrebande. L'un d'entre eux, un vaisseau italien, a été détruit la nuit dernière.

Jeudi 15 février 1940

La fin du cours pratique est prévue pour le vendredi 16 quand nous nous rendrons à Bisley, je suis convaincu que nos quartiers ne pourront pas être plus inadéquats que ceux que nous quittons. Depuis le 28 janvier je suis parti habiter avec Laura à l'hôtel Swan et j'ai de plus en plus perdu contact avec le camp. En agissant ainsi, j'ai suivi l'exemple des officiers supérieurs. Kingsdown House a découragé tout le monde au plus haut point. Apathie et brouhaha se sont peu à peu installés, accentués mais non pas causés par de longues journées d'hiver passées dans la neige et le givre. Rien de plus malheureux n'aurait pu arriver à la brigade. Nous avons tous quitté nos divisions avec un fort *esprit de corps*[1]. J'ai remarqué que tous les hommes se sont assombris. Dans le mess, il n'y en a que pour le poste de radio et la table de ping-pong. La maison est tellement oppressante que tous les jeunes officiers (ainsi que la plupart des plus âgés) commencent à rencontrer des difficultés financières puisque la seule façon de partir est de payer pour des clubs ou des hôtels. Tout a été géré en dépit du bon sens – les factures du mess ont été mal calculées, notre paye a, contre toute attente été déduite de l'allocation de mariage qui nous avait été promise, le service de restauration du mess a été mauvais et les améliorations suggérées par la commission du mess

---

1. En français dans le texte (*NdlT*).

négligées après un jour ou deux. Ce qui m'irrite le plus, c'est que rien n'a été fait pour nous ; le progrès le plus léger n'était que le fruit d'une agitation venue du bas. Le major Teak, depuis qu'il s'est décidé à agir, a été assez efficace, mais au début il ne faisait rien. Ceci donne une impression assez ironique, et cela n'a échappé à personne, de la « gestion des hommes ». La vérité, bien entendu, est que personne ne se sentait responsable de nous ; une fois la Brigade formée, il en sera tout autrement. Entre-temps, on a gâché beaucoup d'un sincère enthousiasme.

Nous avons eu trop peu de travail. Tout ce temps libre était coûteux et pénible. Une heure de manœuvre tous les matins nous aurait fait le plus grand bien, physiquement comme moralement. Au lieu de quoi il y a eu des cours magistraux et des exercices tactiques sans troupes[1], ces derniers en général assez intéressants, de longs « au repos[2] » le matin, des après-midi souvent libres, jamais la moindre tâche à accomplir avant 9 heures ou après 16 heures. Résultat : tout le monde se laisse aller et s'énerve.

Laura et moi avons fait un voyage désastreux à Stinchcombe. Nous avions prévu de dormir chez Barbara Crohan (maintenant Bray) à Owlpen. Notre train à Stroud avait deux heures de retard (23 heures et il n'y avait aucun taxi). L'hôtel Imperial a été converti en bureaux. La pluie tombait et gelait au sol. Nous avons finalement réussi à prendre un taxi qui nous a emmenés jusqu'en bas de la colline qui mène à Uley puis s'est immobilisé. Une demi-heure passée à essayer de pousser la voiture sur la glace. Puis une marche à vitesse d'escargot jusqu'à Owlpen où nous sommes arrivés à 2 heures. Le matin suivant, aucun taxi ne voulait s'aventurer dehors. Nous avons marché et trouvé quelques voitures qui ont bien voulu

---

1. Dans le texte anglais : *tewts*, à savoir Tactical Exercise Without Troops (*NdlT*).
2. Ordre de l'armée britannique, *stand easy* (*NdlT*).

nous emmener et nous sommes arrivés à Piers Court à midi et avons passé une heure là-bas. Maison relativement propre, jardin désolé, Prewitt l'air penaud et en guenilles. Nous avons ensuite conduit jusqu'à Stroud où il s'est tout d'abord avéré impossible de trouver un endroit pour déjeuner. On nous a finalement indiqué un café. Pas de train direct pour Londres. Une longue, longue attente dans un froid mordant à Swindon. Nous sommes arrivés à Londres vers 23 heures, avons dormi au Fleming, confortablement pour la première fois depuis le début du voyage. Le week-end a coûté environ 12 £. À la fin, j'ai reçu un mot m'informant que les nonnes ne voulaient plus rester. Retrouver Douglas et Mia à la messe de Farm Street a été le seul moment agréable du week-end. Nous avons déjeuné tous ensemble et mangé des escargots.

Nous avons organisé un certain nombre de petites fêtes ici et avons vu quelques-uns des voisins locaux, Lord Birdwood, Lady Sargent, une Miss Eliot, la sœur d'Hubert Marcella Rice. Nous avons dîné là-bas, et Edward Rice et un petit Écossais hargneux se sont efforcés de me convaincre que je m'étais lancé dans une guerre injuste qui se solderait par une défaite certaine. Il m'a semblé qu'ils faisaient preuve de plus de bon sens que de bonnes manières et encore, d'assez peu de bon sens. Il n'y a pas de nouvelles du front à part celles des triomphes stupéfiants et répétés de la Finlande. Aujourd'hui, pour la première fois, les journaux reconnaissent ouvertement qu'on est en train de recruter des hommes en Angleterre pour former une légion finnoise.

Bisley, lundi 26 février 1940

Venir à Bisley était sans aucun doute pour le mieux. Nous sommes partis le 16 en prenant un train qui est arrivé à l'heure indiquée – le premier de la sorte que j'ai pris depuis le début de la guerre. Nous avons été accueillis par le colonel Lushington et un adjudant tout à fait décent du nom d'Houghton, avons conduit jusqu'au camp qui consiste en une série de pavillons indépendants, éparpillés sur un terrain bien entretenu ; à l'extérieur du camp se trouvent d'horribles petites parcelles remplies d'ajoncs, de pins et de villas. Lushington nous a souhaité la bienvenue en nous annonçant que nous allions peut-être tous pouvoir prendre une petite permission et quitter le camp jusqu'à lundi, j'ai donc pu faire une surprise à Laura en rentrant à Highgate et en passant la nuit là-bas. Nous nous sommes ensuite installés à Londres au Fleming et avons passé de bons moments avec Phyllis, Hubert, Teresa, Patrick, Douglas et Mia, Liz et Raimund, etc. Je suis rentré tôt lundi matin, à temps pour le petit-déjeuner.

La nourriture et le service du mess sont atroces, mais de tout autre point de vue, notre quotidien est supportable. Nous sommes répartis en fonction de nos différents commandants de bataillon et vivons séparément les uns des autres. Notre bataillon a son propre bar. Nous avons participé à une sorte d'instruction commune assez grotesque, durant laquelle j'ai fait une leçon de vingt minutes sur les patrouilles de reconnaissance. Digby-Bell m'a dit que je serai probablement nommé capitaine en avril. Bailey a failli être expulsé à cause des mauvais rapports envoyés de Chatham et Deal, mais « a si bien défendu son cas » qu'il reste.

J'ai décidé de rester au camp ce week-end par souci d'économie. Jeudi, le général est apparu dans notre tente où nous étions en train de démonter nos Bren et a annoncé à Messer-Bennetts que nous devrions passer la journée de samedi avec lui. Il est venu nous chercher à 12 h 30 et nous a conduits, la voiture faisant des embardées sur la route, à une villa délabrée d'un style Tudor de nouveau riche. J'ai demandé s'il l'avait construite lui-même. « Construite ? Cette maison a quatre ou cinq cents ans. » C'était un mauvais départ. Il devient gris comme une ardoise et non rouge quand il est énervé. À l'intérieur de la villa, on voyait bien que la maison avait été construite à partir d'un vieux cottage. Mme Morford était jolie et enjouée. Il me semble qu'elle mène une vie étrange avec le général. Elle a pris grand plaisir à nous raconter comment, la nuit dernière, elle avait dû se lever à plusieurs reprises pour s'occuper d'un enfant malade. À chaque fois, le général posait ses bottes au-dessus de la porte pour la piéger à son retour. Il hurle « Femme, apporte mes cigarettes ! » et elle s'en va en trottinant gaiement. La plupart des souvenirs de famille du général avaient trait aux coups qu'il administrait ou aux graves accidents qui avaient résulté de quelques dangereuses façons de partir en vacances. Après le déjeuner, nous sommes allés nous promener par un temps agréable dans une campagne agréable autour de Sutton Place. Il nous a dit que son hockey lui manquait pendant la guerre. Le golf n'est pas la même chose ; le tennis non plus (domaine où sa femme excelle). « Il faut pratiquer les sports d'équipe aussi longtemps que possible. Pendant la dernière guerre, j'étais demi-centre dans ma compagnie. Ça valait 100 £ la minute. C'est comme ça qu'on tient ses hommes. Je tenais mes hommes. Si on m'en amenait un qui avait commis un crime, je lui disais « Vous préférez la cour martiale ou que ça vienne de moi ? » Ils choisissaient toujours de régler ça avec moi. Je les pliais en deux et leur en collais dix, aussi fort que je pouvais. Ma compagnie avait le taux de criminalité le plus bas du régiment. »

Nous sommes rentrés pour prendre le thé et une nouvelle fille est arrivée de Londres, très grosse et séduisante. Le général a viré gris plusieurs fois avec cette fille, qu'il avait eue d'une autre femme et qui était catholique. Elle travaille à Londres mais, nous a expliqué le général, a été contaminée par la nouvelle génération et ses folles envies de changement et de plaisir. Elle m'a dit qu'elle avait travaillé comme employée dans un ascenseur du Times Book Club et perdu son travail parce qu'à Noël, elle avait accroché du gui dans l'ascenseur. Le général a trouvé inapproprié qu'elle me raconte une chose pareille. Après le thé, le général a sorti un livre de poèmes et d'illustrations que lui et sa femme avaient compilé sur le modèle de *Histoires comme ça* et *Book of Beasts*. J'ai dû lire tous les poèmes tandis que le général respirait de façon stertoreuse contre mon cou. De nombreux poèmes portaient sur l'utilisation d'éponges pour réveiller les gens le matin. « C'est vraiment arrivé au frère de ma femme, Ivor », a-t-il dit. Un certain nombre de majors sont arrivés pour dîner, tous accompagnés de leurs pimbêches, toutes étrangères, une coïncidence qui n'a pas échappé au général et qu'il n'a pas manqué de commenter pour le moins fréquemment. « Incroyables, ces femmes des officiers de la Marine – une Russe, une Suédoise, une Hun. J'ai fait marcher Mme Mac au sujet de la Suède l'autre jour. Lui ai dit que c'était tous des ordures. Elle était très contrariée. » Nous avions à manger et à boire en abondance. Bougeoirs et sets de table peints par Mme Morford, certains ornés de fleurs japonaises, d'autres de lanternes.

Après le dîner j'ai discuté de l'Afrique avec le général. Il m'a parlé d'un Gyppy[1] en qui il avait confiance, le seul de tout le pays, Hassamir [?] Bey, un conseiller de Farouk. Ce malheureux

1. Terme péjoratif, intraduisible en français, pour désigner un Égyptien (*NdE*).

a un jour dû passer une journée à voyager avec le général dans un train parti de Louxor, voie unique, écartement étroit, désert de chaque côté et chaleur écrasante. Le général a cru qu'il allait devenir fou. Heureusement, il avait avec lui une balle de golf, si bien que lui et le Gyppy ont joué à se l'envoyer pendant tout le voyage « la jetant aussi fort que possible pour que ça fasse rudement mal ». Le Gyppy a tenu toute la journée. Peu en auraient été capables. « Je ne l'ai jamais revu mais il m'a fortement marqué. Il était blanc. »

Il nous a ramenés jusqu'à chez nous, ramassant en chemin un certain nombre de Canadiens, des hommes de la garde et divers traînards, et il est ensuite rentré pour commencer à travailler depuis chez lui.

Jeudi de la semaine de Pâques, 28 mars 1940

Je me suis rendu à Londres tous les week-ends depuis le jour de ma visite chez le général, dormant avec Laura au Fleming, dînant et déjeunant au Ritz et dépensant énormément d'argent. Nous sommes maintenant à découvert d'environ 500 £. Je dois 200 £ d'impôt sur le revenu et ne vois pas ce qui pourrait me permettre de régler mes problèmes financiers si ce n'est une prodigieuse crise liée à l'inflation nationale. J'ai dîné un jeudi soir à un mess de la garde à Pirbright, me suis un peu enivré et y suis retourné pour terminer complètement soûl. Un autre jeudi à Minden où Alick Dru[1] et Peter Acton[2] suivaient un stage de renseignements. Nous avons eu une longue permission pour Pâques que nous avons passée à Cornwall Terrace, Laura

---

1. Le beau-frère de Waugh.
2. Frère du 3e baron et de l'honorable Mme Woodruff.

atteinte de la rougeole. Tout le monde était parti, et le Buck et le St James tous deux fermés.

Nous avons terminé notre stage ici et nous nous occupons avec les sous-officiers de planter les tentes pour les troupes qui arrivent mardi. Un moment décisif du stage quand, un long vendredi, nous avons été envoyés faire une marche et des exercices tactiques, un désastre du début à la fin, à chaque étape duquel j'étais à une place bien en vue. Jusqu'à maintenant j'étais convaincu que je deviendrai commandant en second d'une compagnie et Digby-Bell m'avait dit la même chose. La veille de notre départ en permission pour Pâques, les listes des compagnies ont été publiées, je suis dans un peloton de la compagnie B. Le travail pourrait être plus intéressant mais cela voudrait dire partager une tente, survivre avec un salaire de lieutenant ; et savoir que mes attentes seront déçues. Pour le moment, en l'absence du commandant en second de la compagnie, avec le commandant de la compagnie parti s'occuper de la brigade, je suis nominalement aux commandes, ce qui ne veut rien dire du tout à part que j'assiste aux réunions des commandants de la compagnie, où j'ai aujourd'hui réussi à les convaincre au sujet de l'instruction. La brigade a l'intention de proposer aux miliciens un entraînement complet de trente jours pour leur apprendre à manier les armes de petit calibre, ce qui promet d'être déprimant et s'avérera probablement démoralisant. Bailey a été renvoyé de la brigade et transféré à la Mobile Base Defence.

Afin d'instaurer un esprit de combat, aucune mesure de protection contre les raids aériens n'est autorisée dans le camp.

La capitulation de la Finlande m'a tout à fait démoralisé. La guerre semble aller mal en général, et en particulier, elle n'offre aucun front adapté à nos types de combat spécialisés.

Londres, samedi 30 mars 1940

Jeudi, après avoir écrit mon journal, j'ai bu de 18 heures à minuit et me suis réveillé d'humeur grincheuse, impatient de partir en permission. Sur les conseils de Bell j'ai soumis ma demande au colonel qui me l'a immédiatement accordée, avant même que j'aie eu le temps d'exposer les diverses raisons pour lesquelles je pensais y avoir droit. Une réunion des commandants de la compagnie a eu lieu ce matin durant laquelle l'adjudant a esquissé l'organisation à venir du bataillon. « Nous avons besoin de trente marines pour la section du génie. Deux d'entre eux sont arrivés il y a quelques semaines. Je les ai trouvés au camp et leur ai demandé à quel corps ils appartenaient. Ils m'ont répondu à celui du génie. Depuis, on ne les a plus jamais revus mais ils réapparaîtront certainement quand nous serons sous la tente. » Et aussi : « J'ai bien peur que tous les sergents majors de la compagnie à l'exception d'un homme aient été jugés médicalement inaptes au service. Le quatrième n'a pas pu être examiné car il est en congé maladie. »

Nous avons dans la compagnie B un sergent-major compétent du nom de Macy [?]. Ensemble, nous avons réussi à prendre en quelques minutes toutes les dispositions préliminaires qui étaient nécessaires. Deux de nos marines ont déjà été arrêtés et placés sous haute surveillance après avoir été retrouvés soûls pendant l'exercice en début d'après-midi. La Flotte ayant reçu l'ordre de renforcer la discipline des hommes les plus expérimentés, les capitaines ont profité de l'occasion pour se débarrasser de leurs criminels. Ces hommes âgés, en plus des miliciens qui ont postulé à la Marine en s'imaginant que ce poste leur épargnerait des combats sur terre, forment la brigade.

J'ai quitté le camp vendredi à 16 h 30 et suis allé à Londres dans un nouvel hôtel (tout du moins pour nous) qu'Elizabeth Herbert nous avait conseillés, au 12 Curzon Street. J'avais envoyé un télégraphe à Laura. Résolu à faire des économies, je m'y suis rendu en métro et suis allé boire un verre au St James. J'ai commandé et je suis alors tombé sur Osbert Darell [?], éméché, avec deux de ses amis. Il m'a proposé de me joindre à eux. Résolu à faire des économies, je me suis assis à leur table puisqu'il proposait de me payer un verre. Après une demi-heure extrêmement ennuyeuse, j'étais sur le point de partir quand il a commandé une autre tournée. J'ai dû payer. Lui et ses amis buvaient du brandy – addition de 7 shillings et 6 pennies. Au moment où je m'en allais, le serveur m'a dit « Excusez-moi, il reste votre whisky à payer. » J'ai désespéré de jamais réussir à faire des économies et ai emmené Laura dîner à La Coquille. Osbert Darell y était aussi, accompagné d'un groupe animé.

L'hôtel particulier de Russell est charmant. Nous avons un vaste salon – nous louons une chambre au dernier étage pour 12 shillings la nuit, tout en haut de vieux escaliers. De la fenêtre, Sunderland House est le bâtiment le plus moderne qu'on puisse voir. Tout autour, du stuc miteux ; en face, l'entrée du Shepherd's Market, avec des putains qui faisaient des allers et retours ; un kiosque de fleuriste. Cela ne ressemble en rien à Londres. Les meubles datent de la fin de l'époque victorienne. En rentrant le soir, j'ai trouvé toutes les bougies éteintes mais la flamme d'un petit brûleur à gaz en cuivre afin que je puisse les allumer. Francis Howard aussi est là.

Ce matin une journée ensoleillée. Un petit-déjeuner copieux, un trajet en bus jusqu'à Fulham Road pour aller voir une montre en émail qui plaît à Laura, achat d'un globe de coquilles pour l'anniversaire de ma mère. Déjeuner au club de la garde avec Miles Howard. Sommes ensuite allés voir *Pinocchio* de Walt Disney. Beaucoup de queue sur Regent Street donc nous avons payé cher pour être bien assis. De charmants paysages, des scènes de nuit d'une grande beauté.

[Entre l'entrée de journal précédente et la suivante, Waugh a été promu capitaine, les troupes sont arrivées, et les effectifs du bataillon sont maintenant au complet.]

Bisley, vendredi 10 mai 1940

Camp a accueilli la nouvelle de l'invasion des Pays-Bas avec satisfaction. « Le ballon s'envole enfin. » Toutes les permissions du week-end annulées. La compagnie D[1] est partie en opération de nuit – une nuit plus sombre que d'habitude et une zone méconnue. J'ai fait passer des tests à quelques nouveaux commandants de sections, leur expliquant longuement que cet essai n'avait rien à voir avec une promotion. Les opérations étaient dilatoires et confuses. Retour au camp à minuit puis au Street's Cottage[2].

Samedi 11 mai 1940

Je suis arrivé au camp à l'heure du petit-déjeuner pour apprendre que l'exercice avait lieu à 8 h 30 parce que tout le monde avait passé la moitié de la nuit en branle-bas de combat à la suite d'une alerte aux parachutistes. Journée passée à recevoir un ordre et son contraire, à attendre les ordres concernant les permissions et les mesures « d'urgence ». L'irritation atteignant son comble, on décida qu'une compagnie prête à agir en cas d'urgence serait basée en permanence au camp ; ainsi qu'un peloton pour l'extermination des parachutistes. Les derniers ordres n'ont pas été annoncés avant 19 heures. Cela me laissait trop peu de temps pour prendre un bain et me changer

1. Waugh commandait alors la compagnie D.
2. Où il vivait.

avant d'aller dîner avec le général. Un triste petit groupe – les invités que nous avions conviés étaient retenus à Londres. Le commandant, le général et moi étions trop fatigués pour discuter. Le général est tout à coup devenu tyrannique. « Vous devenez trop personnel. Changeons de sujet. » Il a parlé pour la première fois de l'éventualité que nous puissions perdre la guerre et de l'Espagne comme un milieu possible pour des opérations de brigade.

Dimanche 12 mai 1940

Sommes allés à l'église à Pirbright. Ai ensuite quitté Laura jusqu'au déjeuner où j'ai tenté de trier les divers nouveaux ordres et de les concilier avec le programme de ma compagnie. Après le déjeuner, trop épuisé pour faire quoi que ce soit à part dormir. Nous avons ensuite pris un taxi jusqu'à Guildford et dîné là-bas.

Lundi 13 mai 1940

L'un des meilleurs hommes de la compagnie, Reynolds, arrêté et placé sous haute surveillance pour avoir quitté le camp. Une fois inculpé, s'est lancé dans une complainte incohérente comme quoi il était injuste qu'on lui retire sa section. Il devait être nommé caporal aujourd'hui. J'ai choisi Welsh à sa place. Enfermé au camp toute la journée ; me suis éclipsé tard, après la modification du programme d'un exercice tactique sans troupe, pour dire au revoir à Laura. Bataillon très inquiet du sort de la fille Cowan[1].

---

1. Pamela May, la ballerine, se trouvait en territoire occupé en Hollande.

Mardi 14 mai 1940

Enfermé au camp mais me suis échappé ce matin pour un dernier au revoir. Les ordres d'urgence rendent la moindre instruction presque impossible. Sodomie dans la compagnie C.

Mercredi 15 mai 1940

Exercice tactique sans troupes du commandant ce matin. L'après-midi, je suis allé voir en voiture les zones d'instruction où aura lieu un exercice de vingt-quatre heures sur le terrain. J'ai pris les mesures administratives nécessaires pour cet exercice. Ai cru avoir été clair mais me suis rendu compte qu'on avait compris le contraire de tout ce que j'avais dit. Les hommes ne pensent qu'à leur permission, leur promotion et ont tendance à basculer dans des délires de persécution. La fille Cowan a réussi à s'échapper de Hollande vivante, est venue au camp.

Jeudi 16 mai 1940

Combats font rage en France. Tous ceux dont le sens mélodramatique avait été déçu en septembre dernier se galvanisent. Nouveaux ordres reçus toutes les heures, par exemple protection antigaz et cartouches de pistolet de détresse. La compagnie D est partie faire l'exercice de vingt-quatre heures. Les hommes ont sans aucun doute apprécié tout ce qui avait trait au pique-nique mais ont un esprit de compétition beaucoup trop vif pour tirer quoi que ce soit de ces exercices tactiques. Tout ce qu'ils veulent c'est gagner la bataille. Nous avons réalisé deux opérations d'avant-garde de Bisley Common à Maristwood [?]

Farm où nous avons bivouaqué sous de grands ormes dans les prés – un régal après les broussailles et les bouleaux. Un marine est tombé malade, un second faisait semblant. Peu dormi.

Vendredi 17 mai 1940

Réveillé dès 3 h 30. Nous sommes remis en marche à 6 h 30. Arrivé au camp un peu après 8 heures. Tout le monde épuisé. Chaude journée. Bataillon envoyé en cour martiale. Dispute opposera Cowan et Newman au sujet d'une ordonnance. La ligne de front française a été percée et dissoute par des tanks. Personne n'est le moins du monde déconcerté.

Samedi 18 mai 1940

Compagnie d'urgence et donc impossible de quitter le camp. Une matinée facile passée à nettoyer les planchers des tentes, etc. Instruction pour les sous-officiers et commandants de section. Temps magnifique.

Dimanche 19 mai 1940

Messe à 9 h 15 à Pirbright ; me suis ensuite assis au soleil au mess de la garde, buvant de la bière, regardant une partie de croquet, et discutant de l'extrême gravité de la situation. Retour au camp pour un match de football que nous avons gagné. Ai retrouvé le général au mess du 5ᵉ bataillon. Il dit que les Français ont échoué à cause des bombardements aériens qui dispersaient les artilleurs autour de leurs armes. Les Français étaient prêts à se rendre jusqu'au moment où Churchill est venu les encourager.

Il leur a dit : « Impossible d'arrêter ces tanks. Mais les hommes doivent bien sortir de temps à autre pour pisser, n'est-ce pas ? Abattez-les à ce moment-là. » Apparemment, les Français ont été très impressionnés par ce simple précepte et ils ont décidé de reporter leur capitulation. Le mess au déjeuner offrait un spectacle des plus étranges. Messieurs Bourne & Hollingsworth ont proposé il y a quelque temps d'adopter les Royal Marines et de tricoter aux troupes des habits chauds. Pour les remercier, le général a dit qu'il espérait que certaines d'entre elles viendraient un jour lui rendre visite. Cette invitation a été aussitôt acceptée, en conséquence de quoi, trente vendeuses se sont abattues sur le camp pour la journée. Je peine à trouver les mots pour décrire combien leur visite fut pénible. Heureusement, elles se sont attardées beaucoup plus longtemps que prévu et les officiers supérieurs ne souhaitent pas réitérer l'expérience. À 17 heures, je suis allé voir des terrains d'entraînement avec Hedley et son sergent, Cowan et sa femme, Farmer et le sergent Fairer. Un peu plus tard, dîner à Pirbright.

Lundi 20 mai 1940

Une journée passée dehors à s'entraîner. Instruction de section, des pelotons qui faisaient le tour du périmètre d'une ferme. Une femme qui épluchait des choux a perdu son dîner et ses courses pour la semaine et s'est imaginé que nous les avions volés. Nous lui avons donné un steak et des oignons mais elle semblait toujours mécontente. Retour au camp où les nouvelles du front étaient mauvaises.

Mardi 21 mai 1940

Journée d'entraînement du bataillon sur le terrain ; temps superbe. Quelques légères frictions personnelles entre les officiers, surtout entre moi et le commandant en second, mais une journée assez réussie. Retour au camp pour apprendre qu'Arras, Amiens et peut-être Abbeville sont tombées, les Français ayant laissé la Meuse sans défense et ses ponts n'ayant pas été démolis. Tanks et avions partout envoyés au combat.

Mercredi 22 mai 1940

Fortes pluies toute la nuit et toute la matinée. Laura est retournée à Street's Cottage. J'ai donné un cours à la compagnie sur la situation internationale et cela m'a tellement déprimé que je pouvais à peine continuer de parler.

Le soir, une conférence de Fitzgerald qui vient tout juste de débarquer du *Curaçoa*[1], lourdement bombardé en Norvège. Il nous a décrit l'embarquement d'une compagnie et comment il s'était avéré que la moitié des hommes du Leicester n'avait pas le bon équipement. Une fois ce problème résolu, ils ont levé l'ancre, inspecté leur matériel une fois en mer et se sont rendu compte que les magasins des fusils antichar étaient vides. Au complet, ce bataillon comptait 600 hommes et à son retour, il n'en restait plus que 150. Fitzgerald nous a ensuite raconté être resté couché pendant des jours dans les fjords autour d'Andenes alors que les bombes pleuvaient autour d'eux. Les appareils de la RAF volaient sans jamais arborer leurs signes distinctifs et

---

1. Le *HMS Curacoa*, croiseur léger britannique, transformé en navire antiaérien, est lourdement endommagé le 24 avril 1940 durant la campagne de Norvège (*NdE*).

négligeaient d'envoyer des signaux de réponse ; on leur tirait sans arrêt dessus et certains ont été abattus. Il n'y avait aucune défense antiaérienne à Andenes, mais la garnison des Royal Marines ne compte qu'un mort et un blessé. À bord du *Curaçoa*, une mitrailleuse Vickers équipée d'un projecteur s'est avérée être l'arme la plus précieuse. Des manœuvres ont permis d'éviter au bateau d'être touché pendant plusieurs jours ; en maintenant le moteur en marche, en mettant la vapeur pour foncer ou faire machine arrière et en virant à droite à l'approche d'un bombardier. Les bombes hurlaient. Des appareils de la RAF sont apparus plusieurs fois pour faire des passes et crâner au-dessus du navire, et l'ont laissé sous l'ombre des Dornier Do 17.

Dimanche 25 mai

Ce matin, au moment où le bataillon avait jugé son instruction si médiocre que nous avions décidé de diviser les hommes en groupes le général, ayant proclamé que nous aurions été capables de tenir Boulogne, nous a déclaré suffisamment entraînés et prêts à servir. L'instruction en groupes se poursuivra. Le major aux commandes a dénié toutes responsabilités et m'a laissé responsable du groupe de sous-officiers. Les mesures de défense ont réduit à néant l'instruction de ces derniers jours. J'ai fait venir Gavin Maxwell pour donner un cours sur le tir de précision. À midi samedi, Laura et moi sommes partis pour un week-end idyllique à Alton à l'hôtel Swan. Une ville charmante où non seulement les militaires étaient absents mais qui comptait aussi beaucoup d'aimables jeunes civils en âge de servir dans l'armée. L'hôtel tout entier regorgeait de plantes vertes et de meubles imposants, sophistiqués. Nous sommes allés à l'église, avons lu P. G. Wodehouse (que nous avons perdu en même temps que les ports de la Manche), regardé de vieux hommes portant des panamas jouer aux boules, et oublié la guerre. Burns n'a cessé d'essayer de me joindre. Le second bataillon n'est pas encore arrivé.

Lundi 27 mai 1940

La journée que nous avions prévu de dédier à la préparation du groupe des caporaux a été entièrement occupée par un exercice au profit des signaleurs. Comme personne n'a réussi à faire fonctionner leur équipement, ils n'en ont pas tiré grand-chose. Le ministère de l'Information exige que je me présente dans leurs bureaux à Londres.

Mardi 27 mai 1940

Instruction en groupes a commencé. Je suis allé à Londres. Là, j'ai été surpris d'apprendre la nouvelle de la capitulation de la Belgique dans la rue, et de découvrir des femmes qui vendaient des drapeaux pour « La Journée des Animaux ». Me suis fait couper les cheveux et ai acheté des pantalons. Me suis rendu au ministère de l'Information où Graham Greene proposait un projet d'écrivains officiels au service des forces armées, et il souhaite pour sa part devenir marine ; Burns aussi. J'ai expliqué que toute cette histoire d'écrivain officiel pourrait s'avérer opportune si nous en venions à jouer un rôle défensif en Extrême-Orient de façon permanente, ou si je me trouvais frappé d'incapacité et affecté à l'instruction. À mon retour au camp, les hommes étaient complètement abattus. Le commandant s'est rendu à Aldershot et a reçu l'ordre de préparer les troupes à recevoir les nouvelles les plus sombres du Corps expéditionnaire britannique et de maintenir le moral de ses hommes.

Glorieux 1ᵉʳ juin 1940

Fin d'une semaine amère, rendue doublement plus pénible par une inoculation de la fièvre typhoïde d'une extraordinaire virulence qui a plongé le camp dans le désespoir le plus complet. Certaines troupes ont basculé dans l'hystérie et se sont évanouies dès qu'elles ont été touchées par la maladie. L'instruction en groupes s'est poursuivie avec un zèle minimum, un exercice de nuit en particulier nous a tous emplis de honte. Nous avons été exhortés de nombreuses fois, sur un ton sombre, au sujet de la gravité de la situation. Duff[1] a adroitement géré les mauvaises nouvelles et parle de la capitulation des ports de la Manche comme d'un exploit héroïque. Un entraînement de combat en milieu grand froid a été recommandé pour la semaine prochaine. Le déploiement à Havant a été annulé. Eddie et Alec[2] sont tous deux rentrés sains et saufs.

J'ai passé une belle journée à Alton et suis rentré au camp où j'ai appris que l'un des hommes de ma compagnie s'était tué. Il a laissé une lettre à l'intention du sergent-major de la compagnie dans laquelle il s'excusait de la gêne occasionnée et expliquait qu'il était trop sensible pour être caporal – je l'avais encouragé à espérer un jour recevoir cette promotion. L'idée que la balle puisse blesser quelqu'un d'autre le préoccupait. Deux brancardiers confrontés pour la première fois à la vue du sang ont démissionné. Les conséquences de la mort de cet homme nous ont occupés pendant la majeure partie de la semaine. Une enquête criminelle a eu lieu, suivie de funérailles militaires. Les sergents se sont occupés de ses proches. Les funérailles se sont déroulées sans accroc. Les hommes de la

---

1. Duff Cooper, ministre de l'Information.
2. Eddie Grant, beau-frère, et Alec Waugh, le frère aîné d'Evelyn.

tente du suicidé n'ont émis aucune objection pour continuer de dormir là. Il avait gardé les munitions avec lui depuis son instruction à Chatham.

Lundi 10 juin 1940

Alors que les nouvelles des combats en France s'assombrissent, notre instruction devient de plus en plus morne. Il y a eu un moment grisant, un vendredi, quand nous avons reçu l'ordre de nous tenir prêts pour un déplacement immédiat ; puis tout s'est arrêté. Permission d'embarquement deux week-ends d'affilée – je suis resté en service ce week-end, à part pour aller passer une agréable nuit à Alton. Une interminable journée d'entraînement sur le terrain pendant laquelle nous étions assoiffés, une nuit et un autre jour passés dans la zone du camp de Bagshot Caesar près des aliénés criminels de Broadmoor ; une expérience qui nous a tous laissé épuisés, et désespérés par l'incapacité des unités de Signals[1]. La nuit dernière, à mon retour d'Alton, un message reçu tard dans la nuit nous ordonnant de nous rendre immédiatement au sud du Pays de Galles. Teak envoyé devant pour s'occuper du logement des hommes. Espère aller à Tendy et crains de me retrouver à Haverfordwest. Une alerte d'attaque aérienne au cours des deux dernières semaines.

Pembroke, jeudi 4 juillet 1940

Nous avons été envoyés à Haverfordwest. Notre départ s'est comme toujours déroulé dans une hâte inutile. Le bataillon jeté hors du camp à 4 heures du matin et les hommes laissés à attendre

---

1. Unités de transmission (*NdlT*).

debout sans rien faire jusqu'à midi. Le mess a renoncé à faire le moindre effort depuis une semaine et nous a servi de façon intermittente du corned-beef et des biscuits tandis que le caporal des ordonnances se mettait à boire et à voler. Un long voyage et une arrivée tardive. Avons marché dans le noir jusqu'à des casernes sales, plongées dans l'obscurité ; tout le monde s'est installé dans la morosité la plus complète. La lumière du jour a dévoilé une petite ville d'une grande beauté, pleine d'habitants impatients de nous accueillir. Les casernes ont été nettoyées et redécorées. La compagnie D a obtenu la salle d'exercices et ses hommes sont les mieux logés du bataillon. L'instruction s'est terminée et dix charmants jours de repos ont commencé. Le propriétaire terrien local s'est avéré n'être autre que John Philipps qui avait été amené à déjeuner à Stinkers l'été dernier. Il possède l'une des plus belles maisons[1] que j'ai jamais vue et s'est montré très accueillant. Ses autres invités étaient des objecteurs de conscience et un ami de sa sœur, qui a été malpoli avec moi ; mais la splendeur de la maison – des pièces du début du XVIIIe siècle dans un moule médiéval – a rattrapé tout cela. Le général avait interdit que nos femmes nous retrouvent, ordre que le colonel a immédiatement annulé, et j'ai donc envoyé un télégramme à Laura qui est arrivée lundi soir et a séjourné assez confortablement à l'hôtel Castle. Nous avons été occupés toute la matinée, et j'étais donc libre entre 14 heures et 8 heures le lendemain, ce qui nous a offert un interlude tout à fait agréable. À la fin de la semaine nous avons à nouveau reçu l'ordre de partir, avons marché dimanche matin jusqu'à Neyland Ferry et nous sommes embarqués à bord d'un petit bateau, sale, le *Lady of Mann*, où nous avons attendu dans une crasse innommable six heures avant qu'il prenne la mer. Un autre bateau, le *St Briac*, a été amarré à côté de nous et certains

---

1. Picton Castle, Haverfordwest.

de nos hommes sont montés à son bord, ce qui a partiellement amélioré notre situation. Laura est venue à Pembroke mais il m'était presque impossible de la voir, et dans la mesure où la petite ville et l'hôtel étaient inhabitables, je l'ai renvoyée à Pixton. Nous avons passé la nuit à terre, les harenguiers flamands qui étaient notre seul moyen de communiquer avec la côte gênant grandement nos préparatifs, mais dans l'ensemble nous avons tous passé un assez bon moment.

Double Bois, Cornwall, mercredi 17 juillet 1940

Les commandants de compagnie occupés à réaliser des « appréciations » de la côte irlandaise, plan obtenu en retard pour un exercice de tir sur le terrain au mortier et fusils antichar, les dernières réserves toujours en train d'être chargées samedi et ordre de se tenir prêt pour débarquement immédiat dans la zone de Plymouth. Le commandant a tenté de combiner, de manière irréfléchie, l'entraînement au tir avec le déchargement, en conséquence de quoi nous nous sommes retrouvés à marcher vingt et un kilomètres pour arriver à un village sans eau, à tirer pendant trois quarts d'heure, à rentrer à pied et à nous faire vivement réprimander à notre arrivée. Le débarquement avait été planifié, comme toutes nos autres missions, de façon à causer le plus de désagrément possible. Consommation excessive d'alcool parmi les sous-officiers les plus âgés. Un voyage de nuit assez confortable et arrivée à Double Bois près de Liskeard. Ai fait venir Laura pour qu'elle me retrouve mais l'ai très peu vue. Nous avons pour mission de défendre Liskeard. Personne n'arrive très bien à comprendre pourquoi quiconque voudrait l'attaquer. Même le commandant dit qu'il a du mal à se débarrasser de l'impression de vivre quelque chose d'irréel. Samedi soir, il est rentré d'une réunion de très bonne humeur après s'être vu confier la tâche de repousser les attaquants, à sa discrétion, en mobilisant la section d'artillerie, les nombreux camions, la compagnie mobile, etc., placés sous son commandement. Au cours des vingt-quatre heures suivantes, on lui a retiré toutes ces ressources à l'exception de la compagnie mobile. Il a de plus dû envoyer la compagnie B couvrir le front du bataillon sur la rivière Lynher et nous défendons encore une fois Liskeard avec des barrages routiers. La pluie ne s'est pour ainsi dire pas arrêtée et les conditions sanitaires et d'hygiène de nos logements sont choquantes. Dimanche je suis allé déjeuner à Port Eliot et j'ai passé les nuits de samedi et dimanche à l'hôtel Webb, au sec. Pendant ce temps-là, on nous distribue des uniformes adaptés au climat tropical.

Whitesand Bay, mardi 6 août 1940

Après avoir passé dix jours à Double Bois, pendant lesquels on a dépensé une immense somme d'argent public et les marines une énergie considérable pour assurer la défense de Liskeard, nous avons soudainement reçu l'ordre de nous rendre sur la côte et d'envoyer les hommes, par groupes de vingt pour cent, en permission de quarante-huit heures. Cette permission doit être de quarante-huit heures passées chez soi ; aucun horaire des trains fourni ; des hommes voyageant aux quatre coins du pays. Nous, les compagnies B et D, avons déménagé à l'hôtel Whitesand Bay, un établissement qui aurait été confortable s'il n'avait accueilli qu'une seule compagnie. Échange virulent avec le colonel au sujet des cuisinières Aga. Nous avons emménagé et commencé à mettre en place la défense de la côte, la compagnie D se retrouvant responsable de plus de sept kilomètres.

Je suis parti en permission le 30. C'était trop court. Une nuit passée à Pixton où nous nous sommes rendus en voiture.

Ma fille molle et affectueuse, mon fils hideux et robuste. Train pour Londres où nous sommes allés chez Russell, dîner avec mes parents. Le lendemain j'ai vu Brendan Bracken et l'ancien adjudant-général. Une nouvelle force rassemblant les compagnies indépendantes composées de volontaires est en train d'être créée sous le commandement de Sir Roger Keyes et j'espère y être transféré. Diana Cooper est venue déjeuner avec nous. Ai dîné à la va-vite dans un restaurant infect avec Phyllis et Hubert. Les Woodruffs nous ont retrouvés pour boire du champagne après la séance de cinéma. Ils avaient plein d'histoires à nous raconter sur tous les emplois intéressants que mes amis obtiennent – Tom[1] à Madrid, Chris[2] à Washington. J'étais triste à l'idée de retrouver le chaos des marines. Ensuite ma permission s'est terminée.

Je suis rentré pour découvrir que l'armée s'était enfin rendu compte que la lune avait une influence sur les hautes marées et j'ai trouvé tout le monde très tendu. Les permissions des commandants de compagnies suspendues, les pelotons bivouaquant à leurs postes. Un général était passé et avait relocalisé un certain nombre de mes sections.

Hier, trois ordres de déplacement : un pour se rendre à Plymouth ; l'autre au quartier général du bataillon à Bake House [?] ; le dernier pour remonter la côte. Aucun endroit pour camper. Farrer m'a été rendu. Hedley est rentré de permission profondément mélancolique. Cowan qui fait la tête. La bonne humeur des marines, infaillible, qui continuent de travailler avec entrain, pendant des heures, pour mettre en place des dispositifs de défense qui, comme ils doivent maintenant le savoir, ne seront jamais utilisés. J'attends de recevoir de Londres des nouvelles de ma libération.

1. Tom Burns.
2. Christopher Hollis.

Downderry, vendredi 16 août 1940

Compagnie a reçu l'ordre de relever la compagnie A à Downderry. Déplacement a commencé à 8 heures et était terminé à 11 heures. Nos derniers déplacements nous ont habitués à ce genre de chose et cela ne nous embête pas tant qu'on nous laisse tranquilles. La compagnie A avait reçu l'ordre de ne pas quitter ses quartiers avant 14 heures, et nous avons donc longuement attendu, littéralement sur le pas de leur porte. Nous avons fini par emménager. De bonnes casernes, les meilleures qu'on ait vues depuis Haverfordwest. Nous avons expliqué aux troupes en quoi notre routine consisterait, la nuit à faire des patrouilles et à monter la garde, et repos pendant la journée. Hommes à leurs postes à 22 heures. Entre-temps, on nous a avertis de nous tenir prêts pour un nouveau déplacement dimanche. Je suis sorti en camion avec le peloton de Cowan et nous avons conduit jusqu'à une maison pittoresque, vide, à l'extrémité ouest de notre front. La lune était pleine et la vue sur le rivage superbe. Tout à coup, deux énormes éclairs, puis un intervalle qui semblait très long suivi de deux explosions. Nous nous sommes dit qu'il s'agissait probablement de bombes lourdes larguées sur Tor Point. Ma présence était requise à une cour martiale le lendemain matin et, comme il n'était pas question de dormir le matin, je suis allé me coucher. Deux mines avaient été posées sur le terrain de golf de Crafthole.

Samedi 17 août 1940

Ai quitté la compagnie tôt pour me rendre à Bake House. La cour martiale s'est réunie tard et a été ajournée tôt si bien qu'il était 16 heures quand j'en suis sorti. Le marine Morley comparaissait pour s'être endormi à son poste alors qu'il montait la garde, un crime dont il a reconnu être coupable. Mais nous – moi en tant qu'ami du prisonnier – avions de bons arguments pour défendre cet aveu. J'ai présenté des preuves médicales qui démontraient qu'il avait une sinusite et que son comportement, tel que décrit par le sergent, était cohérent avec les violents maux de tête dont il souffrait ; j'ai aussi témoigné qu'une fois endormi, il dormait comme une souche et qu'il ne se serait pas réveillé à l'approche de l'officier de garde. Je l'avais soigneusement aidé à préparer sa déclaration en l'incitant à dire qu'il avait « somnolé » et j'ai été assez choqué quand les juges l'ont déclaré coupable, la promulgation de sa sentence étant remise à une date ultérieure.

Entre-temps nous avons reçu l'ordre de nous « rassembler à Bake House sur-le-champ. » Il était déjà 19 heures et la dernière section n'était toujours pas arrivée, et ils ont ensuite dû stocker et charger jusqu'à presque minuit. Nous avons bivouaqué à la ferme.

Les Warwicks qui nous ont relevés à Downderry avaient dû faire huit déplacements depuis qu'ils avaient quitté Dunkerque.

Birkenhead, dimanche 18 août 1940

Réveil à 2 heures du matin. Casques sur la tête, nous avons formé les rangs sous le clair de lune, les hommes portant leurs armes, leurs munitions, deux paquetages et tout le nécessaire pour déménager le campement – un chargement considérable. Les camions ne cessaient de faire des allers et retours à St Germans. Quand nous sommes arrivés à la gare pour prendre le second train, le premier n'était pas encore parti. Nous sommes partis une heure et demie en retard, à 7 h 30, avec la promesse d'un petit-déjeuner à Exeter. Les troupes se sont éparpillées dans les wagons, ont rangé leur matériel et se sont endormies. Il n'y avait pas de petit-déjeuner à Exeter, mais à Bristol, à midi, on nous a donné une tasse de thé infâme et quelques biscuits. À partir de là, chaque gare nous a promis de nous servir un repas à l'arrêt suivant. Nous sommes arrivés à Birkenhead à 19 heures sans avoir rien mangé, à part ce que les hommes avaient pu se permettre d'acheter à Crewe dans la hâte et la bousculade. Pendant tout ce temps-là, nous transportions des rations de survie qui contenaient du pain, de la margarine et du corned-beef que Teak, commandant à bord du train, refusait de nous laisser ouvrir. À Birkenhead nous avons vu pour la première fois l'*Ettrick*, un superbe navire de transport de troupes flambant neuf[1] – un luxe de Belisha. Mais les hommes n'ont pas été autorisés à embarquer avant qu'on ait fait l'appel, détaché l'équipement et que tous les bagages et armes aient été montés à bord. À 22 heures on ne leur avait toujours rien donné à manger, et ils durent ensuite s'occuper du chargement jusqu'à minuit alors qu'un peloton devait se présenter à 2 heures du matin pour se remettre au travail.

Lundi 19 août 1940

Une journée passée dans le confort le plus complet à écouter des rumeurs contradictoires. La mission sur laquelle l'état-major de la brigade a travaillé en secret pendant si longtemps a apparemment été annulée et remplacée. Puis à nouveau remplacée par une autre mission. Une force composée d'éléments les plus divers a été créée – les Highlanders d'Argyll et de Sutherland, des hommes au physique remarquable, un nombre excessif de

---

1. Pas tout à fait flambant neuf ; un vaisseau de P & O (Peninsular and Oriental Steam Navigation Company, *NdlT*) – récemment converti d'où (voir l'entrée datée du 29 août) les stewards originaires de Goa.

médecins, quelques sapeurs, des hommes du RASC[1], un détachement naval. Le navire était surchargé[2] à quatre cents pour cent de sa capacité et après une matinée passée à rectifier les erreurs commises lors du chargement dans le noir, le capitaine du vaisseau a refusé de lever l'ancre. Le général s'est pointé avec son état-major et a été logé au service psychiatrique de l'infirmerie. Tard dans la nuit, les Highlanders d'Argyll et de Sutherland ont reçu l'ordre de débarquer. Le soir, tout le monde a beaucoup bu. Gin à 2 ½ pennies.

Mardi 20 août 1940

L'*Ettrick* a levé l'ancre à 8 heures quittant [?] Hedley[3], pas de petit-déjeuner, avec un groupe de travailleurs et s'est lentement approché des quais, accostage à 15 heures. Un LMC[4] perdu a été retrouvé aux mains des Highlanders d'Argyll et de Sutherland. Armes et équipements placés sous haute surveillance et multiples tentatives de vol contrecarrées. Dans la salle de service, j'ai dû inculper le sergent Glover qui avait obtenu un mandat de transport en train pour un effectif supérieur au sien, une demande qui a entraîné, de façon pour le moins inattendue, une dénonciation bien mal étayée de mon comportement et de ma négligence. Il semble évident que si une expédition est lancée, ce qui devient de moins en moins probable, je n'aurais d'autre choix que de passer au Commando au moment où on tente peu généreusement de suggérer que je quitte mon poste sous le feu des critiques. Ely et Newman sont partis sous leurs

1. Royal Army Service Corps (*NdlT*).
2. Deux bataillons avaient été embarqués par erreur dans le même bateau.
3. Laissant Hedley à terre sur la jetée, peut-être.
4. Barge de débarquement (*NdlT*).

propres feux de critiques dès que nous avons accosté. Permission de nous rendre à terre reçue à 19 heures ce soir-là. Hedley et moi sommes allés dîner au Adelphi et avons bu quantité de bon vin. Le restaurant était rempli de marins. Les Argylls sont partis en emportant une bonne partie de notre équipement et en laissant toutes les réserves dans un désordre déplorable. Le médecin des Argylls, avec qui je partage une cabine, m'a dit que le général s'était montré extrêmement virulent à leur égard lorsqu'il les avait empêchés de manger de la bonne nourriture en manœuvres et leur avait rappelé leurs devoirs vis-à-vis de leurs troupes. J'ai plus tard appris que leur colonel avait préféré renoncer à ses fonctions et à son commandement plutôt que de servir avec lui.

Mercredi 21 août 1940

Censés lever l'ancre aujourd'hui mais retenus par le rechargement, puisque tout avait été mal rangé. Découvertes de dernière minute, comme par exemple le fait que les canots ne marchent pas à l'essence mais au fuel. Une compagnie du 3e bataillon se joint à nous tandis que celle du 5e prend place à bord de son navire. D'innombrables détachements de toutes sortes montent à bord avec de curieux officiers – un mystérieux Dragon portant un pantalon vert qu'on raconte être officier du chiffre, des capitaines du Field Force [?], des sapeurs, les responsables des transmissions, des unités mobiles, un nombre considérable de médecins. Toutes nos munitions dans le désordre le plus complet. Munitions de revolver de cinq cartouches par arme. Il en manque dix paquets à la compagnie D ; fouille frénétique pour les retrouver. Ponts du mess sombres et bondés. J'ai eu une longue discussion avec le colonel au sujet de mes projets futurs et nous nous sommes quittés, ou ne nous sommes pas quittés, en bons termes. Le major Teak se fait pousser la moustache. Redistribution des mess et des cabines. Des civils en uniforme partout mais ne se montrent pas plus efficaces que les soldats. Un remarquable manque de curiosité pour le but de toute cette expédition. On parle maintenant d'un débarquement.

Jeudi 22 août 1940

Le navire polonais à bord duquel le 5e bataillon voyage a perdu son hélice. Il a été décidé que nous l'attendrions. Passé toute la journée à chercher l'équipement manquant. Le caporal Bailey avait entreposé les bouteilles du mess du bataillon dans les cabines de différents officiers. Elles sont en train d'être bues copieusement. Mon sergent-major de compagnie dans un état piteux ne fait qu'ajouter à mes difficultés.

Vendredi 23 août 1940

Annonce selon laquelle notre départ est confirmé pour 11 heures. À 11 h 30, annonce selon laquelle le vent est trop fort pour pouvoir sortir du port. Distribution d'autorisations à quitter le navire en permission. Atmosphère générale est à la joie et à l'alcool. La censure du courrier est parfois appliquée, parfois non. Les autorités se rendent compte qu'il est impossible de cacher le simple fait que les marines se trouvent à Liverpool. Personne ne peut leur en dire plus que cela. Le général dit que le bas des moustiquaires a été piégé. Selon les rumeurs, nous sommes le bataillon de réserve de la brigade de réserve. Rumeur à 14 heures selon laquelle nous devrions lever l'ancre cette nuit. Permission annulée. À 16 heures, le sifflet de manœuvre a retenti, marquant le début de notre permission. Je suis allé à terre, ai trouvé une église catholique, me suis confessé, ai acheté quelques shorts, suis allé voir les nouvelles dans un cinéma, ai dîné dans un restaurant nommé Crocodile – une serveuse impudente, un repas médiocre et coûteux. Michael M.B. m'a rejoint. Nous sommes allés au théâtre et avons vu des clowns très drôles dans la pièce *Roll Out The Barrel*. Puis souper au Adelphi. Le restaurant français plein de marines.

Samedi 24 août 1940

Tôt ce matin un marine du quartier général du 2e bataillon s'est présenté et m'a dit qu'il était l'ordonnance de Ross et qu'il rejoignait la compagnie D. C'était la première fois que j'entendais dire que la compagnie était en train d'être reprise. Le colonel m'a plus tard expliqué que le quartier général de la 2nd brigade était dissous et renvoyé à Plymouth. Ross, en tant que major, affecté à notre unité. On m'a laissé le choix entre plusieurs options : *(a)* quitter le navire à Scapa, qui est notre première destination, et retourner à la division pour être transféré au Commando ; *(b)* devenir officier du service de renseignements de la brigade ; *(c)* officier du service de renseignements du bataillon ; *(d)* commandant en second de la compagnie D. Après réflexion, ai choisi *(c)* puisque je ne veux pas quitter le bataillon au moment où il entre en action et *(d)* impliquerait que Farrer redevienne officier subalterne ce qui serait mérité mais amer. Quelques difficultés au sujet de mon grade, mais il a été convenu que je reste capitaine à la tête d'un effectif plus important que celui qui nous est autorisé, en attendant qu'il y ait des morts. La durée et l'ampleur de l'expédition semblent être devenues plus modestes. Je doute que l'objectif soit maintenant de rejoindre les tropiques. Nous avons levé l'ancre à 10 heures. Avons formé un convoi dès que nous sommes arrivés en mer.

Cinq destroyers. Grenades sous-marines larguées à 18 heures mais aucun signe qu'on ait touché quoi que ce soit. Temps froid, gris et calme.

Dimanche 25 août 1940

Mer froide, grise et peu agitée. Services religieux menés à tour de rôle. Adjudant affiche ses ordres sur un tableau : « une série de prières ». La dernière fois que nous avons essayé, nous avons évacué le BEF[1]. Rien à faire en tant qu'officier du service de renseignements aujourd'hui. Ross reprend la compagnie.

Scapa Flow, lundi 26 août 1940

Arrivée à Scapa Flow à 6 h 30 et j'ai commencé à exercer mes fonctions d'officier du service de renseignements, ce qui consistait en une ascension périlleuse le long de la jetée de Swanbister, à marée basse, avec le colonel et l'adjudant. De là, trajet dans un véhicule plein de jeunes cochons jusqu'à Kirkwall où j'ai pris les mesures nécessaires au transport des hommes pour l'exercice de mercredi. Il s'est avéré qu'un tiers de ces ressources aurait suffi. La Navy m'a fourni des véhicules et les Gordons m'ont prêté une voiture que j'ai conduite jusqu'à Stromness où je cherchais des cartes de l'armée. Ai rencontré le général, lui ai annoncé la présence de Royal Marines. « Content que vous soyez tous bien arrivés. Cette zone est truffée de mines. » Ai déjeuné avec l'aide de camp et suis retourné sur l'*Ettrick* à bord de la vedette du général. Un général qui commandera notre expédition est venu à bord. Tirs antiaériens

---

1. British Expeditionary Force (*NdlT*).

pendant la nuit. Première pensée en me réveillant : il faut que j'aille m'occuper de ma compagnie. Puis me suis souvenu que je n'avais aucune compagnie et me suis donc rendormi. Quelques curieuses apparitions à bord dont un groupe de Français portant l'uniforme des Royal Marines. Deux jeunes officiers marines aussi – le commandant appelait l'un d'entre eux « Browne avec un e ». Ils ont fait trois semaines à Chatham dans la cour, sept jours d'entraînement aux transmissions, vingt-quatre heures aux armes légères et sept jours de droit militaire et ont été envoyés prendre le commandement de sections sur le front. Ils sont en train d'être renvoyés.

Mardi 27 août 1940

Cet après-midi, me suis rendu à terre avec le commandant et l'adjudant pour reconnaître un terrain d'entraînement. Les troupes de la brigade ont été envoyées à terre pour un bivouac de nuit et une marche. La moitié de retour à minuit, le reste au petit-déjeuner. L'aspect de leurs rations ne leur plaisait pas. Nous avons fait un exercice de remorquage de nuit.

Mercredi 28 août 1940

Exercice du bataillon. Étant maintenant entièrement non combattant, j'étais responsable de l'évaluation des manœuvres. L'exercice consistait essentiellement en une longue escalade d'Alla [?] à travers des bruyères humides au milieu de tombes. Quand nous avons atteint le sommet il s'est mis à pleuvoir à torrent. Le commandant voulait renforcer la discipline pendant les marches et a donc rassemblé le bataillon pour repartir marcher ; retard avec les remorqueurs, mer agitée nous a retenus.

Bateaux sont arrivés à 19 heures. Un exercice de brigade avait été prévu pour la nuit mais Milner, un officier naval expérimenté, nous l'a si fortement déconseillé qu'il a été annulé. Au cours de l'après-midi, Baxter m'a donné accès à la boîte aux secrets de renseignements de la brigade et m'a révélé notre destin.

Jeudi 29 août 1940

L'aversion d'Hacker [?] pour « ce nègre[1] », le steward de Goa, de plus en plus marquée. Ai passé la matinée à lire des rapports du service de renseignements et l'après-midi à discuter avec l'un des officiers de liaison français, Lamonte. Devrait s'appeler Lamond. Lui et un autre de ses collègues, Melville, ont peu d'informations et viennent plus souvent nous voir pour nous poser des questions que pour nous apporter des réponses. Ils ne comprennent pas l'indifférence des marines pour les implications plus générales de l'expédition[2] ; moi non plus. Si nous échouons ou perdons des hommes, ce sera à cause du manque de communication entre nous et les diplomates, etc., qui nous ouvrent le chemin.

---

1. En anglais, c'est le mot *nigger*, encore plus péjoratif et raciste, qui est utilisé (*NdlT*).
2. La tentative d'une expédition britannique, en collaboration avec de Gaulle, de prendre Dakar, port stratégique français sur la côte ouest de l'Afrique.

Vendredi 30 août 1940

Réveil à 00 h 45 pour exercice de brigade. Nuit calme. Remorqueurs se sont mis en place, nous avons mis le cap sur Scapa Bay et avons attendu pendant une heure et quart. Du rhum avait été donné aux troupes et les hommes se sont endormis. À 4 h 15, nous avons débarqué – un long moment passé à patauger vers la côte avec de l'eau froide jusqu'à la taille. Puis, harcelés par les moustiques, nous avons escaladé une colline en passant au-dessus de nombreuses barrières. Moi, l'aumônier et un officier français en formation trottions derrière l'état-major du bataillon. Je n'avais lu aucun des ordres et ne savais presque rien de notre objectif. À 6 heures, toute l'affaire semblait terminée et nous sommes rentrés en marchant, avons attendu les bateaux, rejoint le navire à bord de chalutiers à 8 h 15. Bain, petit-déjeuner copieux, et matinée à lire des rapports du service de renseignements. Ces documents sont décousus et pâtissent de l'habitude de Baxter de recopier des faits et des chiffres sans en connaître le sens. Le Vieux Gillette en pantalon vert, Baxton et moi avons le bureau pour nous trois. Ai appris aujourd'hui que le Cameroun britannique a été « de-Gaullisé ».

Scapa Flow – Freetown, Samedi 31 août 1940

Nous avons levé l'ancre à 11 heures sous la pluie et dans la brume avec un fort vent contraire, une mer agitée, parfois tumultueuse. Quand les soldats écrivent à leurs femmes et à leurs chéries, ils terminent leurs lettres par « SWALK » qui signifie « Sealed with a long kiss » ou ITALY, qui signifie « I trust and love you »[1].

---

1. « Scellé par un long baiser » ; « Tu as toute ma confiance et je t'aime » (*NdlT*).

Dimanche 1ᵉʳ septembre 1940

Mauvais temps, services de l'Église d'Angleterre continuels. Vers 17 heures, le croiseur *Fiji*, situé près de nous dans le convoi, a envoyé un signal dont les interprétations ont été aussi diverses que « Je largue des grenades sous-marines à deux cent cinquante mètres » et « J'ai été torpillé et je rentre au Royaume-Uni ». La seconde option s'est avérée être la bonne. Le *Fiji* a accosté par ses propres moyens, emmenant à son bord des hommes de toute première importance des Opérations combinées. Le général a exprimé son contentement pour la première fois depuis des semaines.

Lundi 2 septembre 1940

Le vent est un peu tombé. On dit qu'il y a de nombreux sous-marins autour de nous. Je travaille maintenant sur le journal de guerre du bataillon, ma synthèse de renseignements rendue superflue par la synthèse de la division. Je suis toujours de mauvaise humeur après qu'on ait omis de me faire lire les ordres donnés pour l'exercice de brigade.

Samedi 7 septembre 1940

Houle et brouillard jusqu'à hier. À présent, temps calme, il fait chaud. Le convoi de Liverpool nous a rejoints sain et sauf. Je travaille tranquillement dans la salle de musique, mets des cartes à jour. Jeudi, nous avons appris que les troupes ennemies sont constituées de bataillons là où on nous avait signalé des compagnies. Plan modifié en conséquence. Les commandants de compagnie laissés perplexes par leurs propres plans ; l'idée actuelle semble être qu'en cas de « plan Nasty[1] » nous lancions une campagne tropicale contre des forces acclimatées et considérablement plus nombreuses. Des divertissements variés organisés pour les troupes. J'ai donné un cours sur l'Abyssinie. Débat autour de « Tout homme qui se marie avant trente ans est un idiot ». Perdu à une écrasante majorité. La discussion s'est transformée en une série de témoignages personnels sur les femmes et les mères. Examen de français pour les officiers. Poker et soirées arrosées. J'ai rendu visite au chef mécanicien et j'ai lu une nouvelle policière. Autorisation de se laisser pousser la barbe révoquée. Açores passées le 6 septembre. Les commandants de compagnie perdent courage avec l'entraînement. Digby-Bell a scié le canon d'un fusil. Concert sur le pont l'après-midi. « Crooning », claquettes, un sergent racontant des histoires crues, une bagarre simulée, chansons sentimentales. L'aumônier demandant de façon très convaincante à son public de prendre place : « Pourriez-vous s'il vous plaît vous asseoir pour que ceux qui sont assis derrière puissent voir. Nous n'allons jamais pouvoir commencer si vous ne faites pas ce qu'on vous dit de faire. » Une performance très curieuse menée par les sergents qui ont rassemblé un groupe de cérémonie portant des noms de haricots – « Haricot Stupide », « Haricot Noir », « Haricot Terrible », etc. Un « Chef des Haricots » se tenant au milieu, devant lequel ils se prosternaient. Le Haricot Stupide a chanté deux chansons légèrement crues qui dataient un peu, « C'est comme ça que ça se disait quand j'étais à l'école ». Le Haricot Terrible chargé de faire des gages. Hedley dit que ce jeu traditionnel est lié à « Priest of the Parish[2] ».

---

1. Refus de la garnison de Dakar de se soumettre (*NdlT*).
2. Jeu qui se pratique à l'aide de chaises (*NdlT*).

Samedi soir en mer observé par une soirée bien arrosée et une tombola.

Dimanche 8 septembre 1940

Journée parfaitement paisible. J'ai suggéré que Lamond donne des cours de politique française aux officiers ; idée considérée comme choquante. Matines dans deux maisons, identiques. Ivre avant le déjeuner. Me suis endormi. Entraînement physique sous le commandement de Teeling. Adjudant coince les officiers subalternes pour le tapage qu'ont fait les officiers supérieurs.

Freetown, mardi 17 septembre 1940

Nous sommes arrivés à Freetown le 14 où il faisait plus frais qu'attendu. Aucune permission pour se rendre à terre n'a été accordée, mais hier nous avons débarqué en tant que bataillon et marché environ onze kilomètres jusqu'à une plage où l'on pouvait se baigner, avons nagé et sommes rentrés par la même route. Je suis ravi d'être de retour en Afrique et de retrouver les nègres. La chaleur s'est fait ressentir sur le chemin du retour et plusieurs hommes se sont évanouis. Nous avons beaucoup sué mais depuis que le docteur Watson nous a fait la leçon, nous sommes maintenant encouragés à boire.

Les médecins ont inventé une alerte à la fièvre jaune et travaillent d'arrache-pied à la fabrication de voiles antimoustiques. On a appris vendredi que six navires français avaient quitté la Méditerranée. Notre escorte est allée les chercher, emmenant avec elle le général, mais est rentrée hier soir, apparemment sans succès. Nous travaillons toujours sur les plans

Conqueror, William et Rufus alors que des rumeurs courent selon lesquelles la campagne aurait été abandonnée. Ils sont en train de remplir ce navire au-delà de ses capacités, renvoyant les sapeurs que nous avions placés à bord du *Kenya* afin de faire de la place pour une autre compagnie d'un autre bataillon. Les médecins ont tous essayé de démissionner parce qu'on ne leur en dit pas assez sur nos plans. J'ai déjeuné dimanche avec deux des officiers français qui ont cité Pascal.

Dimanche 22 septembre 1940

Nous avons quitté Freetown à l'aube hier matin. De nombreux changements à bord et des visages inconnus. Une deuxième marche à Lumley. Mon travail en tant qu'officier du service de renseignements consistait à : (1) soigneusement cataloguer tous les documents récents, deux jours avant qu'ils cessent d'être confidentiels et qu'ils soient diffusés ; (2) quadriller des cartes. Le commandant, ravi par la carte en couleur, voulait qu'elle soit copiée. Un officier de la Marine lui a encore donné de fausses informations et il ne croit plus à rien de ce que l'officier de la Marine a oublié. Ai travaillé dans la chaleur jusqu'à 23 heures hier. Un major caricaturiste à notre table.

Freetown, vendredi 27 septembre 1940

Nous sommes retournés à Freetown à l'aube ce matin. La bataille de Dakar s'est déroulée de la façon suivante. Notre force, « M », avait l'intention d'établir le général de Gaulle et les Français libres à Dakar. Nous étions formés d'une brigade des Royal Marines, d'une compagnie indépendante, et de diverses troupes rattachées, des RE[1], des marins, etc. Il y avait une puissante force navale comprenant le *Barham*, le *Resolution*, l'*Ark Royal*, le *Devonshire*, le *Cumberland* ainsi que des destroyers et des sloops français. Les Français libres se trouvaient dans deux navires, le *Westmorland* avec l'état-major et le *Penland*. Nous dans quatre autres : le *Kenya*, le *Sobieski*, l'*Ettrick*, le *Karanja*. Nous étions aussi accompagnés du brave petit *Belgravia* transportant des spécialités culinaires offertes par les Anglais aux Français.

À l'aube du 23, nous arrivâmes en vue de Madeleine Bay. C'était un matin calme et brumeux. Contrairement à ce qu'avaient annoncé les rapports du service de renseignements, le brouillard ne se levait pas. Il faisait chaud et humide. Un tableau avait été accroché sur lequel on affichait les derniers messages reçus et où ma section gardait un journal de toutes les données du service de renseignements. Vers 10 h 30, nous comprîmes en voyant les échanges entre l'amiral à la tête de la garnison et le général de Gaulle que celui-ci ne recevait pas un accueil des plus chaleureux. Nous donnâmes l'ordre aux navires français et aux sous-marins de rester au port. Le général de Gaulle demanda aux Français de ne pas lui tirer dessus. Ils dirent : « Allez à trente kilomètres d'ici. » À 11 heures, le bruit d'un feu assez nourri nous parvenait. Quelques ordonnances affirmèrent qu'ils avaient entendu des tirs à l'aube. Il s'avéra qu'ils avaient tout à fait raison mais personne ne les crut.

Le plan dépendait de l'une des trois situations suivantes : « Happy », si de Gaulle était reçu sans résistance ; « Sticky » si le *Richelieu* ou l'une ou l'autre des unités isolées faisait feu ; « Nasty[2] » si les négociations étaient refusées et si on se heurtait à une résistance tenace. Pour « Sticky », il était

---

1. Royal Engineers, troupes du génie (*NdlT*).
2. Respectivement : « Heureux », « Poisseux », « Mauvais » (*NdlT*).

prévu que nos navires lancent un bombardement limité sur des cibles spécifiques, suivi d'un débarquement des Français. Pour « Nasty », les Français devaient se retirer hors de portée et nous devions bombarder la ville et la prendre d'assaut. À l'heure du déjeuner, la situation « Sticky » était déclarée, avec pour recommandation de tenter de mettre en œuvre le plan « Charles » – un débarquement des Français libres à Rufisque, où l'on pensait que les soldats pourraient se montrer accueillants. De Gaulle était convaincu que seule la Marine était contre lui. Ce soir-là, on nous avertit que le plan « Conqueror », les débarquements combinés à Rufisque et Hamm, pourrait être tenté le lendemain en se tenant à sa première phase (Rufisque). À l'heure du dîner, il était assez évident que le débarquement des Français libres à Rufisque avait échoué et un message nous apprit que le *Westmorland* avait été arrêté à trois kilomètres de la côte par des batteries qui lui tiraient dessus depuis le rivage. Nous nous couchâmes, nous préparant à débarquer quelque part le lendemain.

Le mardi 24, il y avait toujours du brouillard et une houle légère. L'amiral annonça que les opérations seraient retardées à cause des mauvaises conditions de visibilité. Le général Irwin ordonna de fabriquer des torpilles Bangalore, un tube explosif qui permet de détruire les fils électriques. Nous restâmes sans nouvelles toute la journée, nous demandant si la résistance était réelle ou si c'était du bluff. Tôt ce matin-là, nous avions lancé un ultimatum et appelé Dakar à se rendre, ce à quoi on nous avait répondu : « Je défendrai Dakar jusqu'au bout. » Plus tard ce soir-là, un ordre : « Pas de débarquement ce soir. Bombardement se poursuivra demain. » Le lendemain matin, tout le monde avait décidé que l'opération était terminée et, comme on pouvait s'y attendre, la flotte nous rejoignit vers 10 h 30 et nous reçûmes l'ordre de nous retirer en direction du sud. Toute l'armada s'était rassemblée en mer et était en train de manœuvrer quand une attaque aérienne eut lieu. Une bombe tomba à moins de cent mètres de nous. Cet après-midi-là, nous reçûmes l'ordre de retourner à Freetown et de nous tenir prêts pour les opérations dès qu'on nous avertirait.

Un voyage de retour très joyeux. Des soirées très arrosées au mess des officiers. Les troupes moins gaies pensant à leur revers. Cet après-midi nous avons appris que le *Resolution* repartait en étant remorqué et que le *Cumberland* s'était échoué à Bathurst. On dit que l'opération précédente « Accordion » a été lancée – un plan infâme auquel je ne saurais accorder le moindre intérêt.

Samedi 28 septembre 1940

Ai débarqué avec St John et passé la journée à terre. Une petite ville qui n'offre aucun confort aux marines en permission. Les troupes se sont un peu enivrées mais se sont bien conduites. J'ai un peu profité du marché, mais c'est un endroit où il n'y a rien à voir[1] si ce n'est le bonheur de ses habitants.

---

1. « Plus tard, lorsqu'il eut l'occasion de lire *Le Fond du problème*, Guy, sous le charme, se dit qu'à ce même instant "Scobie" était tout près de là, abattant des cloisons dans les cases indigènes et continuant consciencieusement à entraver la navigation des puissances neutres », Evelyn Waugh, *Hommes en armes*, (Londres, 1953, p. 438 de l'édition française [*NdE*]). Waugh a omis cette phrase de la « version finale » de *Sword of Honour* publié par Chapman & Hall en 1965.

Dimanche 29 septembre 1940

Me suis à nouveau rendu à terre pour obtenir un champ de tir pour le commandant. Le soir, le général Irwin a donné une conférence sur le fiasco de Dakar. Faits que j'ignorais jusqu'alors : (1) Le Gouvernement de Sa Majesté[1] voulait annuler l'opération mais les commandants l'ont convaincu du contraire. (2) Lundi matin, des émissaires ont débarqué au port de Dakar, l'ont trouvé désert, ont été accueillis par deux officiers qui leur ont interdit d'entrer, se sont fait tirer dessus et ont été blessés en partant. (3) Lundi après-midi, quelques fusiliers marins français ont réussi à débarquer à Rufisque mais se sont heurtés aux troupes ennemies et se sont retirés. (4) Aucune communication entre le *Westmorland* et le *Barham* pendant toute la journée du lundi. (5) Le *Richelieu* file maintenant à dix-huit nœuds en direction de Casablanca. (6) Équipage d'un sous-marin ayant été capturé a raconté que des marins et une force spéciale amenés à bord de croiseurs défendaient [?] Dakar. Sous-marins eux-mêmes étaient arrivés [?] il y a deux jours. (7) Français utilisaient des dispositifs d'écoute installés sur des bouées.

De manière générale, la défaite semble avoir été causée par *(a)* des idées initiales qui se sont avérées fausses *(b)* renseignements erronés *(c)* supériorité de l'artillerie française *(d)* forces aériennes défaillantes *(e)* mauvais système de communication. Irwin n'a pas fait de remarques sur les retards *(a)* à Liverpool *(b)* Scapa *(c)* Açores *(d)* Freetown. Ces derniers manifestement très importants.

---

1. HMG dans le texte pour Her Majesty's Government (*NdlT*).

Freetown – Gibraltar, dimanche 6 octobre 1940

Avons quitté Freetown pour prendre la route de Gibraltar avec le 5ᵉ bataillon, le *Barham* et les destroyers, lancement d'« Accordion » probable. Rien à faire à Freetown. Oisiveté complète, heures passées à ressasser la situation générale, ce que les troupes qui combattent ne font jamais. La guerre continuera jusqu'à ce que de fins observateurs se rendent compte qu'aucun camp ne peut l'emporter en obtenant les conditions de victoire dont ils rêvaient au début des combats. Les troupes qui combattent ne font pas de fins observateurs. Le premier pays qui se décidera à faire des compromis découvrira qu'il a tout perdu, tandis que l'autre, étonnamment, découvrira qu'il a tout gagné. Ainsi, la chose la plus précieuse à faire est d'empêcher la population active et militaire de penser. Ainsi les obstacles que les services d'approvisionnement, le personnel, etc., mettent en travers du chemin des troupes qui combattent sont une distraction très précieuse et maintiennent les commandants des bataillons et ceux des compagnies dans un état d'inquiétude permanent. Les armées où, dans un premier temps, tout se déroule bien puis où les choses se dégradent quand les circonstances se détériorent, ont plus de chances de craquer que celles comme les nôtres, plongées en permanence dans le chaos.

Le major catholique « Hooky » Walker, à nos côtés pour la semaine, laissé à Freetown.

Pas de courrier. Les troupes commencent à soupçonner un complot absurde visant à les empêcher d'avoir des nouvelles de chez eux. Trois cas d'homosexualité en deux jours.

Description en pidgin English des raids aériens. « Poulet à la vapeur là-haut qui en largue plein c'est très mauvais. »

5 heures du matin, un nègre chante dans un canoë. Le marine : « Va te faire foutre salaud de noir » « Oh officier, *sah*[1], vous n'avez pas pris votre Eno[2]. »

Gibraltar, mardi 15 octobre 1940

Arrivée à Gibraltar à 6 heures du matin. Les dix derniers jours étaient très pénibles. Nous avions lu tous les livres de la bibliothèque, bu presque tout le vin, fumé tous les cigares, et mangé la plupart de la nourriture. Les procès des cas de sodomie étaient le seul événement intéressant. J'ai défendu le marine Florence. Il a pris huit mois. Son compagnon de plaisir en a pris onze. Il s'en est assez bien sorti grâce à moi.

Dimanche soir nous avons mis en scène mes jeux de mimes peu imaginatifs. Le colonel, son innocence ébranlée, parle de stagnation. Intérêt pour le plan Accordion semble moindre.

Gibraltar – Gourock, vendredi 18 octobre 1940

Avons quitté Gibraltar, quelques difficultés au départ. Jeudi soir nous avons pris la mer au sein d'un convoi composé de l'*Australia* et de deux destroyers, le général nous faisant des signes de la main du bout de la jetée, un large groupe de passagers retournant en Angleterre pour être promu, transféré, etc. Deux heures plus tard on nous avait déjà ordonné de rentrer et on nous a gardés toute la journée à attendre un départ prévu dans quatre heures. La rumeur selon laquelle nous partirions en

---

1. Signifie *sir*, façon péjorative de moquer l'accent de son interlocuteur (*NdlT*).
2. Un médicament utilisé contre le mal de mer (*NdlT*).

mission Accordion va bon train, mais les passagers sont toujours là et le général les rejoint ; du courrier est arrivé, y compris, pour moi, une lettre de Bob Laycock m'informant qu'il avait un poste pour moi dans son commando, mais datée du 22 août. Nous avons enfin levé l'ancre, tard dans la nuit de vendredi.

Gibraltar a une garnison de 10 000 hommes et un corps de défense local. Les femmes ont été évacuées, à l'exception de six ou sept d'entre elles ; il n'y avait pas de bière dans la ville. Quand la dernière Anglaise sera partie, un corps de filles de joie viendra de Tanger pour amuser les troupes. Pour le moment, ils ont peu de sources de distraction. J'ai passé deux agréables après-midi à terre. La bibliothèque de la garnison, qui doit vraisemblablement être détruite bientôt, était exquise – une vaste collection d'indéfinissables livres reliés de cuir dans une série de salons de club aux meubles de cuir et d'acajou dont les fenêtres donnaient sur un jardin subtropical. Une salle moderne remplie de romans, sentant le parfum. J'ai acheté un vélocipède argenté, conduit par un homme barbu portant un grand chapeau, avec un compartiment pour mettre des cure-dents : 2 £ 10 shillings. À ma grande joie, j'ai trouvé le père Gilbey, l'aumônier dominicain, à bord du *Renown*. Ou plutôt il m'a trouvé et m'a emmené dans sa cabine où j'ai lu le *Tablet* et le *Times*, tous les numéros parus jusqu'à la fin du mois de septembre. J'avais prévu de donner une conférence au club de discussion du corps des officiers – qui semble infiniment plus cultivé que tout ce qui pourrait exister dans les Royal Marines – mais notre faux départ y a mis un terme. Le bataillon a fait quelques exercices de cérémonie sous une pluie torrentielle dans les jardins de l'Alameda et les hommes se sont enivrés comme jamais : Baxter, officier du service de renseignements de la brigade, complètement soûl avant le thé à l'hôtel Rock. On dit maintenant que nous ne rentrons que pour être rééquipés avant de repartir immédiatement. Espère pouvoir quitter le bataillon à Greenock soit pour Laycock ou la 3ᵉ brigade ou un autre poste que Walker pourrait me trouver. Toutes les lettres d'Angleterre faisaient état des raids aériens. Bobby Longden tué par une explosion à Wellington[1]. Henry Yorke combattant sans aucun doute des incendies jour et nuit. Les forces armées n'avaient pas fière allure. Nous étions comme des femmes lisant des lettres des tranchées.

Pixton Park, mardi 5 novembre 1940

Le 27 octobre nous sommes arrivés en Écosse et avons accosté à Gourock. Le dernier jour, le convoi est passé tout près des côtes irlandaises. L'*Empress of Britain* a été coulé à seize kilomètres derrière nous mais nous sommes passés sans incident. Le dernier soir à bord, une fête assez plate. Jusqu'à dimanche matin nous n'avions reçu aucune information concernant nos prochains déplacements – si nous devions changer de navire, rester à bord, nous rendre au camp, ou même retourner à nos divisions. Puis nous avons reçu l'ordre de nous tenir prêts à débarquer, rejoindre un camp à Kilmarnock, et partir en permission. Nous avons formé les rangs à 13 h 30 pour débarquer et sommes arrivés à Kilmarnock, à quelques kilomètres au sud de là, à 19 h 30, la manœuvre ayant été entravée par toutes les habituelles erreurs militaires. Nous sommes arrivés dans le noir, sans rations, aucun camp. Cantonnements. Les gens de Kilmarnock ont fourni le souper aux troupes. Officiers dans un grand hôtel moderne près de la gare.

Le jour suivant, mon anniversaire, les difficultés rencontrées concernant un train spécial ont retardé le départ général en

---

1. Robert Longden (1903-1940) ; Eton et Trinity College, Oxford ; directeur de Wellington College, 1937.

permission, mais je suis parti en prétendant que le Commando pouvait me demander de me présenter à tout moment. Le bureau de poste de l'armée ne nous a donné aucune des lettres arrivées après le 15 septembre. Il m'a juste fallu vingt-quatre heures pour arriver à Taunton. De longues attentes avant chaque carrefour, aucun effort pour que nous puissions avoir nos correspondances.

Je suis arrivé très heureux à l'idée d'oublier la guerre pendant une semaine. Me suis changé en habits civils, ai attrapé un méchant rhume, mais passé une semaine très plaisante. Laura et moi nous sommes rendus à Stinkers et avons trouvé la maison pleine à craquer ; l'aumônier endormi dans le cellier, l'herbe à hauteur de poitrine dans le jardin, toutes les jeunes haies en train de dépérir, beaucoup de jeunes plantes complètement perdues. J'ai obtenu vingt gallons de pétrole des autorités de Bristol. On ne parle que des raids aériens. Il est bien mieux d'être évacué à Pixton où la vie de famille est maintenant séparée des enfants et des domestiques. Laura laisse les nombreuses disputes lui passer au-dessus de la tête. Nous sommes allés en voiture à Chagford pour déjeuner. Un grave accident de chemin de fer ; plus de trente morts à Norton Fitzwarren. Les journaux du dimanche pleins d'articles sur Hitler tentant d'apaiser les catholiques. La guerre en Grèce commençant comme en Norvège et en Finlande. Les bonnes nouvelles semblent tellement improbables que les gens semblent devenus incapables de les apprécier. Il n'y a aucun signe d'une pénurie d'équipement mais communications dans un désordre complet. Trois de nos officiers sont partis en permission sans savoir où leurs femmes se trouvaient. D'innombrables troupes dans la même situation. Permission se termine demain.

Kilmarnock – Londres, jeudi 7 novembre 1940

Je suis arrivé, sans avoir dîné ou petit-déjeuné, vers 10 heures. J'ai trouvé l'hôtel où les officiers étaient cantonnés désert. J'ai laissé mon équipement dans un magasin et suis parti chercher Akam. L'ai trouvé, pas de courrier, aucun ordre. Ai téléphoné à la brigade. Parke-Smith m'a dit qu'il avait vu Laycock à Londres et qu'il y avait pour moi un poste vacant au sein du Commando ; il considérerait cette information comme autorisation de poursuivre. Akam conduisait à Carlisle une voiture louée. Nous sommes partis tous les deux à cent dix kilomètres heure. À trente kilomètres de Carlisle il y a eu un bruit étrange dans le capot et la voiture s'est arrêtée. Nous sommes retournés à Carlisle en taxi où j'ai dîné dans un hôtel plein de séduisantes filles et j'ai pris un train de nuit pour Londres.

Londres, vendredi 8 novembre 1940

Il y a eu une alerte antiaérienne vers 10 heures. Je me suis lancé à la recherche de Laycock. On m'avait dit qu'il était au War Office. Personne ne savait rien sur lui à part un vieux colonel qui après de longues recherches, m'a informé qu'il était capitaine dans les Blues[1]. J'ai tenté ma chance à l'Amirauté où on m'a envoyé dans un bureau secret à Richmond Terrace où j'ai trouvé le major Walker et un général courtois. Ils m'ont dit que Laycock était en Écosse à deux ou trois kilomètres de la prochaine destination du premier régiment des Royal Marines. Nous avons essayé de le joindre par téléphone mais en vain. J'ai déjeuné au Buck, qui n'a maintenant plus d'annexe et a perdu le droit d'utiliser une pièce, et suis allé au bureau des Royal

---

1. Blues and Royals, régiment de cavalerie de l'armée britannique (*NdE*).

Marines où un type agressif nommé Dawson m'a dit que je m'étais occupé de mon transfert de façon tout à fait déplacée, que je n'avais pas le droit de quitter le premier régiment des Royal Marines et ainsi de suite. Je suis retourné voir le général courtois et nous avons à nouveau essayé d'appeler Laycock. « Retard indéfini. » C'était assez de travail pour la journée. Je suis allé à l'hôtel Dorchester où j'avais entendu dire que se trouvaient de nombreux amis et, en sortant du taxi, j'ai rencontré Duff[1] qui m'a emmené dans sa suite. Phyllis et Hubert se sont joints à nous. Elle vit de façon étrange, dans sa maison pendant la journée, dans sa chambre d'hôtel tôt le matin et tard le soir, dans le vestibule d'Odham la nuit. Je me suis renseigné au sujet d'une chambre et me suis vu proposer un lit de camp dans le bain turc, le vestibule de Tancred Borenius ou le lit d'Hutchy[2] « si Barbara Rothschild ne l'utilise pas ». Ensuite Lord Lothian et des gens de ce genre ont commencé à arriver pour consulter Duff au sujet de questions de service, et nous sommes donc descendus et avons mal dîné. Ai vu quelques amis de plus et suis allé me coucher dans la chambre d'Hutchy.

Highgate, samedi 9 novembre 1940

Aucune nouvelle de Laycock. Je suis allé voir Maimie qui a quitté sa grande maison pour un cottage derrière Brompton Oratory où elle vit sereinement dans des hectares de décombres. Le petit salon rempli de luxueux déchets – des fleurs, des petits chiens de compagnie, des jouets mécaniques. Elle donnait un cocktail à midi parce que « les gens sont trop pingres pour rester s'amuser le soir de nos jours ». Nous avons déjeuné d'huîtres et

1. Duff Cooper, ministre de l'Information.
2. St John Hutchinson, K.C., père de Lady Rothschild.

de champagne datant de deux années (toutes deux anciennes) de la sorte que Vsevolode et moi apprécions. Puis en fumant d'énormes cigares, Maimie avec un petit, nous nous sommes rendus à une matinée avec Pam Chichester qui a été touché par une bombe et blessé. Ce n'est en rien la vie de Londres que les neutres imaginent. Puis à Highgate qui a été lourdement bombardé. Mon père n'a peur de rien mais ma mère est bien entendu plus perturbée. Il y a eu des tirs nourris toute la nuit mais aucune bombe près de nous.

Dimanche 10 novembre 1940

Comme d'habitude Haynes[1] m'a passé son coup de fil du dimanche et après dix semaines dans les marines, il semblait hautement intelligent. Le soir précédent, j'avais consulté Laycock et appris qu'il était prêt à ce que je commence quand je le souhaitais. Suis allé à la messe à Highgate. Alec est venu pour la journée. Il s'occupe du « Petroleum Warfare[2] ». Nous sommes allés au cinéma. Il m'avait apporté une bouteille de champagne. De nombreux tirs cette nuit, mais aucune bombe.

Lundi 11 novembre 1940

J'ai enfin – je l'espère – obtenu mon transfert. Ai déjeuné avec Betjeman qui m'a raconté le suicide de Roger. Des raids aériens toute la journée.

---

1. E. S. P. Haynes.
2. Organisme créé en juin 1940 afin de lancer des études pour employer le pétrole comme arme (*NdlT*).

Ai dîné avec Diana, Jean Norton, Hutchy, l'avocat juif des Windsor Monckton et un homme du ministère de Duff. Les conversations tournaient surtout autour des bombes. H. Nicolson, après que le ministère de l'Information eut été touché : « Il est important, dans de tels moments, de recueillir les impressions des gens – j'entends bien important pour *moi* et pour personne d'autre. Pour ma part, j'ai surtout eu l'impression d'un « flash » plutôt que d'un « boum ». » Ai dormi dans le lit de Phyllis et pris un train matinal pour le nord.

Glasgow, mardi 12 novembre 1940

En voyage toute la journée. Un capitaine grandiloquent et sans tact dans ma voiture m'a raconté beaucoup de choses, qui se sont depuis avérées erronées, au sujet des Commandos. À Glasgow, où je suis arrivé vers 10 heures, très difficile de trouver une chambre. J'ai fini par en partager une avec un lieutenant-commander[1] qui portait ses sous-vêtements sous son pyjama et buvait du whisky au lit. J'ai pris un bain et soupé dans un restaurant français qui s'est énormément détérioré depuis l'époque où Diana et moi y allions avec *The Miracle*[2].

---

1. Grade équivalent dans la Marine française à celui de capitaine de corvette. Au long du texte, nous garderons le terme anglais (*NdlT*).
2. Au début des années 1930, quand Lady Diana Cooper était en tournée en Angleterre pour *The Miracle*, Waugh lui rendait souvent visite.

Mercredi 13 novembre – décembre 1940

Suis allé à la messe tôt, dans l'obscurité totale et le brouillard, et j'ai pris le train du matin pour Largs. Une station de loisirs prétentieuse, considérable, moderne – ou plutôt le loisir tel que les Écossais le conçoivent – avec une vue superbe donnant sur l'eau, et sur la rive d'en face, Cambrae et Arran. Je suis allé à l'hôtel Marine où on m'avait dit, à tort, que le Commando 8 avait son quartier général. La première personne que j'ai rencontrée était Mary Campbell, qui m'a dit à ma plus grande surprise que Robin[1] était de la partie. De nombreux amis et connaissances sont apparus – Phil Dunne, Toby Milbanke, Randolph, Harry Stavordale[2]. Robin s'est occupé de moi, m'a trouvé une chambre à l'hôtel, m'a prêté son ordonnance et m'a emmené au QG où Bob Laycock ne m'a pas reconnu. Il n'y a pas de poste libre dans la troupe pour moi donc j'ai été fait officier de liaison avec Harry – une vie libérée de tout souci.

Entre le 13 novembre et le 1er décembre je suis resté à Largs. Rien n'aurait pu être plus différent des Marines que le bataillon des forces spéciales[3]. Le Commando 8 (dix groupes de cinquante hommes, trois officiers pour chaque groupe, service de renseignements et trois officiers de liaison, section de liaison de six hommes, un personnel réduit à la salle de service, un officier administratif (officier d'intendance) et un

---

1. Robin Campbell, fils de l'ambassadeur britannique au Portugal.
2. Philip Dunne : homme du monde, de la famille du poète John Donne, plus tard membre du Parlement ; Ralph (Toby) Milbanke, fils du lieutenant-colonel Sir John Milbanke, décoré de la Victoria Cross, 10e baronnet ; Randolph Churchill, le fils du Premier Ministre, Lord Stavordale, fils et héritier du 6e Earl of Ilchester.
3. Initialement le Special Service Bataillon, partie de la Service Special Brigade, créée en 1940, composée de commandos provenant de diverses unités de l'armée britannique (*NdlT*).

commandant en second) venait d'être ajouté au Commando 3 et nommé bataillon 4 des forces spéciales. Bob commande le bataillon avec un major âgé de la Somerset Light Infantry, Walter Curtis, comme commandant en second. Dermot Daly[1], Scots Guards[2], commande le Commando et a Bones Sudeley[3] pour commandant en second. Les troupes sont essentiellement composées d'hommes de la Household Cavalry et des Foot Guards, ainsi que de quelques spécialistes (sapeurs, artilleurs et marines) et enfin des hommes venus d'ici et d'ailleurs. Le pauvre Godfrey Nicholson, le personnage le moins fait pour être soldat, est chef de groupe, et a pour subalterne le seul homme déplaisant, Graham Bartlett. Il m'a demandé de me joindre à eux, j'ai refusé, et il m'a répondu « Je comprends tout à fait. » Jusqu'à l'arrivée de Mary Campbell, le beau monde – Peter Milton[4], Philip, Harry, Dermot, Toby – s'est très bien entendu avec les soldats plus expérimentés. Dès qu'elle est arrivée, elle a tant et si bien fait parler Godfrey qu'il a fini par les traiter « de pourritures », un jugement qu'elle s'est empressée de répéter, ce qui a eu de fâcheuses conséquences. C'est la première fois qu'elle se retrouve avec des dandies et cela lui est monté à la tête si bien que les dandies la méprisent tout à fait, et, quand leurs femmes sont arrivées, ils ont donné des ordres stricts pour qu'elles la fuient et évitent de se confronter à ses manières, qui étaient trop familières, bruyantes et espiègles. Pamela Churchill[5] était là aussi ; Katherine Nicholson, Peggy Dunne et Nell Stavordale sont arrivées ensuite et nous ne manquions donc pas de compagnie féminine. Le beau monde boit énormément,

---

1. Petit-fils du 4e baron Clanmorris.
2. Régiment d'élite de la division de la garde royale britannique (*NdlT*).
3. Le 6e baron Sudeley.
4. Le vicomte Milton, fils et héritier du 7e Earl Fitzwilliam.
5. Mme Randolph Churchill.

joue aux cartes des sommes considérables, se rend à Glasgow tous les soirs pour dîner, et passe son temps à téléphoner à ses entraîneurs. Je ne suis allé qu'une fois à Glasgow ; avec Harry, Philip, Peggy et Patrick Ness [?], un agréable chef de groupe des Bays. Nous avons vu deux moitiés de deux pièces et avons dîné et nous sommes disputés avec la police sur le chemin du retour. Je suis à nouveau redescendu au grade de lieutenant et dois faire très attention à mes dépenses. L'hôtel est cher et pingre. La note de Randolph s'élevait à 54 £ pour deux semaines. La mienne représentait un cinquième de cela, mais c'était déjà trop. Il y a deux gérantes, toutes deux semblables à Mme Ellwood mais elles n'ont pas sa beauté.

Le niveau d'efficacité et de dévouement au service, particulièrement chez les officiers, est bien plus bas que chez les marines. Il n'y a ni administration ni discipline. Les hommes reçoivent 6 shillings par jour et doivent se débrouiller pour se loger. S'ils se sont mal comportés, ils sont juste renvoyés dans leurs régiments. Les officiers n'ont aucun scrupule à veiller à leur confort personnel ou à s'arranger pour avoir autant de permissions que possible. Cela ne fonctionnerait pas avec les marines ou avec des officiers comme Teak ou Farrer, mais avec les hommes que Bob a choisis, ce système, à très peu d'exceptions près, marche bien. À l'entraînement les troupes ont travaillé seules, se concentrant sur des techniques de commando. Elles ne connaissent rien aux tactiques de bataillon ou aux techniques de communication. Nous n'avons aucun contact avec le Commando 3, dont les hommes vivent dans l'autre quartier, plus sordide, de la ville, et qui ont la réputation d'être des durs qui boivent avec leurs hommes. Ils nous voient comme des « chochottes » et nous ont battus à plate couture à un match de boxe. Ils ont participé à une opération – un raid dans les îles anglo-normandes – qui s'est avérée être un fiasco.

Ces quinze derniers jours, nous étions à quarante-huit heures du départ pour coopérer avec la brigade 101 des Royal Marines sur « Accordion ». Le 1er décembre, nous étions déchargés de cet ordre et on nous accordait une permission de deux jours, après laquelle il est prévu que nous nous entraînions pour une autre opération. Il y a certaine ambiance, maintenant familière, qui semble annoncer une action imminente.

Samedi soir, le 30 novembre, Mary a téléphoné pour me dire que Laura commençait à avoir des contractions. L'enfant, une fille, est née à midi dimanche et est morte vingt-quatre heures plus tard. C'était une naissance sans complications, très soudaine à la fin, et Laura est en bonne santé. J'ai voyagé toute la nuit de dimanche et la matinée de lundi, suis arrivé à Tiverton Junction à 10 h 30. Le bébé est mort peu après mon arrivée. Je l'ai vue morte – une couleur bleue, d'ardoise. Pauvre petite fille, elle n'était pas voulue. Mary l'avait fait baptiser Mary la veille. L'enterrement a eu lieu ce matin au cimetière de l'église de Brushford. J'ai passé la nuit à Pixton pour pouvoir être à l'heure à la messe. J'ai passé le reste du temps aux côtés de Laura, discutant, faisant des mots croisés, etc. Mme Amory est très gentille et très déconcertante par sa brusquerie et son manque de féminité. La maison est de style Tudor, pleine de fumée de tourbe et de planchers inégaux, mais confortable et avec une cuisinière talentueuse. Demain à 9 h 30 je prends le train pour entamer la première partie de mon voyage de retour.

Je me remets vite d'une coupure à la bouche que je me suis faite après le dîner en me précipitant pendant le black-out pour des opérations de nuit.

[Les entrées de journal classiques s'arrêtent là et ne reprennent qu'au début de 1942. Le « Mémorandum sur LAYFORCE » retrace le service de Waugh au sein des Commandos entre 1940 et 1941, y

compris son expérience lors de la bataille de Crète. Malgré son titre et ses paragraphes numérotés, il est évident que ce mémorandum n'a pas été rédigé à des fins officielles.]

Mémorandum sur LAYFORCE ; juillet 1940 – juillet 1941

1. Les Commandos ont d'abord existé dans le secret. Certaines compagnies indépendantes avaient été formées et utilisées en Norvège et quelques-unes d'entre elles étaient toujours en place après l'échec de cette campagne. Les Commandos étaient initialement destinés à constituer les groupes chargés de lancer des raids, principalement sur les côtes françaises occupées ; ils étaient en grande partie subventionnés par Sir Roger Keyes, dont on fit taire les critiques à la House of Commons [1] en le nommant au poste de directeur des Opérations combinées. Les Commandos devaient à l'origine opérer directement sous l'autorité du bureau de Sir Roger Keyes, indépendamment des structures militaires et navales existantes ; ils devaient être commandés par de jeunes officiers, rassembler des volontaires de tous rangs s'étant engagés pour des missions périlleuses, et disposer d'une proportion anormalement élevée d'officiers et de sous-officiers par rapport au nombre d'hommes. Le personnel administratif devait être ramené à un nombre minimum : on y parvint en donnant aux hommes une indemnité spéciale et en leur confiant le soin de trouver leurs propres logements en Angleterre, une indulgence qui rendit ce service particulièrement attractif. Dès le début, ces unités développèrent des

---

[1]. Chambre basse du Parlement du Royaume-Uni, l'équivalent de notre Assemblée nationale (*NdlT*).

particularités bien à elles ; elles attiraient des profils divers et à chaque étape de leur développement, il s'avéra difficile de trouver des officiers susceptibles d'occuper le poste de colonel.

2. J'ai entendu parler des Commandos pour la première fois grâce à Brendan Bracken, à qui j'allais rendre visite au 10 Downing Street pendant une permission d'embarquement de quarante-huit heures qu'on nous avait accordée à Cornwall, où la brigade des Royal Marines était chargée de défendre la côte tout en se préparant pour l'opération « Accordion ». Pendant la même permission, le général Bourne, l'assistant du commandant adjoint, me les avait lui aussi mentionnés. Brendan me dit : « Vous devriez être avec les durs à cuire de Bob Laycock » ; le général Bourne déclara : « Personne ne comprend l'utilité de ces unités irrégulières. » Avec l'accord du colonel Lushington, j'écrivis à Bob Laycock et nous étions en contact quand la brigade des Royal Marines leva l'ancre et mit le cap sur Dakar (opération « Menace »). Avant mon départ, je vis un Commando une fois, le 3, qui faisait partie de la défense de Plymouth. Ils n'étaient pas particulièrement impressionnants mais les évaluateurs, lors d'un exercice que nous faisions avec eux, évoquèrent avec enthousiasme leur endurance et leur esprit d'initiative. De fait, cette fois-là, après avoir marché trente-deux kilomètres, ils firent passer les chefs instructeurs pour des idiots en prenant tous les postes défendus par subterfuge. Il y avait une compagnie indépendante dans l'expédition de Dakar qui voyageait à bord du *Westmorland* avec les Français libres. Le général Irwin offensa grandement les marines quand il déclara : « S'il y a une mission comme Zeebrugge[1] à mener, la compagnie indépendante s'en occupera. » Finalement, ni les marines ni la compagnie indépendante ne livrèrent combat.

---

1. Fait référence au raid de Zeebrugge en 1918 (*NdlT*).

3. Le premier régiment des Royal Marines débarqua à Gourock le 27 octobre et s'installa dans des casernes près de Glasgow. Une permission de quatorze jours nous fut accordée et pendant ce laps de temps, j'organisais mon transfert. Je ne revins que pour récupérer mon équipement et partis me présenter à Londres où le War Office s'avéra incapable de m'indiquer où se trouvait le lieutenant-colonel Laycock. Finalement, après un entretien avec le général Haydon et quelques impolitesses faites à un officier des Royal Marines, je fus assigné au Commando 8 puis à Largs, ma date de mutation prévue pour le 12 novembre.

4. Quand je rejoignais le Commando 8, ils étaient dans des casernes à Largs, temporairement rattachés à l'opération « Accordion ». Leur base militaire consistait en dix groupes de cinquante hommes chacune, sous les ordres d'un capitaine et de deux chefs de section subalternes. Le lieutenant-colonel Laycock commandait, un major du Somerset Light Infantry était commandant en second. Harry Stavordale venait de laisser sa place d'adjudant à un capitaine de la Somerset Light Infantry. La composition des troupes était surtout régimentaire : (1) Household Cavalry. (2) Grenadiers. (3) Coldstream. (4) Scots Grey. (5) Irish et Welsh Guards. (6) Divers (surnommé les « Bisons » par Toby Milbanke qui les dirigeait alors). (7) Somerset Light Infantry. (8) Divers (sous les ordres de Godfrey Nicholson). (9) Line Cavalry. (10) Spécialistes : Royal Engineers, Royal Artillery, Royal Marines. Il y avait trois officiers de liaison à la base. Au moment de mon arrivée, les brigades du Commando 8 étaient en train d'être formées. Le général Haydon avait sous ses ordres la 1re Special Service Brigade que le Commando réorganisa pour former la compagnie B, bataillon 3. Le Commando 3 était la compagnie A. Bob Laycock était commandant de bataillon. Le Commando était divisé en brigades pour l'opération « Workshop » (Pantelleria).

5. Avant mon arrivée, le Commando s'était entraîné à Burnham-on-Crouch puis à Inverary. Au moment de sa création, les hommes étaient pleins de zèle ; la discipline se détériorait déjà quand je les rejoignais. Après avoir passé du temps dans la brigade des Royal Marines, le degré d'indolence et d'ignorance des officiers semblait invraisemblable, mais je me suis depuis rendu compte qu'il était seulement légèrement supérieur à la norme dans l'armée. La plus grande liberté régnait en termes d'uniforme ; personne ne faisait même semblant de travailler en dehors des heures de travail. Les chefs de groupe ne faisaient jamais parvenir à temps ou sous la forme requise les compte rendus qui devaient être envoyés à la salle de service. Les officiers partaient en permission quand leurs troupes n'y étaient pas autorisées. La modeste indemnité de logement couvrait à peine le train de dépenses extrêmement élevé du n° 8. Deux opérations de nuit auxquelles je pris part en tant qu'évaluateur révélèrent une incapacité frappante, même lorsqu'il s'agissait d'appliquer les idées tactiques les plus simples. Un chef de groupe était incapable de lire une boussole. Les troupes, en revanche, avaient toujours une apparence soignée lors des défilés militaires, l'exercice avec armes était satisfaisant, il était évident que les officiers étaient hautement appréciés et respectés. Les hommes n'avaient pas à effectuer de tour de garde. Après les défilés, ils étaient libérés de toutes contraintes et se comportaient souvent de manière turbulente. Un léger vent d'impatience soufflait déjà, les hommes ayant hâte de prendre part aux combats (le Commando 3 avait fait une excursion peu concluante dans les îles anglo-normandes). Roger Courtenay était rattaché au Commando 8. Il était en train de former une section de *folbot* (canoë) qui, au moment où j'écris, est toujours en cours au Moyen-Orient, embarqués pour des reconnaissances dans des sous-marins. Courtenay a lui-même reçu une Military Cross pour ses missions de

reconnaissance à Rhodes. Nell Stavordale, Pamela Churchill, Mary Campbell, Peggy Dunne et la femme de G. Nicholson séjournaient dans un hôtel à Largs au moment où je rejoignais le Commando.

En partant, ivre, pour l'une des opérations de nuit, je tombai et me coupai la lèvre mais cet accident n'entacha en rien ma réputation.

Peter Milton passait la majeure partie de son temps à Glasgow aussi bien avant qu'après avoir succédé à Toby aux commandes d'un groupe.

Le sergent-major régimentaire, un homme de l'Irish Guard, était presque toujours soûl. Il a ensuite été dégradé.

Lors d'une compétition de boxe, le Commando 8 se révéla être très mal entraîné et témoigna d'un manque d'esprit combatif.

De manière générale, cependant, je remarquais très peu des symptômes de leur déclin à venir. Je pensais que leur gaieté et leur autonomie s'avéreraient être de précieux atouts au combat. Pour moi, toute cette affaire m'offrait de délicieuses vacances loin des Royal Marines. Je fus nommé officier de liaison puisqu'il n'y avait pas de poste disponible pour moi au sein des troupes. J'avais espéré devenir chef de groupe, mais le système de troupes régimentaires diminua largement la probabilité d'une telle affectation. Quand G. Nicholson dut être renvoyé, sa troupe fut entièrement remplacée par une autre du Commando 3. Quand une place se libéra chez les Bisons, je me trouvais déjà au QG de la brigade et le poste fut confié au beau-frère de Dermot Daly ; la même chose se serait produite si j'avais encore été au Commando.

6. Au début du mois de décembre, nous fûmes transférés de l'opération « Accordion » à « Workshop ». Après deux jours de permission, nous embarquâmes à bord du HMS *Glenroy* et mîmes le cap sur Arran pour ce qui devait être une brève période d'entraînement intensif.

Le *Glenroy* était l'un des trois navires de commerce rapides que l'Amirauté avait achetés et modifiés pour les Opérations combinées. Les cales avaient été transformées pour loger les troupes, des cabines avaient été construites sur les ponts, pour héberger un bataillon d'infanterie. La décision de les utiliser pour accueillir presque deux fois plus d'hommes, avec le désordre et le manque de confort que cela entraîna, eut un effet malheureux sur la discipline. Les navires étaient équipés de treize ALC et d'un SLC jeté sur les bossoirs et de deux MLC sur les mâts de charge. Un MTB fut ensuite ajouté[1]. Le capitaine était un officier de la marine à la retraite, Paget[2] ; un homme facilement irritable, au mauvais jugement. Il fut rapidement rebaptisé « Booby[3] » par les troupes, un surnom que son comportement ultérieur au Moyen-Orient viendrait confirmer.

Le premier lieutenant[4] était un officier âgé, consciencieux. Le seul autre officier de la marine était le lieutenant-commander qui s'était lui-même mis dans une position d'autorité et de responsabilité qui dépassaient de loin son poste ou ses capacités ; tout le monde le détestait cordialement. Le reste de la compagnie du navire venait de la Royal Naval Reserve, certains ayant servi à son bord en temps de paix, et de la Royal Navy Volunteer Reserve. Cette dernière incluait Roger Keyes Junior, un autre personnage généralement peu apprécié. Les lieutenants et sous-lieutenants de la Royal Navy Volunteer Reserve formaient une collection pathétique de jeunes gens tout droit sortis de bureaux d'assurance, qui n'avaient rien en commun avec le Commando 8. En plus d'être des types à la

1. Types de bâtiments de débarquement, et un Motor Torpedo Boat, ou vedette lance-torpilles (*NdlT*).

2. Capitaine Sir James Paget, baronnet, RN.

3. Nigaud (*NdlT*).

4. Officier le plus expérimenté à bord d'un navire dans la Royal Navy, qui occupe ici le poste de commandant en second (*NdlT*).

conversation ennuyeuse, ils faisaient de piètres marins. Dès le départ, les deux services se sont mal entendus ; si l'un des deux avait été compétent, l'autre l'aurait respecté ; s'ils avaient été aussi incompétents les uns que les autres, ils se seraient appréciés (de la même façon que la Navy appréciait le Commando 3) ; mais le Commando 8 était turbulent, xénophobe, excessif, plein d'imagination et d'esprit, comptant parmi ses hommes une proportion d'aristocrates que la Navy trouvait déconcertante ; tandis que la Navy était immature, ennuyeuse, pauvre, complexée, sensible aux insultes dont elle s'imaginait être victime, encline comme tous les perdants à nourrir des griefs. Six semaines plus tard ils en voulaient toujours à ceux qui avaient marché sur quelques-uns de leurs magazines. De plus, nous n'étions pas des partenaires égaux dans le même mess ; les militaires étaient des invités dans un mess de la Marine et n'avaient aucune influence sur son fonctionnement mais une idée bien précise de la façon dont il aurait dû être géré. Ils exprimaient leur mécontentement haut et fort, appelaient le capitaine « le ballot, là-haut sur le toit » (Eddie Fitz-Clarence). Une réunion de réconciliation entre les officiers eut lieu mais elle ne fit qu'aggraver la situation, surtout à cause de Philip Dunne qui compara la Navy à un conducteur de train et l'armée à un passager en première classe. Le carré des officiers et le vestibule étaient tellement bondés qu'aucun des deux services ne pouvait s'isoler.

7. En ce qui concerne l'entraînement, il avait été prévu que chaque Commando se rende à terre chacun à son tour pendant deux semaines pendant que l'autre s'entraînerait sur des bateaux à Holy Island et Arran. L'entraînement naval consistait à s'entasser dans les barges de débarquement, une activité que les militaires semblaient considérer comme un art ésotérique nécessitant des années d'expérience, et à regarder les officiers de la Marine faire n'importe quoi avec la navigation.

Ils ne cessaient d'échouer les bateaux sur le rivage et de laisser la marée les rapporter. On avait repéré à Arran la partie de la côte qui ressemblait le plus à celle de Pantelleria et un exercice d'attaque avait été planifié qui, au détriment de toute vraisemblance tactique, prévoyait que chaque détachement fasse une marche et une montée semblables à celles requises pour « Workshop ». Au début du mois de janvier, nous fîmes une répétition à laquelle des officiers supérieurs de l'Amirauté et du War Office vinrent assister. Ce fut un échec du fait que le Commando 3 dormait dans des lits de camp alors que nous étions assis dans le vestibule, soûls mais éveillés. Personne n'arrivait à réveiller le Commando 3, ses hommes arrivèrent en retard, n'avaient pas leur équipement à bord des bateaux et étaient complètement désorganisés sur la terre ferme. Nous avons passé Noël à bord du *Karanja*, ce qui ne changeait pas grand-chose en termes de confort pour les officiers, mais qui marquait un progrès infini pour les nombreux sergents qui se virent attribuer des cabines de deuxième classe, des stewards, et une cantine où l'on servait de l'alcool en conséquence de quoi ils étaient complètement soûls en permanence, et une épreuve pour les hommes qui se retrouvèrent dans des quartiers glacés, s'opposèrent à ce que leurs repas soient préparés par des cuisiniers de Goa, et qui de toute façon étaient prêts à s'en prendre à tout le monde. En janvier, on apprit qu'il était de moins en moins probable que l'opération réussisse. Elle fut finalement annulée. Sir Roger Keyes fit un discours nous promettant de nous « mettre en travers du chemin de l'ennemi » à la première opportunité et nous exhortant à « maintenir nos fers de lance bien brillants ». Son discours était peu convaincant. Entre-temps l'interdiction de recevoir les épouses à Arran fut levée et pendant une semaine nous eûmes une série de fêtes. On nous accorda ensuite une permission de deux semaines. Une rumeur circulait selon laquelle nous partirions à l'étranger après la permission, mais nous avions tous appris à traiter ce type de rumeur avec scepticisme. En fait (je l'ignorais à l'époque) « Workshop » avait été annulée. On avait besoin des trois navires « Glen » au Moyen-Orient pour « Cordite » (Rhodes)[1] et les responsables du War Office peinaient à déterminer si nous devions partir avec eux.

8. Une fois la permission terminée, nous embarquâmes à bord du *Glenroy*. Le bataillon 4 de la 1re Special Service Brigade fut dissous. Nous redevînmes le Commando 8, qui faisait partie de la force « Z » commandée par Bob, avec le 11 (commando écossais) que commandait un certain major Pedder, et un autre commando sous les ordres d'un major du nom de Colvin. La force « Z » était divisée entre le *Glenroy* et le *Glengyle* avec quelques individus à bord du *Glenearn*. Une fois les réserves chargées, nous partîmes pour l'Égypte, le 1er février [?]. La promiscuité était pire que jamais. Le Commando 11 était très jeune et réservé, discipliné à l'extrême, en tous points différent du nôtre mais d'assez bonne compagnie. Ils s'entraînèrent sans relâche pendant tout le voyage. Nous ne fîmes presque rien si ce n'est un peu d'entraînement physique et un ou deux exercices écrits pour les officiers. Bob me prit comme adjudant du QG de la Force, avec promotion à la clé au grade de chef d'état-major de la brigade si nous étions divisés en brigades. Tout le monde passait ses soirées à parier, jouer au poker, à la roulette, au *chemin de fer*[2]. Randolph perdit 850 £ en deux soirs. Nous nous arrêtâmes au Cap où les gens témoignèrent aux hommes, quel que soit leur grade, l'hospitalité la plus remarquable. Harry maltraita les autruches au zoo. Randolph déjeuna avec Smuts. Dermot termina complètement ivre.

---

1. L'invasion de Rhodes ; l'opération n'eut jamais lieu.
2. En français dans le texte (*NdlT*).

Nous arrivâmes à Suez le 8 mars et remontâmes le Canal, où des mines avaient été signalées, jusqu'à Kabrit près des lacs Amer. À ce moment-là, les Allemands étaient en train de jeter des sacs de sel dans le Canal ; les sacs furent signalés et la zone fermée jusqu'à ce qu'on les retrouve ce qui, dans la mesure où ils s'étaient dissous, n'arriva jamais.

À Kabrit, le général Evetts monta à bord et s'entretint avec les officiers. Il annonça que nous devions servir avec sa division (6e) et nous promit que nous allions nous mettre « des combats plein la panse ». Ce discours plongea F dans un profond désarroi – dès lors, il ne cacha plus son désir d'obtenir un poste administratif au Caire. Le lendemain nous débarquâmes et nous rendîmes au camp de Geneifa.

9. L'unité changea une nouvelle fois de nom. La force « Z » devint « Layforce » ; le Commando 8 devint le « bataillon B » ; on interdit l'utilisation du mot « Commando ». Bob fut nommé colonel, Dermot et les autres commandants de bataillon, lieutenants-colonels. Le CHQ fournit un chef d'état-major de la brigade et je redevins officier du service de renseignements. Notre organisation ressemblait un peu à celle d'une brigade. On s'entraîna pour Cordite en suivant la procédure habituelle. On traça une ligne dans le désert et on détermina les itinéraires pour atteindre les objectifs. Nous étions tout juste en train de commencer à répéter dans cette zone quand, la première semaine d'avril, la réoccupation des Allemands de la Cyrénaïque plongea l'Égypte dans l'agitation. La Guards Brigade fut détachée de la Division 6 et envoyée à l'ouest et la Division 6 presque entièrement dissoute. « Layforce » reçut l'ordre de se rendre au plus vite dans la région d'Alexandrie avec les navires « Glen ». Le *Glenroy* rejoignit Port-Saïd et fut envoyé pour évacuer Lemnos. Entre-temps, on constitua à Geneifa un bataillon D qui rassemblait les restes de deux commandos du Moyen-Orient, dont un qui avait combattu en Abyssinie et l'autre, à leur grand

déshonneur, à Castello Rosso. Ce commando comprenait un groupe de socialistes espagnols[1] de qualité très médiocre qui avaient perdu leur nationalité. Le commandant de bataillon était un sapeur, le colonel Young, qui n'était pas très impressionnant physiquement mais qui s'avéra être un bon officier. Dans la région d'Alexandrie, la brigade fut divisée entre Sidi Bish et Amiriya. Là, le moral du bataillon B commença à se détériorer très rapidement ; les six mois dans les forces spéciales, un renouvellement de la période pour laquelle nous nous étions initialement engagés, touchaient presque à leur fin ; ce renouvellement avait été fait du temps de « Workshop » sous promesse d'une action imminente. Les hommes ne s'étaient pas engagés à quitter leurs régiments afin d'assurer la défense du Moyen-Orient et ils commençaient maintenant à demander à ce que les promesses qui leur avaient été faites soient respectées. Les négociations avaient alors débuté avec le quartier général du Moyen-Orient, essentiellement menées par Arthur Smith, et se poursuivirent pendant trois mois, pendant lesquels on fit une série de déclarations évasives et mutuellement contradictoires. Au sein du bataillon B, les officiers plus âgés avaient le mal du pays et les plus jeunes étaient impatients de combattre. Ils passèrent tous le plus de temps possible à Alexandrie, laissant leurs troupes dans un camp inconfortable. Dans le bataillon C, le mécontentement était interne, dirigé contre le colonel Pedder, dont les excentricités frisaient la mégalomanie. « D » travaillait dur, se réorganisant et s'entraînant. « A » était un groupe de mauvaise qualité sans la moindre particularité.

10. Les divers états-majors – Desforce, le commandant en chef en Méditerranée, le quartier général du Moyen-Orient, LTC Kabrit, etc. – maintenant stimulés par le lieutenant-colonel

---

1. Il s'agit de Républicains espagnols ayant fui l'Espagne après la victoire de Franco (*NdlT*).

Maurice Hope, étaient à présent occupés à concevoir une série d'opérations mineures visant les lignes de communication de l'ennemi sur les côtes de la Cyrénaïque ; ces dernières portaient des noms empruntés à des farces théâtrales, « Rookery », « Nook », « Walls », etc. ; il s'agissait de tendre des embuscades aux transports motorisés de l'ennemi, mettre de l'huile dans l'eau, détruire les avions à terre, etc. Suite à de nombreux coups du sort, aucune de ces missions ne fut menée à bien et elles furent surtout, et plus tard exclusivement, confiées au bataillon B. « Layforce » fut intégrée à la réserve générale du MEF[1] au milieu du mois de mai. Désireux de tout faire pour aider ses vieux amis, Bob en exempta le bataillon B et le garda dans les forces spéciales. Ils déplacèrent leur quartier général à Marsa Matruh, conservèrent des unités de reconnaissance à Tobrouk et firent tout ce qui était en leur pouvoir pour entrer en action. Ils ne cessaient de se lancer dans des opérations de la farce Aldwych et étaient toujours repoussés. En même temps, ils faisaient pression pour être reconnus comme volontaires. Une inscription trouvée dans le pont du *Glengyle* où logeaient les troupes résume bien les sentiments du bataillon : « Jamais dans toute l'histoire de l'humanité un si petit nombre d'hommes ne s'est fait enculer par autant de monde. » On suggéra aussi que le nom soit changé et devienne « Belayforce[2] ».

Toutes les opérations du groupe de farce Aldwych auraient dû être réalisables si elles avaient été menées avec style. Coopérer avec la Navy s'avéra encombrant ; la météo n'était pas propice ; les bateaux Eureka détachés pour ces missions étaient trop fragiles. Il y avait toujours une raison parfaitement valable qui expliquait pourquoi chacune des sorties était annulée ; la conclusion était

1. Middle East Forces (*NdlT*).
2. En anglais, *to get laid* veut dire coucher avec quelqu'un. Ici, jeu de mot sur le fait que les soldats ont le sentiment de se faire « enculer » (*NdlT*).

que nous tenions l'ennemi dans une position désavantageuse en termes de lignes de communication ; nous avions une force spéciale entraînée pour l'attaquer, et cette force ne fut jamais utilisée, sauf lors du raid sur Bardia, où les renseignements reçus étaient tellement erronés qu'ils rendirent l'opération vaine.

11. Le raid sur Bardia fut d'abord pensé comme une opération pour deux bataillons ; puis modifiée pour un seul, le bataillon A. Elle eut lieu depuis le *Glengyle* dans la nuit du 19 au 20 avril. La nuit était noire ; la mer moyennement agitée, avec une houle plus forte à l'approche du jour. D'après nos informations, 2 000 soldats ennemis tenaient la ville et de nombreux moyens de transport y étaient concentrés ; ainsi qu'un ou plusieurs canons de l'artillerie côtière. Tout cela s'avéra être entièrement faux. La ville était déserte, il n'y avait pour véhicules que des camions abandonnés, les canons avaient été détruits quelques semaines plus tôt lorsque nous avions évacué la ville. Une patrouille de motards fut les seuls ennemis que nous vîmes. Personne d'autre n'emprunta la route, qu'on nous avait pourtant décrite comme fréquentée, pendant les trois heures que dura notre occupation. En de telles circonstances, le raid échoua, les seuls incidents qui eurent lieu ayant été causés par notre propre incompétence. Mais stratégiquement, le raid parvint à ses fins puisqu'il permit de drainer des forces du front. Le *Glengyle* avait jeté l'ancre six kilomètres plus loin et refusait de s'approcher, même lorsqu'il devint évident que nous ne nous heurterions à aucune résistance ; leur réticence causa la perte de soixante hommes, les circonstances précises de leur capture ne sont toujours pas connues. Le navire arriva au point de rendez-vous à 22 h 05 et les débarquements étaient prévus pour 23 h 20. Les bateaux étaient surchargés et de nombreux hommes avaient le mal de mer. Un bateau ne partit pas, et celui qui aurait dû le suivre jusqu'à la plage B préféra se rendre à la plage A. Aucun groupe de débarquement ne débarqua donc jamais sur la plage B. La plage A, où quatre détachements et l'état-major du bataillon

débarquèrent, s'avéra être une bonne zone de débarquement mais l'oued était plus escarpé et agité que prévu. Après avoir inspecté un fossé inattendu, tous les détachements remontèrent jusqu'en haut. Le détachement en couverture tira quelques balles sur son officier, le tua, et décontenança les groupes qui remontaient de l'oued. Aucun détachement n'entra dans la ville à proprement parler mais les hommes se firent un plaisir de brûler quelques pneus dans le camp. Un groupe redescendit dans le mauvais oued et fut laissé à terre. Une patrouille de motards passa devant deux groupes qui ne réussirent pas à l'arrêter ; un homme se blessa légèrement avec sa propre grenade (il déclara qu'il avait été touché lors d'un combat contre l'ennemi mais les fragments qu'on enleva de son derrière vinrent démentir son histoire). Un bateau de la plage A s'était échoué et dut être détruit. Le MLC à bord duquel je m'étais réembarqué passa une demi-heure à essayer de remonter sa rampe et dériva dans la baie à la lumière du MLC en flammes, rempli de troupes désordonnées et d'un chef d'état-major de la brigade ayant le mal de mer. On finit par couper le câble qui avait coincé le treuil et nous arrivâmes au *Glengyle* à 4 h 15. Le groupe de la plage C se dirigea vers le sud-est et détruisit ensuite un petit pont sur chevalets mais manqua l'approvisionnement en eau. L'un des bateaux de cette plage ne réussit pas à rejoindre le point de rendez-vous mais arriva à Tobrouk sain et sauf. L'excursion du groupe de la plage D fut un succès sur tous les plans mais les hommes découvrirent qu'un trou avait été enfoncé dans la culasse de leurs armes pour les neutraliser.

Après cette opération, les officiers les plus responsables du bataillon A évoquèrent longuement le mauvais comportement du colonel Hound[1]. Je trouvais que personne n'avait fait preuve

1. Hound a été substitué, par l'éditeur des journaux, au véritable nom de cet officier, dont les nerfs cèdent lors de la bataille de Crète, scène décrite plus

d'un assez bon comportement pour se permettre de disséquer celui des autres, et ne transmettais pas leurs critiques à Bob. Peut-être que si je l'avais fait, la honte que nous devions plus tard connaître en Crète nous aurait été épargnée.

J'écrivis un court mémorandum en essayant de démontrer que la nuit avait favorisé les défenseurs et qu'à l'avenir, seuls les groupes les plus réduits devraient être utilisés lors d'opérations mineures de nuit.

12. En mai, le bataillon C fut retiré de Layforce et envoyé à Chypre. Puisque A et D avaient rejoint la réserve générale, le bataillon B était maintenant l'unique unité des forces spéciales. De nombreux officiers se portèrent volontaires pour faire de la reconnaissance individuelle, participer à des tâches de démolition ou s'occuper des parachutistes. Une considérable majorité des officiers du bataillon C remirent leur démission avant de partir pour Chypre mais se la virent refuser. À la fin du mois de mai, pendant que Bob était en Crète, Dermot perdit la tête, se précipita au Caire, s'entretint avec Smith et Wavell et à son retour annonça à ses hommes que *(a)* ceux qui avaient des unités au Moyen-Orient y seraient peut-être renvoyés ; *(b)* ceux qui n'en avaient pas devraient rejoindre des dépôts d'infanterie à l'exception d'une petite force qu'il proposait d'utiliser pour mener des patrouilles en profondeur dans le désert ; *(c)* que les « forces spéciales » étaient dissoutes. Dès lors le bataillon B concentra tous ses efforts à établir et annuler les listes de ces

---

tard par le « Mémorandum sur Layforce ». Dans le roman de Waugh, *Officiers et Gentlemen*, l'effondrement de l'appareil militaire et le comportement de ses officiers mettent fin aux illusions du héros Guy Crouchback qui croyait jusque-là que ceux qui se battaient à ses côtés étaient des hommes de principe, des officiers et des gentlemen. L'effondrement du « Major Fido Hound » coïncide avec la conduite de l'officier dont le véritable nom a été effacé. Ici, les tirets – utilisés à d'autres endroits dans les journaux – auraient pu prêter à confusion.

différentes catégories et à conspirer pour être renvoyé à la maison. Ils étaient tellement occupés par ces activités qu'ils déclarèrent être incapables de mettre sur pied l'une des opérations nommées d'après les farces théâtrales. Au même moment, Dermot divisa les troupes entre Marsa Matruh et Tobrouk si bien que les chefs de troupes perdirent presque entièrement l'autorité qu'ils avaient sur leurs hommes. C'est pendant cette période que je rencontrais au Union Bar un officier subalterne des Grenadiers vêtu d'un pantalon en velours côtelé et d'une chemise en soie ; l'aumônier de l'Église d'Angleterre lui avait accordé un congé maladie pour qu'il soit hospitalisé mais il se sentait mieux à Alexandrie et était occupé à courtiser une femme grecque. À Marsa, le Commando abandonna toute velléité d'effectuer la moindre tâche militaire et passa ses journées à se baigner et à pêcher. Un sergent des Scots Guards se présenta au défilé avec une canne à pêche. Robin Campbell ne quittait pas sa tente de la journée et en sortait à la tombée de la nuit. Le mess des officiers ne proposait pas de repas réguliers et vivait de sardines et de biscuits. Randolph travaillait d'arrache-pied avec l'Air Force pour tenter d'organiser une opération combinée. La canonnière *Alphis* fut rattachée au Commando ; ils l'utilisèrent deux ou trois fois pour essayer de débarquer, mais n'y parvinrent pas.

13. Il me semble que c'était le 14 mai que je décollai d'Alexandrie et atterris au Caire pour tenter de convaincre Peter Fleming de nous donner des « crayons allumeurs[1] », que je le persuadai de rentrer avec moi, dînai avec Julian Oxford et Anne Palairet, et m'envolai le lendemain pour Alexandrie où nous reçûmes un camion, récupérâmes Sir Walter Cowan, et nous rendîmes en voiture, un voyage extrêmement pénible, à Marsa Matruh. Peter y resta deux nuits. Il trouva un modeste

---

1. Détonateur à retardement (*NdlT*).

public pour ses dispositifs piégés. Le Commando 8 avait tout juste commencé à préparer une attaque sur l'aérodrome de Gazala, qui serait lancée par les Foot Guards depuis *Alphis*. Randolph découvrit, ce que Maurice Hope ne savait pas, qu'il y avait deux aérodromes à Gazala et que celui que nous voulions attaquer était le moins fréquenté des deux. Pendant une semaine, il s'efforça d'organiser, seul avec Philippe, une attaque aérienne en parallèle mais ne réussit pas à obtenir l'approbation de l'Air Force. Il était alors complètement exalté, convaincu que l'attaque en parachute en Crète[1] avait été repoussée. Après une répétition du débarquement de Gazala, Bob partit pour Le Caire et je restais à Marsa, très heureux d'être à nouveau en compagnie de vieux amis.

Le 20 [?], le détachement de Dermot leva l'ancre et revint le soir du 21 sans avoir débarqué, après une journée passée sous les attaques des bombardiers ; ils reprirent la mer de bonne humeur à minuit pour tenter une autre offensive. À 3 heures du matin, Bob me réveilla et m'annonça que nous devions partir immédiatement pour Alexandrie. Il était arrivé au camp depuis Alexandrie une demi-heure plus tôt et avait trouvé le téléphone de la salle de service en train de sonner et Freddy Graham[2] à l'autre bout de la ligne disant que nous devions

---

1. Dès que l'Italie attaqua la Grèce en octobre 1940, les Britanniques occupèrent la Crète, qui pour Churchill avait une valeur « inestimable » pour défendre la Méditerranée, en particulier l'Égypte. Six mois plus tard les Allemands frappèrent au sud, envahissant la Yougoslavie et la Grèce. Le 20 mai 1941, ils attaquèrent la Crète avec des forces de parachutistes : une façon inédite de faire la guerre. Deux jours plus tard ils contrôlaient le terrain d'aviation de Maleme, et dix jours plus tard la bataille de Crète était terminée. Les Commandos de Laycock furent envoyés comme renforts de la garnison, sous les ordres du général Freyberg, le 26 mai ; Waugh accompagnait Laycock comme officier du service de renseignements.

2. Le major (plus tard Major-General) F. C. C. Graham était major de la brigade de Laycock.

venir sur-le-champ puisque les bataillons A et B avaient reçu l'ordre de se déplacer. Nous conduisîmes jusqu'au matin et arrivâmes à Sidi Bish vers 10 heures. Nous apprîmes que le bataillon A devait prendre le train à 14 heures, embarquer à bord de destroyers, et débarquer dans la baie de Souda en Crète. Alors qu'on suivait ces ordres et que le bataillon A était monté dans son train, un message arriva annulant le déplacement et leur indiquant de se tenir prêts pour un départ dans quatre heures. Le quartier général téléphona ensuite pour annoncer qu'un détachement de deux cents hommes devait embarquer cet après-midi à bord du *Abdiel*. Deux crétins arrivèrent du Caire ; nous nous rendîmes au *Abdiel* et prîmes les mesures nécessaires. Le navire est un mouilleur de mines rapide, qui pouvait aller jusqu'à quarante nœuds. Nous leur dîmes au revoir. Notre dernier ordre ce soir-là consistait à préparer le reste de la force pour un départ dans six heures. J'étais chargé de répondre au téléphone cette nuit-là. À 5 heures, le bureau du commandant en chef en Méditerranée nous demanda si nous pouvions embarquer à 7 heures. Dans la mesure où nous n'avions aucun moyen de transport, je lui répondis que non. Les marins semblèrent surpris mais nous crurent. À partir de ce moment-là et jusqu'à 8 h 30, nous ne cessâmes de recevoir des coups de fils du quartier général du Moyen-Orient, service des déplacements Alex, commandant en chef en Méditerranée, qui tour à tour annulaient et ordonnaient le déplacement. Pendant ce temps-là, les troupes se préparaient au départ. On nous avait dit de faire des réserves, etc., pour un long séjour. Nous emportâmes donc le matériel administratif, y compris de nombreux dossiers, dont la perte causerait plus tard bien des désagréments. Nous arrivâmes au port à 10 h 30 et, rejoints par un détachement que l'*Abdiel* avait laissé derrière lui la nuit précédente, embarquâmes à bord de quatre destroyers ; le QG de la brigade se trouvait à bord de l'*Isis*, dont le capitaine, le lieutenant-commander Swinley, nous reçut avec beaucoup d'amabilité et nous témoigna la plus grande hospitalité. La mer était agitée. Nous ne vîmes aucun avion ennemi, ni pendant cette traversée, ni au cours des suivantes. Nous avions pour ordre de débarquer à l'un de trois endroits situés sur la partie occidentale de la côte sud, et d'avancer à l'intérieur des terres pour rejoindre Creforce à Souda. Tout débarquement s'avéra impossible ; si nous avions débarqué, notre colonne se serait heurtée à la populace qui battait en retraite sur les routes cette nuit-là et nous aurions eu le plus grand mal à passer ; il est peu probable que nous ayons pu prendre part aux combats.

Après une heure passée au large, nous retournâmes à Alexandrie où nous arrivâmes le lendemain après la tombée de la nuit. Là, des officiers de l'état-major de la Marine montèrent à bord et nous donnèrent de nouveaux ordres. Ces derniers indiquaient que la situation en Crète était tenue « bien en main » mais que « la garnison de l'aérodrome de Maleme était en difficulté », ce qui suggérait à tort que nous tenions l'aérodrome et que celui-ci était attaqué de l'extérieur ; en réalité, il était aux mains de l'ennemi, et la brigade néo-zélandaise le contenait timidement. Au moment où nous recevions ces ordres, l'ennemi avait passé la journée à inonder Maleme de nouvelles troupes qui étaient prêtes à se déplacer vers l'extérieur à l'aube. On nous ordonna de nous baser à Souda pour une contre-attaque qui devait être lancée depuis la mer. Nous changeâmes de bateaux et montâmes à bord du *Abdiel* et d'un destroyer, le QG de la brigade à bord de ce dernier, où on ne nous témoigna pas la moindre hospitalité ; les officiers du navire étaient épuisés. Je réussis à me procurer une grande cabine et, confortablement installé, passais une journée très agréable.

Vers 23 heures cette nuit-là, nous mîmes le cap sur la baie de Souda. Nous avions trois heures pour débarquer et décharger notre équipement. Les navires porte-barges auraient dû se trouver immédiatement à nos côtés mais n'arrivèrent pas avant trois quarts d'heure. Quand ils apparurent, ils étaient pleins de blessés. Nous reçûmes la première indication des conditions en Crète en voyant entrer dans la cabine du capitaine, où le QG attendait, un commandant de la Marine trapu, chauve, terrifié, répondant au nom de Roberts ou Robertson. Il portait un short et une capote de la Marine et était tellement épuisé et paniqué qu'il ne parvenait pas à parler de façon intelligible. « Mon Dieu, c'est l'enfer », disait-il. « On se retire. Regardez-moi, plus aucun équipement. Oh mon Dieu, c'est l'enfer. Des bombes sans arrêt. Ai abandonné tout mon équipement, etc., etc. » Nous le prîmes d'abord pour un type particulièrement lâche, mais en quelques heures, nous nous rendîmes compte qu'il était typique des forces britanniques sur l'île.

Aucune lumière ne pouvait être allumée sur le pont et une certaine confusion régnait parmi les blessés, les soldats évacués et nos troupes qui attendaient dans la pénombre du crépuscule pour débarquer. Les navires ne pouvaient pas rester plus longtemps parce qu'ils devaient se dégager aussi loin que possible avant qu'il fasse jour. Il s'avéra vite que nous avions à peine le temps de faire débarquer les hommes à terre et que nous devrions laisser derrière nous la plupart de notre matériel. On balança par-dessus bord, de manière obscène, un grand nombre de précieux équipements de transmissions – des émetteurs radio sans fil 9 et 18. Nous débarquâmes à bord de barges de débarquement qui seraient, comme nous l'apprîmes, sabordées une fois que nous en serions descendus. Le quai sur lequel nous arrivâmes semblait avoir été lourdement bombardé ; il était plein de cratères et jonché de pierres, de véhicules brûlés, de matériel abandonné, etc. Des groupes de blessés étaient assis çà et là et juraient d'un ton maussade.

Des officiers de liaison du général Weston[1] et du lieutenant-colonel Hound nous rejoignirent. Ils nous racontèrent que les Allemands étaient à La Canée. Weston avait fait venir un camion et donc Bob et moi nous mîmes en route pour aller le chercher, laissant Freddy Graham s'occuper des troupes et les amener aux lignes de défense, que Bob avait choisies sur la carte à la lumière de sa lampe de poche, dans un refuge. Dans le noir, Souda semblait brûler mais ce n'était, je pense, qu'une impression donnée par la lumière des étoiles. Nous nous enfonçâmes dans les terres en voiture et arrivâmes à une ferme, quelque part entre Souda et La Canée, où Weston avait établi son QG. Il était endormi par terre. Un marine nous raconta que la brigade néo-zélandaise avait rassemblé son équipement à Maleme, et se repliait. Il y avait aussi une brigade australienne en repli, ainsi que diverses unités britanniques et grecques. Avec les marines, nous devions former une arrière-garde et les couvrir pendant qu'ils se retiraient à Sfakia sur la côte sud. Il y avait à peine cinquante kilomètres à parcourir mais la route passait par les montagnes et était en réalité plus longue que ce que la carte indiquait. Nous nous rendîmes ensuite au quartier général de Hound, lui transmîmes les ordres pour la position qu'il devait tenir le lendemain ; son officier de liaison parlait d'un ton chevrotant que j'appris à reconnaître comme la voix de l'unité. Hound lui-même ne semblait pas particulièrement nerveux cette nuit-là ; je pense que notre arrivée le rassurait et qu'il pensait pouvoir maintenant laisser Bob gérer la situation. Il parla de bombardements ininterrompus mais il n'avait pas subi de lourdes pertes.

Nous nous rendîmes ensuite au quartier général de Freyberg[2] ; il se trouvait dans une tente camouflée près de la route reliant

---

1. Général des Royal Marines qui commandait l'arrière-garde.
2. Général Freyberg, commandant en chef en Crète.

Souda à Héraklion, à l'est du croisement avec la route pour Sfakia. Il était calme mais obtus.

Bob lui dit qu'il s'inquiétait au sujet de son flanc gauche dont il ne savait rien.

« Mon cher, ne vous faites pas de souci à ce sujet. Les Boches ne quittent jamais les routes pour opérer. »

Bob lui demanda s'il s'agissait d'une défense qui devrait être assurée à tout prix, jusqu'à la dernière seconde.

« Non, c'est une arrière-garde. Repliez-vous quand vous êtes en difficulté. »

Il faisait maintenant jour. Nous gardâmes notre camion et remontâmes de l'autre côté de la première pente sur la route sud où nous trouvâmes Graham, le QG de la brigade et le bataillon D. Tout au long du chemin, la route que nous empruntâmes était bondée de véhicules et d'hommes en marche. À l'aller, nous devions avancer lentement, tant bien que mal, nous frayant un chemin au milieu des troupes ; au retour, les hommes grimpaient dans le camion, s'imaginant que nous nous rendions à Sfakia.

Nous laissâmes monter un homme en uniforme de colonel qui s'exprimait de la voix la plus affectée que j'aie jamais entendue, me disant, « Diantre, ne saviez-vous donc pas mon cher ». Il nous raconta qu'il avait été responsable d'un camp de transit à La Canée. Il faisait trop sombre pour qu'on puisse voir son visage mais il avait l'air assez jeune. Je me demandai alors et n'ai depuis pas cessé de me demander s'il était allemand. Je m'étais décidé à mener mon enquête quand le camion se retrouva brièvement bloqué et qu'il disparut dans l'obscurité et la foule en disant, « Je vous remercie mille fois ». Il me vient maintenant à l'esprit qu'il aurait pu s'agir d'un simple soldat se faisant passer pour un officier afin de trouver un moyen de transport.

Notre quartier général se trouvait à l'écart de la route sur le flanc d'une colline, plein sud, couverte de pierres et d'ajoncs.

Freddy tenta de mettre en place des groupes tactiques similaires à ceux dont il avait entendu parler à l'École de guerre. Les officiers des transmissions ne servaient à rien puisque tous leurs appareils gisaient au fond de la baie de Souda. Le sergent Lane s'était montré assez malin et avait réussi à mettre la main sur quelques boîtes de conserve. Nous reçûmes chacun un sachet de biscuits et un peu de corned-beef. La plupart d'entre nous étaient fatigués et avaient soif mais pas faim. En plus de ses hommes habituels, notre quartier général comptait un pasteur presbytérien et un mufle, renvoyé par Pedder, nommé Murdoch.

À 8 heures, les avions allemands apparurent et continuèrent de nous survoler presque toute la journée. Il y avait rarement moins d'une demi-douzaine ou plus d'une douzaine d'appareils au-dessus de nos têtes en même temps. Ils bombardaient le pays à l'ouest de notre campement et dans la baie de Souda, mais ils nous laissèrent tranquilles ce matin-là. Dès qu'ils apparaissaient, la populace qui se pressait sur les routes se jetait à terre. Quand il y avait une pause d'une demi-heure, ils recommençaient à se replier.

Bob rédigea des ordres pour une mission d'arrière-garde chronométrée d'une durée de deux jours. Le bataillon A devait se rabattre sur le D et prendre une position intermédiaire, etc. Bob m'envoya devant en camion pour que je transmette ses ordres à Hound. Mes souvenirs de la nuit dernière étaient vagues et, ne me rappelant pas de sa position, je conduisais pendant quelque temps à travers un no-man's land. Il y avait des avions partout. Quand ils arrivèrent juste au-dessus de nos têtes, nous nous arrêtâmes à l'ombre et nous mîmes à l'abri dans le fossé.

À un moment donné de notre voyage, le général Weston bondit depuis un buisson ; il semblait avoir perdu son état-major et la tête.

« Qui diable êtes-vous et que faites-vous ? »

Je le lui expliquai.

« Où est Laycock ? »

Je lui montrai son emplacement sur la carte.

« Vous n'avez toujours pas compris qu'il ne faut pas utiliser de carte ? C'est la meilleure façon de montrer à l'ennemi où est notre état-major. »

Il me sembla inutile de souligner que nous ne faisions pas partie de l'état-major, mais que nous étions juste deux officiers perdus qui s'étaient rencontrés au bord d'une route. Il dit qu'il voulait être conduit à Laycock. Je lui répondis que je devais continuer dans l'autre sens pour trouver Hound. « Il fut un temps où je commandais ici », dit-il avec nostalgie.

Je finis par tomber sur un tireur antichar de Laycock caché dans les buissons à environ un kilomètre cinq à l'est de Souda sur la route qui longeait la côte. Il me dit que le quartier général se trouvait quelque part à sa gauche. Je dissimulai le camion du mieux que je pus, y laissai mon ordonnance et le chauffeur, et continuai à pied. Il y avait des vignobles et des oliveraies au sud de la route qui couraient jusqu'à la crête des collines là où la campagne n'était plus que pierres et broussailles.

À quatre cents mètres de la route se trouvaient une église surmontée d'un dôme et quelques corps de fermes. Les oliveraies étaient pleines de tranchées et de positions de tir aménagées dans des trous. Je marchais pendant une demi-heure à la recherche de Hound. Certaines des tranchées étaient occupées par des habitants en déroute ou des détachements du Royal Army Medical Corps ; d'autres par ceux de Laycock. Le bataillon A n'avait mis en place aucun poste de guet bien qu'ils ne soient pas directement touchés par les bombardements. Ils s'accroupissaient juste aussi près du sol que possible et cachaient leurs têtes. Les bombardements avaient tous lieu dans les collines, à au moins deux kilomètres plus loin au sud ; là-bas, l'ennemi attaquait systématiquement les broussailles avec des bombardements en piqué et des tirs à la mitrailleuse. Je savais qu'il n'y avait pas d'Anglais de ce côté-là, à part quelques traînards qui prenaient un raccourci pour rentrer chez eux, et me disais que l'ennemi était en train de dégager le passage pour pouvoir faire avancer leur infanterie. Je faisais remonter cette information un peu plus tard mais nous n'avions aucune troupe de libre et rien ne put être fait. Tard ce soir-là, les Allemands affrontèrent et coupèrent une compagnie du bataillon D qui tenait la route entre Souda et l'intersection. Je ne sais pas si cette compagnie se rendit ou riposta.

Après avoir demandé leur aide à deux officiers qui se trouvaient des excuses pour ne pas sortir de leurs trous, j'en trouvais un qui consentit joyeusement à me guider jusqu'à Hound. Il m'amena jusqu'à la ferme la plus éloignée et retourna à sa compagnie. Je rentrai dans une cabane au toit de tôle où je trouvais deux sous-officiers assis autour d'une table.

Je leur dis : « Il paraît que le colonel Hound est ici. »

« Il est là », me répondirent-ils.

Je regardai autour de moi, ne vis personne. Ils pointèrent alors sous la table où j'aperçus leur commandant recroquevillé comme un inconsolable singe. Je le saluai et lui transmis ses ordres. Il semblait incapable de les comprendre.

Il dit : « Où est le colonel Bob ? Il faut que je le voie. »

Je lui répondis que je m'apprêtais à repartir là-bas.

« Attendez la fin du blitz. Je viendrai avec vous. »

Après un moment les avions rentrèrent se rafraîchir à leurs bases et Hound émergea. Il avait toujours une allure de soldat quand il se tenait debout. « Une rafale de mitrailleuse a traversé le toit », me dit-il en s'excusant à moitié. Je pense qu'il mentait puisque les avions étaient restés concentrés sur le flanc de coteau tout l'après-midi.

Je l'amenai à Bob. Il ne montrait aucune inclination à retourner à son bataillon mais parvenait à parler de façon tout à fait sensée quand aucun avion ne passait au-dessus de nous.

Ils revinrent bientôt et il resta allongé sans bouger, le visage dans les ajoncs, pendant environ quatre heures. Si quelqu'un se dégourdissait les jambes, il grognait comme si on lui avait cassé tous les membres et qu'on était en train de le secouer. « Pour l'amour de Dieu, ne bougez pas. »

Une escadrille de bombardiers en piqué était maintenant passée à l'attaque à l'est de l'endroit où nous nous trouvions ; ils revenaient sans cesse, aussi réguliers et monotones que les chevaux chez Captain Hance[1]. Juste en dessous de nous se trouvait un champ de maïs circulaire, bien visible, situé dans un creux, autour duquel ils faisaient demi-tour si bien qu'ils se retrouvaient toujours à voler assez bas juste au-dessus de nous, avant de gagner de l'altitude en virant à droite, de plonger et de larguer leurs bombes à environ un kilomètre cinq. Je ne sais pas ce qu'ils visaient ; le quartier général de Freyberg avait été quelque part dans cette zone. C'était impressionnant au début mais une demi-heure plus tard, mortellement monotone. C'était à l'image de tout ce qui est allemand – excessif.

La chaleur était insupportable sur le flanc de coteau ; des couvertures nous servaient à la fois de camouflage et de protection contre le soleil. C'est à cette occasion que j'appris que l'équipement le plus précieux qu'un homme puisse avoir au combat est un oreiller. Dès lors, j'emportais toujours le mien avec moi et ne l'abandonnais pas jusqu'au moment où il finit dans la corbeille à papier du capitaine au port d'Alexandrie ; il était alors complètement élimé et imbibé d'huile.

Au coucher du soleil, Hound retourna à son bataillon qui devait se retirer cette nuit-là à un emplacement situé à environ douze kilomètres dans les terres. Le bataillon D rejoignit une position sur leurs arrières. Le commandant en second de Hound,

---

1. L'école d'équitation de Malvern, près de Lygons, où Waugh apprit à monter à cheval au début des années 1930.

ainsi que le détachement du bataillon A qui venait d'arriver, devaient tenir l'emplacement le plus en avant. Il y avait aussi la compagnie qui avait été coupée, celle du bataillon D, qui aurait dû se rabattre sur la position avancée du bataillon A. Je crois que c'est ainsi que la mission avait été conçue mais je n'ai pas d'exemplaires des ordres et, de toute façon, les choses se passèrent autrement le lendemain. Bob et Freddy partirent en camion pour aller chercher Weston. Nous ne reçûmes pas une seule fois, au cours des cinq jours que durèrent les combats, un seul ordre de nos supérieurs sans devoir aller le leur demander nous-mêmes. Le reste du QG s'installa pour dormir. Une heure ou deux plus tard – je pense qu'il était environ 21 heures – Bob déplaça le QG sur la route. Les Allemands avaient attaqué les collines jusqu'à notre flanc et étaient très proches, comme il nous l'expliqua. Nous prîmes nos positions de tir le long de la route, tournant nos armes vers l'est, postâmes des sentinelles et partîmes nous coucher.

Dans l'heure qui suivit, Bob étant une nouvelle fois parti en camion, nous fûmes réveillés. Hound venait d'arriver et racontait de manière confuse comment il était tombé dans une embuscade en moto. Il nous dit que son bataillon était en train de livrer une bataille farouche – il racontait n'importe quoi – et, sans nous expliquer pourquoi il n'était pas avec eux, il nous ordonna de nous retirer. Tout cela semblait louche mais Murdoch commandait les troupes du QG de la brigade et nous nous mîmes donc en route afin de, comme je l'imaginais, nous rabattre à environ un kilomètre.

Nous passâmes des heures et des heures à marcher dans le noir et traversâmes deux villages. Je protestais mais Hound n'arrêtait pas de répéter : « Nous devons nous éloigner le plus possible avant le lever du jour. » Les routes étaient bondées de troupes qui se repliaient dans le désordre le plus complet. Tous les officiers semblaient s'être sauvés avec les véhicules. Après le second village, la route suivait le versant d'une vallée aux pentes abruptes et dénudées. Quand je suggérais de faire une halte, Hound me dit : « Il faut que nous trouvions un endroit pour nous mettre à couvert. » Seul le lever du jour aurait pu l'arrêter. Au moment où le soleil commença à se lever, il se glissa dans un tuyau de canalisation sous la route et s'assit là.

Je réussis à dormir une heure. À mon réveil, une étrange procession utilisant des draps blancs comme bannières avait envahi la route ; cette troupe en haillons, barbue, comptait environ 2 000 hommes. Je pensais d'abord qu'il s'agissait de quelque manifestation organisée par les habitants locaux. Puis je me rendais compte que ces hommes étaient des Italiens, faits prisonniers en Grèce, et maintenant libérés. Ils faisaient preuve de l'enthousiasme le plus timide en s'avançant vers la liberté.

Quelques troupes du bataillon A arrivaient maintenant avec un petit nombre de blessés. Un homme avait fait tout le chemin à pied avec une balle logée dans le ventre. Une fois allongé, il ne se releva pas et le médecin l'acheva avec de la morphine. Je demandai au capitaine Mackintosh-Flood quelle était la situation. Il me répondit : « Je n'en sais rien et je m'en fiche. » Je partis donc me rendre compte par moi-même, laissant derrière moi mon ordonnance et ma section de renseignements.

Avancer seul procurait toujours un sentiment d'euphorie ; les troupes déprimées étaient un poids mort qui finissait par peser sur le moral et par nous rendre moins utiles. Je partis par la route que nous avions empruntée à l'aller. Je rencontrai alors un officier subalterne (pas l'un des nôtres mais, je pense, un Anglais) qu'on ne pouvait pas décrire comme étant « à la tête de » mais plutôt « accompagné par la moitié » d'un peloton. Il était très pressé.

Il me dit : « Vous ne pouvez pas continuer plus loin sur cette route. Des parachutistes ennemis ont atterri pendant la nuit. Ils leur tirent dessus avec des mitrailleuses. »

Je lui demandai d'où ils tiraient.

« Je ne sais pas. »

« Vos hommes ont-ils été touchés ? »

« Je ne me suis pas arrêté pour regarder », me répondit-il, se moquant de moi pour avoir posé une question si stupide.

Je quittai donc la route et coupai par les collines pour rejoindre le village par lequel nous étions passés pendant la nuit. C'était un endroit joli, simple, avec un puits sur la place. Je voulais y remplir ma bouteille mais la corde avait été coupée et le seau volé. Je demandai à un paysan, en faisant des gestes, où je pourrais trouver de l'eau ; il s'éloigna en maugréant qu'il ne pouvait pas m'aider mais je le suivis à l'intérieur de sa petite maison et après un moment il me tendit un verre qu'il avait rempli dans une jarre de pierre.

Sur la place une jeune paysanne s'approcha de moi et tira sur ma manche ; elle était en larmes, je la suivis jusqu'à l'église, où dans la cour se trouvait un soldat britannique allongé sur une civière. Sa bouche était recouverte de mouches et il était mort. Une autre fille se tenait à côté de lui et était elle aussi en larmes. Je pense qu'elles s'étaient occupées de lui. Il y avait aussi un paysan barbu qui haussa les épaules et fit des signes qui auraient pu décrire l'ascension d'un ballon, mais qui me confirmèrent ce que j'avais déjà compris. Encore une fois avec des signes, je leur dis de l'enterrer.

Je me rendis ensuite au second village et continuai d'avancer jusqu'à la maison la plus éloignée où un motocycliste m'avait dit que je trouverai une sorte de quartier général. L'ennemi était retenu huit cents mètres plus haut sur la route. Sous une tonnelle au doux parfum de jasmin, je trouvai Bob et Freddy ainsi que deux généraux de brigade ; ils avaient vécu une aventure, ayant été attaqués de près par des mitrailleurs armés de Tommy[1].

---

1. Tommy, surnom de la mitraillette américaine Thompson, en dotation dans les troupes britanniques (*NdlT*).

Bob avait sauté dans un tank et Ken Wiley, commandant en second du bataillon A, restaura l'honneur des Commandos en lançant une vigoureuse contre-attaque qui leur permit de l'emporter. Quelques Néo-Zélandais, essentiellement maoris, s'étaient mobilisés et se joignaient à nous dans l'arrière-garde. On imagina un plan dont je ne me souviens aujourd'hui plus et qui, de toute façon, ne fut jamais exécuté.

Bob, Freddy et moi montâmes alors dans le camion et retournâmes là où j'avais laissé Hound. Un certain nombre d'hommes de son bataillon s'était rassemblé mais il était toujours dans son tuyau de canalisation. Bob, aussi poliment que possible, le releva de son commandement en lui disant : « Vous êtes épuisé, votre mission est terminée. Ken va prendre la relève. » Nous retournâmes ensuite au village précédent pour installer le quartier général de la brigade. Cet endroit s'appelait, il me semble, Babali Inn[1]. Il y avait bien entendu une auberge[2] là-bas, avec quelques traînards éméchés et des flaques de vin sur le sol mais quelques jarres étaient encore pleines. Nous n'avions rien mangé de toute la journée, et deux tasses de ce vin, brun et sucré, nous rendirent tous plus gais. Nous nous introduisîmes dans une maison et en fîmes le QG de la brigade après que Bob eut refusé d'utiliser la très jolie grange que je lui avais trouvée. Le bataillon D établit une ligne de défense à la lisière du village dans un fossé profond près d'un puits. Le bataillon A apparut alors, marchant d'un bon pas. Ils auraient dû couvrir le D pendant qu'ils prenaient position mais Hound était intervenu et leur avait dit de se retirer. Bob le releva alors de son commandement en termes clairs et univoques. (Le pasteur presbytérien aussi avait pris son parti, déclarant

---

1. Babali Hani.
2. « Inn » signifie « Auberge » (*NdlT*).

à Christie Laurence : « C'est *sauve qui peut*[1], maintenant. ») Si l'ennemi avait décidé de continuer d'avancer, ils auraient attrapé le bataillon D avant qu'ils se soient mis en position, mais ils commençaient à fatiguer maintenant et, de toute façon, ne poussaient jamais loin sans envoyer leurs forces aériennes leur ouvrir la voie. Dès lors, le soutien aérien se relâcha considérablement. Des avions de reconnaissance passaient de temps à autre et il y eut quelques attaques ici et là, mais le ciel ne fourmillait plus comme la semaine précédente.

Après la retraite inattendue de Hound, Babali Inn devint la première ligne du front et le QG de la brigade se retira donc à un kilomètre ou deux dans un lieu d'une grande beauté. Il s'agissait d'un petit sanctuaire au bord de la route où une source d'eau coulait jusqu'à un ruisseau. Autrefois, il y avait eu une sorte de terrasse à cet endroit et le cours d'eau était entouré de pierres qui dessinaient un cercle, et ruisselait dans des bassins de pierre. Ce lieu avait autrefois dû avoir des propriétés médicinales. Un bosquet de cinq arbres entourait la source et bien que des signes grossiers indiquent une occupation récente, le lieu n'en restait pas moins ravissant. Le sergent Lane avait prudemment rempli une grande bouteille de vin. Nous la gardâmes au frais dans le ruisseau. Bob avait une boîte de cigares et un livre de mots croisés. Nous nous reposâmes quelques heures. Nous commencions à être gagnés par l'épuisement et la faim.

Vers 17 heures Bob et moi partîmes voir George Young. Il se trouvait toujours dans son fossé à Babali Inn et sa situation était pénible puisqu'il se faisait tirer dessus au pistolet-mitrailleur de trois côtés différents par des hommes cachés dans les arbres. L'ennemi avait aussi un mortier ML de 76,2 mm pointé sur lui et sur la route, une arme précise capable de faire des ravages. Des balles passèrent très près de Bob et moi alors que nous

---

[1]. En français dans le texte (*NdlT*).

avancions vers la tranchée et au retour, des obus tombèrent juste à côté de nous. Nous trouvâmes le quartier général de Young, et tous les hommes de son bataillon que nous vîmes, dans la situation la plus stable. Il était maintenant à la tête de ce qu'il restait du bataillon A. Il maintint sa position jusqu'à ce qu'on lui ordonne de se retirer à la tombée de la nuit.

Avec le crépuscule, des traînards émergèrent des fossés, comme des fantômes sortant de leurs tombes, et commencèrent à ramper silencieusement vers la côte. Aucun de ceux que je vis dans cette zone n'était encadré par des supérieurs, mais la majorité d'entre eux avaient toujours leurs fusils. Ils s'étaient tous débarrassés de leurs sacs, avaient des barbes et leurs mouvements trahissaient la lassitude d'hommes affamés et tout à fait épuisés : un spectacle pitoyable.

Nous avions maintenant reçu l'ordre de nous replier directement à Imvros de l'autre côté des montagnes et les troupes marchèrent pendant plus de douze heures. Le QG de la brigade traversa en camion un village brûlé où un détachement de sapeurs attendait que les derniers véhicules passent pour faire exploser le pont ; c'était le seul tank qui nous restait. Pour une raison que j'ignore, ce pont ne fut jamais détruit ; trois kilomètres plus loin, en revanche, la route avait été endommagée, sans que personne n'en ait reçu l'ordre, à un endroit où elle devenait particulièrement étroite, et un détachement était à l'œuvre pour tenter de reboucher le cratère. La confusion régnait puisque de nombreux véhicules étaient bloqués et Bob et moi parvînmes à en renvoyer quelques-uns pour aller chercher nos troupes. Nous organisâmes aussi une distribution de rations qui étaient apparues d'on ne sait trop où. À ce moment-là, Bob posa sa main sur un grand rocher et déclara : « C'est un sacré gros tank. » Il y avait un général grec et son état-major près du cratère et je réussis à lui emprunter son bus pour nos troupes. Ceux que nous rencontrâmes en chemin étaient presque inconscients quand ils arrivèrent. Nous leur distribuâmes des rations, fîmes monter les blessés et un hystérique (pas l'un des nôtres) dans notre camion, et descendîmes jusqu'à Imvros. Le jour était levé longtemps avant notre arrivée ; un avion de reconnaissance nous tira dessus mais à part cela, on nous laissa tranquilles.

À Imvros, on tentait de s'organiser. Un poste de premier secours avait été mis en place dans une église et les vignobles des alentours servaient de zones de rassemblement. Il y avait de nombreux camions dans le village et j'intervenais pour tenter d'en envoyer quelques-uns chercher nos hommes et les aider à descendre la montagne.

Un officier traversa la route en courant et en criant : « Revenez par ici. »

Je lui demandai qui était responsable de la circulation.

Il me répondit : « Moi. Vous ne pouvez pas vous approcher plus. »

Je commençai à lui poser des questions au sujet des camions. Il me dit alors qu'il n'avait rien à voir avec l'organisation de la circulation.

Je lui dis : « Il ne faut pas laisser vos nerfs nuire à vos manières. »

Il devint agressif et me demanda : « Qu'est-ce que vous voulez dire par là exactement ? »

Je lui expliquai exactement ce que je voulais dire par là. « Vous avez peut-être très peur mais vous devez vous efforcer d'être poli. »

« Je n'ai pas peur », me répondit-il comme un petit garçon boudeur ; puis il m'indiqua où se trouvait l'officier responsable de la circulation. Je commençai à expliquer à cet officier ce que je voulais mais un avion passa au-dessus de nous et il bondit dans un fossé. Je l'y suivais, toujours en m'expliquant, mais tant que le moindre avion vrombissait dans le ciel, il était incapable de comprendre quoi que ce soit. Il pensait que j'étais en train d'essayer d'obtenir un véhicule pour descendre jusqu'à la mer et marmonnait d'un ton monotone : « Aucun véhicule motorisé n'est autorisé au-delà de cette limite. » Il me remit au général Weston qui avait établi son quartier général dans une petite maison. Weston me dit qu'il avait envoyé des camions.

Nous passâmes tout l'après-midi qui suivit à nous reposer, à couvert sous les murs du vignoble. Je crois qu'il y avait pas mal d'avions tirant à la mitrailleuse mais nous dormîmes. Bob alla voir Weston qui nous dit d'attendre qu'il fasse nuit, puis de nous retirer tout au bout de la gorge d'Imvros et de tenir cette position pendant que les traînards passeraient. Nous avions laissé le tank en haut de la route, là où se trouvait le cratère, le moteur en marche et le réservoir d'eau à sec. Cela semblait avoir effrayé l'ennemi toute la journée. À ce moment-là, Murdoch se détacha de nous, préférant rejoindre Alexandrie par ses propres moyens.

Après Imvros, la route se terminait en une série de virages en épingle n'offrant pas la moindre couverture. Une autre voie partait vers la gauche et traversait la gorge jusqu'à la côte ; entre l'embouchure de la gorge et le bas de la route se trouvaient un village et une autre petite gorge ; puis l'arrière exposé d'un flanc de coteau et une gorge plus éloignée, pleine de grottes, qui descendait jusqu'à Sfakia, le port d'embarquement. Tous ces endroits étaient assez proches les uns des autres, mais à ce moment-là, notre épuisement semblait décupler toutes les distances ; une montée de huit cents mètres devenait une laborieuse entreprise.

Peu après midi, nous en eûmes assez de nous reposer à couvert dans les vignobles et comme il y avait peu d'avions aux alentours, Bob décida de déplacer le QG de la brigade à la lumière du jour. La gorge était magnifique, devenant de plus en plus étroite et profonde pour finalement ressembler à un paysage baroque du XVIIe siècle ; à l'intérieur, à mi-chemin, elle s'ouvrait en un cercle où se trouvait un puits d'eau douce et fraîche. Tout au bout, elle s'élargissait un peu et se remplissait de grottes.

Toutes les grottes étaient remplies d'Australiens en haillons, affamés, névrosés qui s'étaient enfuis un peu plus tôt. Dès qu'un avion se faisait entendre, et souvent quand il n'y avait aucun bruit, ils criaient : « Avion, à couvert ! » et tiraient sur tout ce qui bougeait. On pouvait entendre leur cri passer de grotte en grotte jusqu'au bout de la gorge. Certains avaient des femmes crétoises qui vivaient avec eux dans les grottes ; la nuit, ces hommes organisaient des raids pour dévaliser les dépôts de rations. Certains mouraient de faim mais d'autres avaient d'importantes réserves de nourriture qu'ils avaient volées de cette façon-là.

Nous trouvâmes un coin d'herbe, où de grands rochers et des oliviers bordaient le chemin qui remontait vers le village, et y établîmes le QG de la brigade. Ou tout du moins c'est ce qu'on dirait en termes militaires, mais en réalité, nous ne fîmes rien d'autre que nous reposer ; du QG, Murdoch et le capitaine de l'état-major avaient disparu et ne réapparurent pas avant qu'on eût rejoint Alexandrie ; les officiers de transmissions avaient été épuisés par les traînards et de toute façon, ne servaient à rien ; on n'avait pas utilisé les hommes de l'unité de renseignements à part une ou deux fois comme messagers ; il n'y avait ni carte de situation, ni dossier compilant les messages, ni historique.

Le pasteur presbytérien s'était débrouillé tout seul pour rentrer ; autant que je sache, il n'a jamais tenté d'offrir ses services à qui que ce soit ; quand il revint à Alexandrie, il soumit une facture très élevée pour équipement perdu au combat, demandant 1 £ pour une Bible, une demi-guinée pour chacun de ses hymnaires, deux tenues de sortie kaki, des « chemises (extra-fines) ». Il prit ensuite congé, partit pour la Palestine et ne revint jamais. Quand nous nous mîmes à faire les comptes du mess, nous découvrîmes qu'il n'avait pas signé pour un dixième de ses verres. C'était un jeune homme corpulent dont j'ai oublié le nom. Je crois que ses amis l'appelaient « Andrew ».

Le soir, Bob et moi partîmes à la recherche de l'officier d'embarquement naval qu'on disait être dans le village. Ce village était un petit endroit escarpé, pittoresque, où se trouvaient deux églises et quelques puits. Les puits étaient en train de s'assécher et empestaient. Ils étaient toujours entourés de traînards qui remplissaient leurs bouteilles d'eau. Nous ne trouvâmes aucun officier d'embarquement mais apprîmes que Freyberg se trouvait dans une grotte sur la pente ouest de la colline en dessous des virages en épingle de la route. Pour y arriver, nous dûmes traverser un autre petit ravin, dont les flancs avaient été aménagés en terrasses pour faire pousser des oliviers. Le lieu était envahi par des Grecs et des Australiens qui espéraient être évacués. Ils disaient que seuls les blessés seraient évacués ce soir-là.

Nous trouvâmes Freyberg juste au moment où la nuit tombait. Il était assis devant sa grotte, entouré de divers officiers de l'état-major, et il disait au revoir à des Néo-Zélandais qui partaient ce soir-là. Certains avaient des photographies de lui qu'il leur signait. Il nous donna une demi-tasse de sherry et une cuillerée de haricots, pour lesquels nous lui fûmes très reconnaissants. Il semblait avoir perdu tout intérêt pour la bataille, évoquait avec satisfaction ses succès antérieurs face aux atterrissages de parachutistes à l'est. Bob lui demanda dans quel ordre l'embarquement aurait lieu et il lui répondit : « Vous étiez les derniers arrivés et vous serez donc les derniers à repartir. »

Il y avait un crétin borgne portant un insigne sur le bras DAGMG[1]. Il me dit : « Quand l'ennemi se pointe, frappez ; repoussez-le. » En ce qui le concernait, il devait partir le

---

1. Deputy Assistant Quarter-Master General.

lendemain en avion. Je coupai court à ses exhortations en lui demandant de la nourriture. Il me fourra dans la main une grosse liasse de billets grecs et me dit : « Achetez-en un, achetez un caïque. » Je lui expliquai ensuite que mes hommes n'avaient rien mangé de la journée et que nous n'avions aucune réserve à nous, et il nous dit d'aller donc en chercher sur les quais de Sfakia. Il nous écrivit une reconnaissance de dette qui nous y autorisait, nous donnant en même temps le bizarre conseil de nous servir dans les dépôts de rations. Je tentai de lui expliquer que notre position à l'est rendait cela impossible. Il me répondit : « Je ne sais absolument rien de l'est. » Je crois que cet imbécile s'appelait Brunskill.

J'entamais le chemin du retour avec Bob ; il s'avéra impossible de traverser le ravin dans le noir et après une heure ou deux à crapahuter et une mauvaise chute de Bob, nous passâmes le reste de la nuit dans un petit sanctuaire au sommet de la colline, d'où nous pouvions entendre les hommes embarquer à Sfakia. Les marins faisaient un bruit prodigieux ; à la fin, ils criaient : « D'autres passagers pour les bateaux ? » car ils auraient pu évacuer des centaines d'autres personnes si l'embarquement avait été mieux organisé. À l'aube, nous retournâmes à notre QG et Freddy fut envoyé chercher Weston et demander quels étaient les ordres.

Tout au long de la journée, un flot continu de traînards descendit le long de la gorge et les hurlements des hommes dans les grottes ne cessèrent de retentir : « Avion ! Couvrez-vous bordel de merde ! »

Dans l'après-midi, nous déplaçâmes le QG dans une grotte profonde en face de celle où nous nous trouvions. Nous y découvrîmes une douzaine de socialistes espagnols qui avaient fui tous ensemble au premier tir. Nous avions une piètre estime d'eux mais ils nous accueillirent en nous offrant du riz pilaf et de la viande de chèvre, un cochon rôti et deux volailles qu'ils avaient fait bouillir ; nous en oubliâmes toutes nos critiques ; pendant ce temps-là, notre détachement partit chercher de la nourriture et trouva quelques pommes de terre, du pain sec et deux volailles, si bien que ce jour-là, nous mangeâmes tous à notre faim. Freddy revint avec l'ordre de quitter la gorge le lendemain et de partir couvrir la gorge de Sfakia.

Nous dormîmes dans la grotte et y passâmes la matinée. L'activité aérienne avait maintenant presque cessé. Dans l'après-midi, le 31 mai, je me mis en route avec Bob pour s'informer de nos ordres et trouver un endroit où établir notre quartier général. Freyberg était parti mais Weston s'était installé dans sa grotte. L'émetteur radio sans fil ne fonctionnait plus. Le dernier ordre que nous avions reçu concernait les dernières évacuations qui auraient lieu cette nuit. Weston ordonna que ceux qu'on laisserait derrière, soit 8 000 hommes, avancent vers l'est et se lancent à la recherche de bateaux. Avant de partir, Freyberg imposa un ordre de priorité selon lequel les hommes de Layforce seraient les derniers à embarquer, tout en indiquant que toutes les forces de combat étaient prioritaires. Nous comprîmes qu'il entendait par là les troupes ayant gardé leurs armes et leur organisation, mais je pense qu'il avait peut-être voulu dire que les soldats passaient avant les réfugiés civils. De toute façon, personne ne fit rien pour faire respecter cet ordre de priorité.

Nous trouvâmes une grotte remplie de couvertures, de rations et d'armes qui avaient été abandonnées par des Australiens et nous y installâmes jusqu'au crépuscule. Entre-temps, des rumeurs incroyablement optimistes se répandaient, comme quoi la Syrie se serait rangée du côté de la France libre, l'Amérique aurait pris le contrôle de l'Atlantique et notre flotte Atlantique se trouverait en mer Méditerranée, 300 Bristol Blenheim auraient bombardé Berlin pendant trois heures et laissé la ville en ruines, six dirigeants nazis auraient atterri en parachute en

Écosse, etc. Nombreux étaient ceux qui y croyaient. Il s'avéra qu'elles avaient été inventées par un officier de la Marine bien intentionné.

À la tombée de la nuit, Layforce prit position dans la région de Sfakia. Il y avait quelques coups de feu dans les terres où les marines tenaient la ligne de front ; on disait que les Allemands étaient proches sur notre flanc gauche. Weston décida alors que le moral des troupes, le manque de rations et de munitions, et l'impossibilité de recevoir la moindre aide des forces navales rendaient toute résistance impossible, et il ordonna qu'une capitulation[1] soit remise le lendemain à l'aube. Il confia d'abord cette tâche à Bob mais se rendit compte ensuite qu'il serait ridicule de sacrifier un homme de premier choix pour cette mission et choisit Hound[2] à sa place, qui s'était récemment rattaché au QG de la brigade, où il ennuyait tout le monde en se plaignant d'avoir jeté sa propre bouteille d'eau alors qu'il s'enfuyait. Bob et moi nous étions résignés à être faits prisonniers mais nous avions maintenant meilleur espoir d'en réchapper. Weston nous annonça que nous devrions couvrir le retrait des troupes et qu'un officier d'embarquement de la plage de Sfakia nous enverrait un message dès que nous pourrions nous retirer.

Vers 22 heures ce soir-là, il n'y avait pas le moindre signe de l'ennemi et les abords des plages étaient envahis par des

---

1. Aurait-il été possible de tenir la Crète ? L'étude la plus sérieuse réalisée sur cette bataille conclut que Wavell, au commandement du Moyen-Orient aurait pu « rendre la Crète imprenable » pendant les six mois au cours desquels la Grande-Bretagne occupa l'île avant l'attaque des Allemands ; et que, en dépit de l'échec de Wavell, la « Crète aurait peut-être encore pu être tenue » par Freyberg. Voir I. McD. G. Stewart, *The Struggle for Crete*, Londres, 1966, p. 478-83.

2. Le colonel « Hound » disparut alors. Le colonel Young se chargea de la capitulation.

troupes non combattantes. Bob, Freddy et moi, accompagnés de nos ordonnances, partîmes donc à la recherche de l'officier responsable de la plage, le colonel Healy, pour lui demander l'autorisation de nous retirer. Nous nous frayâmes un chemin à travers la foule où les gens étaient trop découragés pour s'opposer à ce qu'il leur semblait être une intrusion malvenue et arrivâmes sur la plage pour nous rendre compte que personne n'était aux commandes, le colonel Healy étant parti en avion un peu plus tôt. Bob prit alors la responsabilité d'ordonner à Layforce de tout faire pour se frayer un chemin à travers la populace et embarquer. Mon ordonnance Tanner s'en alla transmettre cet ordre. La plage était un petit port auquel on accédait par les étroites ruelles de Sfakia. Je sauvai un détachement de bateliers grecs que des Australiens prenaient pour des espions et sur qui ils s'apprêtaient à tirer. Comme il ne pouvait pas faire grand-chose d'autre, Bob donna l'ordre au QG d'embarquer, et nous montâmes donc à bord d'un petit bateau à moteur. Nous rejoignîmes le destroyer *Nizam* vers minuit et levâmes l'ancre dès que nous arrivâmes. Il n'y avait pas de « troupes de combat » parmi les officiers et peu parmi les hommes. On nous apporta du thé, et nous en bûmes en grande quantité. Bob, Freddy et moi nous vîmes offrir les quartiers du capitaine. Nous ne rencontrâmes aucun des officiers du navire et arrivâmes à Alexandrie à 17 heures, le 1er juin, après un voyage sans incident durant lequel nous étions trop épuisés pour faire quoi que ce soit de plus que nous raser. Je crois que j'étais le seul homme de tout le vaisseau à avoir gardé son sac à dos avec lui. De tout mon équipement, je ne m'étais débarrassé que d'un seul objet, mon casque en acier, qui, contrairement à ce qu'on nous avait assurés pendant l'entraînement, n'offrait pas la moindre illusion de protection.

Tanner était à bord d'un autre destroyer avec environ 120 officiers et hommes du bataillon A qui étaient arrivés sur la plage en passant par une ruelle latérale. Le colonel Young et le reste de ses hommes n'avaient pas réussi à se frayer un chemin à travers la populace. Nous avions envoyé 800 hommes de Layforce sur l'île. La plupart de nos blessés avaient été évacués la veille au soir. Deux hommes du QG de la brigade et cinq du bataillon D parvinrent à fuir à bord d'un MLC.

14. Deux MLC s'échappèrent de Crète le 1er juin. Pattison, de la section de renseignements, me livra le récit de ses aventures. Le matin du 1er juin, les troupes qui restaient pillèrent des rations et détruisirent leurs armes. Ils étendirent des draps depuis le toit des petites maisons jusqu'au sol mais des avions les bombardèrent ce matin-là. Les troupes allemandes occupèrent Sfakia. Pattison trouva refuge à bord d'un MLC avec un détachement composé d'Australiens et de marines ; ils partirent à la tombée de la nuit, munis de suffisamment de pétrole pour faire quatre-vingts kilomètres, et de quelques boîtes de conserve remplies d'eau et de nourriture. Ils débarquèrent sur l'île au sud de la Crète et laissèrent derrière eux deux ou trois hommes qui ne croyaient pas au succès de l'entreprise ; les habitants de l'île leur offrirent un mouton. Un simple soldat australien prit la tête du détachement, dont tous les hommes se mirent en route dans l'état d'épuisement le plus complet. Quand les réserves de pétrole furent épuisées, ils hissèrent une voile faite de couvertures. Ils n'avaient ni carte ni boussole et barraient en suivant le soleil et les vagues souvenirs qu'ils avaient de la carte. Ils passèrent neuf jours en mer et se retrouvèrent à l'agonie. Un homme était mort et un autre s'était tué. Ils tinrent un service religieux et chantèrent « God Save the King ». Une heure plus tard, ils apercevaient la terre, se laissaient dériver jusqu'à une plage de sable près de Sidi Barrani et trouvaient un camion des Royal Army Service Corps rempli de nourriture à cent mètres du rivage. L'un d'entre eux fut tué par une bombe ce soir-là, le jour de

ses vingt et un ans. Suite à cet exploit, on soumit la candidature de Pattison, qui était avocat, pour un poste dans une école d'élèves-officiers.

15. Le bataillon C, bien qu'il fasse normalement partie de Layforce, n'était maintenant plus sous notre autorité. Au début de l'occupation de la Syrie, ils furent emmenés de Chypre à Port-Saïd où on leur confia la tâche de débarquer au nord de la rivière Litani pour empêcher que le pont ne soit détruit par les Français. Ils partirent à bord du *Glengyle* mais ladite nuit, le capitaine nommé pour cette mission, Petrie estima que la mer était trop agitée pour débarquer. L'opération fut répétée deux ou trois nuits plus tard, moment auquel le pont avait déjà été détruit. Ils reçurent l'ordre de mettre en place une tête de pont afin que les Australiens puissent les rejoindre. La moitié de cette force débarqua du mauvais côté de la rivière. L'autre moitié, néanmoins, sous les ordres de Pedder, réussit à prendre le port, la batterie et les casernes. Les Australiens avaient peur d'avancer et notre bataillon passa trente-six heures sous un feu nourri sans recevoir le moindre soutien. Ils subirent des pertes de vingt-cinq pour cent, dont Pedder, qui fut tué. On les renvoya ensuite à Chypre comme troupes de garnison.

16. Je contribuai grandement au déploiement d'un petit groupe particulièrement futile à Chypre. Peu après notre retour de Crète, Freddy Graham fut transféré dans une autre brigade. Bob était au Caire et je dirigeais le quartier général. On me convoqua au bureau du commandant en chef. Le commandant en chef voulait envoyer un détachement à Chypre pour saboter l'aviation ennemie qu'on soupçonnait d'être sur le point d'acheminer des troupes à Nicosie ; le plan était qu'ils se mettent à couvert dans le quartier de l'aérodrome, détruisent les avions pendant la nuit et se débrouillent pour s'échapper. J'envoyai un détachement d'une douzaine de volontaires du bataillon A

qu'on appela le « Pencil Party[1] » car on espérait, en vain, qu'ils seraient équipés de crayons allumeurs à retardement. Quand ils arrivèrent à Chypre, ils découvrirent que le bataillon C y était de retour, que leur présence n'était pas désirée, et qu'il était impossible de se mettre à couvert autour de Nicosie. Malgré tout, ils ne furent pas renvoyés.

17. Pendant ce temps-là, la moitié du bataillon B se trouvait à Marsa-Matruh sous les ordres de Dermot, l'autre moitié à Tobrouk sous les ordres de « Bones » Sudeley. Ces derniers devaient verser de l'huile dans un certain nombre de puits ennemis le long de la côte. À la fin du mois de juin, alors que Bob était au Caire, Bones arriva à l'improviste d'Alexandrie à bord d'un destroyer. Il se trouvait dans un état de nerfs piteux et s'enivra copieusement ce soir-là. Il livra un récit confus, racontant que les hommes étaient démoralisés par les ajournements, que la mer et la marée étaient défavorables, l'opération annulée et Maurice Hope déraisonnablement critique. Même dans sa version de l'histoire, j'étais convaincu que les critiques de Hope seraient universelles si l'affaire venait à s'ébruiter. Les faits étaient simples : Bones avait passé tout son temps dans un abri antiaérien, était parti ivre en reconnaissance, avait reçu l'ordre d'attendre dix jours jusqu'à ce que la lune soit favorable à son débarquement, au lieu de quoi il avait demandé que l'opération soit annulée, et était parti le premier, laissant ses troupes libres de le suivre quand bon leur semblerait. Beresford Pierce au sein de Desforce avait déjà raté son offensive sur Sollum le 15 et n'hésitait pas à se montrer désagréable avec tout le monde. La Navy et l'Armée à Tobrouk étaient méprisantes. Hope envoya un message pour proposer de réunir une unité des forces spéciales pour l'opération de Bones. Dermot se précipita chez Arthur Smith, s'arrangea pour que les exemplaires du message

---

1. Détachement Crayon (*NdlT*).

soient détruits, promit d'envoyer sur-le-champ une autre force à Tobrouk qui serait cette fois-ci placée sous ses ordres. Un détachement de reconnaissance commandé par Philip Dunne quitta Alexandrie pour Tobrouk le 6 juillet. La force de Dermot devait les suivre le lendemain mais leur déplacement fut annulé par un message du quartier général du Moyen-Orient alors qu'ils montaient dans leur train. Cette décision avait été causée par une suggestion venant d'Angleterre selon laquelle toutes les unités de Layforce devraient rentrer ensemble à la maison. Les choses en étaient là quand je fus transféré à bord du HMS *Nile* pour être rapatrié en Angleterre, mettant ainsi un terme à mes relations avec l'armée. Mon transfert eut lieu le 7 juillet. Le 9, je partais pour le camp de Kabrit et le 12 j'embarquai à Taufiq à bord du *Duchess of Richmond*.

18. Bob s'envola pour l'Angleterre. Le quartier général de la brigade fut dissous. Au moment où on reçut l'ordre de cessez-le-feu, Layforce était dans l'état suivant :

Bataillon A : environ 150 hommes de tous les grades sous les ordres du capitaine Nichols. Certains se portèrent volontaires pour servir dans les forces spéciales en Extrême-Orient ; d'autres étaient déjà renvoyés à leurs unités au Moyen-Orient ; d'autres encore avaient demandé à rentrer au Royaume-Uni pour des raisons personnelles.

Bataillon B : avait subi des pertes légères lors d'un bombardement à Tobrouk. Le Coldstream avait déjà rejoint leur régiment. La plupart du personnel du régiment de ligne avaient été envoyés aux IBC[1]. Un certain nombre d'officiers divers avaient rejoint le Cheshire Yeomanry ; d'autres poursuivaient des carrières personnelles. Un grand nombre d'entre eux avaient invoqué d'infimes raisons personnelles pour pouvoir rentrer et étaient généreusement traités. Le moral des hommes, quel que

---

1. Infantry Battalion Centres.

soit leur grade, était au plus bas mais ils réagirent sans hésiter quand Bones salit leur honneur. Philip toujours aussi débonnaire. Dermot à moitié fou. Je passais une soirée inquiétante à jouer au billard avec lui, Harry, et Peter Milton, au cours de laquelle il passa son temps à insulter Harry, et pourchassa un serveur noir dans l'obscurité, pendant un raid aérien. Randolph avait été officier de liaison avec Harriman mais il revint au pas de course quand l'opportunité de rentrer à Tobrouk se présenta.

Bataillon C : 350 hommes sous les ordres du major Keyes à Chypre. Ils devaient être autorisés à se séparer quand ils furent relevés.

Bataillon D : quelques hommes sous les ordres du commandant en second, qui avait été blessé en Crète, y compris un ou deux Espagnols. Le capitaine de l'état-major F — fut nommé au Joint Planning Board[1]. Nul doute qu'il continuera de gravir les échelons dans le service de renseignements où son incapacité, son ignorance et sa timidité peuvent faire le plus de dégâts.

Concernant les navires Glen, une bombe tomba dans la cheminée du *Glenearn* en Crète, ce qui rendit le navire complètement inutilisable. Le *Glenroy* connut une carrière peu glorieuse. Alors qu'il prenait la route pour évacuer la Grèce, il heurta un rocher à l'entrée du port d'Alexandrie. On l'envoya plus tard acheminer des renforts en Crète, il fut bombardé et endommagé, mais aurait encore pu accomplir sa mission ; au lieu de quoi, il fit demi-tour. Il était devenu beaucoup plus lent, et nécessite aujourd'hui de nombreuses réparations. Le *Glengyle* est toujours en service.

19. Quelques individus associés à Layforce :

Pedder. Nous ne saurons jamais qui l'a tué. Nombre de ses hommes avaient juré de le faire et un sniper lui tira une balle

---

1. Comité de planification conjointe (*NdE*).

dans le dos. Cependant, le dernier assaut qu'il avait mené avait été un succès et il semble peu probable qu'on ait voulu le tuer à cette occasion. Tous ses officiers le craignaient, et la plupart le haïssaient. Il avait soigneusement écarté toute personne ayant du caractère ou de la maturité et était entouré d'une flopée de jeunes qui supportaient toutes ses idiosyncrasies, mais abusaient de lui dans son dos. Avant d'être tué à Litani, son officier du service de renseignements n'avait jamais osé venir me voir et me parler en public. Il faisait travailler tout le monde très dur, et veillait à leur bien-être. Il était à moitié fou mais semblait s'en être bien sorti lors de sa dernière opération.

Amiral Sir Walter Cowan[1]. Un infime héros, très vieux, qui s'imposa comme la mascotte du Commando de Pedder et qui fut laissé pour compte de la façon la plus impolie qui soit quand ils partirent pour Chypre. Le bataillon B l'adopta ensuite. Il avait essentiellement travaillé dans l'armée et se montrait tout à fait intolérant vis-à-vis des marins, surtout ceux chargés des signaux, dont il ne supportait pas la présence. Il ne fumait pas et ne buvait pas de vin, et mangeait toute sa nourriture dans la même assiette – un amas de porridge, fruit, viande et œufs.

---

1. L'amiral Sir Walter Cowan, baronnet, KCB, DSO, avait commandé une canonnière de rivière sur le Nil pendant la guerre contre les mahdistes du Soudan au début des années 1890 ; il fit ensuite partie de l'état-major de Kitchener en Afrique du Sud, quand celui-ci était commandant en chef. Dès 1902, il prit la relève de Roger Keyes (plus tard l'amiral Sir Roger Keyes) à la tête de la Flottille de destroyers de Devonport. En 1941, il avait soixante-quatorze ans. Un peu plus tôt, il avait été rattaché à sa propre demande au régiment mécanisé de cavalerie indienne avec la 8e armée dans le désert occidental en Afrique et avait été fait prisonnier, emmené en Italie, et rapatrié après avoir été jugé « désormais inutile » à l'effort de guerre anglais. Rendu furieux par cet affront, il s'arrangea pour être nommé officier naval de liaison des Commandos ; il était en droit de porter l'insigne des amiraux, mais s'habillait à la place comme les commandants de la Marine, en tenue de campagne kaki, avec un béret de commando vert.

Il était délicieusement poli, s'exprimait presque comme une vieille fille ; pratiquant et partisan de l'anglo-israélisme[1]. Il était assis derrière moi dans le bateau à Bardia qui pouvait supporter le poids de quinze hommes. Je le sentais s'agiter comme un oiseau dans la main. Il me dit plus tard : « Le jeune Waugh est exceptionnellement lourd. » Il ne lisait que du Surtees. On disait qu'il passait son temps libre à tirer au lance-pierre sur des prisonniers italiens. Il était clair qu'il les exécrait aussi violemment qu'il exécrait les marins chargés des signaux. J'étais une fois en train de discuter avec lui quand un détachement passa à côté de nous, portant des écussons caractéristiques cousus sur le derrière de leurs pantalons. Il venait de s'informer de façon attentionnée, comme une tante, de ma santé. Il s'interrompit brutalement et déclara avec un incroyable venin : « C'est là où on marque les connards. » Il partit avec le détachement de l'*Aphis* mener leurs raids avortés et apprécia énormément les bombardements. « Ils auraient dû nous avoir » dit-il avec beaucoup de regret.

Peter Beatty[2] était attaché à notre unité sans que son rôle soit clairement défini. Au moment où tout le monde intriguait pour être renvoyé en Angleterre, Peter souhaitait rester. Dans ses moments de lucidité, il avait une appréciation très astucieuse de l'effondrement du Commando 8. Dans ses moments moins lucides, il disait et faisait d'innombrables choses amusantes. Je l'entendis demander à un portier de l'hôtel Cecil d'essayer de savoir quel était le meilleur hôpital militaire et de lui réserver une chambre parce qu'il pensait devoir s'allonger un jour ou deux. À une autre occasion, au camp d'Amiriya, Harry devait

---

1. Courant religieux selon lequel les Anglo-Saxons seraient des descendants des dix tribus d'Israël (*NdE*).
2. Fils cadet de l'amiral de la Flotte Sir David Beatty, qui commanda la Flotte de croiseurs de bataille lors de la bataille de Jutland.

aller s'entretenir avec le commandant. Peter le rejoignit au pas de course, le suivit dans la tranchée-abri où se situait le bureau et sans rien dire au général et sans un mot d'explication d'Harry, il prit un journal sur la table et se mit à le lire dans un coin. Harry et le général firent tous les deux comme s'il n'était pas là. Harry finit son entretien, salua et partit. Peter termina sa lecture et s'éloigna, le journal sous le bras.

Il a trois gestes habituels ; appuyer ses pouces sur ses dents du haut comme si elles étaient fausses et mal fixées ; se frotter les mains comme si elles étaient gelées ; enfin, palper une barbe imaginaire. Il donna à Bob une longue leçon sur son impopularité, celle de Bob, que celui-ci prit à cœur. Il était fasciné par Freddy Graham. Il passait souvent devant la fenêtre du bureau juste pour le voir avant de s'éloigner en gloussant et en se frottant les mains.

F — ressemblait à un parasite d'Hollywood et en avait en effet été un. Il avait une démarche arrogante et un formidable talent pour inventer des surnoms. Il avait été marié trois fois et avait toujours été entretenu par des femmes riches. Il étudiait la psychanalyse et avait un certain nombre d'opinions qu'il tirait de magazines américains.

Quand je faisais sa connaissance à Largs, c'était un mangeur de feu qui parlait de fusiller les Allemands comme des rats. Alors que les chances pour que « Workshop » soit lancé augmentaient, il devint agité, affirmant en toute franchise : « Vous savez, mon vieux, je n'aime pas l'idée d'un endroit qui serait "l'Angleterre pour toujours". » Quand il vit Evetts, qu'il appelait « Mort et Destruction », et l'entendit parler dans son discours de se mettre « des combats plein la panse », il postula immédiatement pour obtenir une permission spéciale au Caire et demanda à Arthur Smith de lui trouver un poste à l'état-major. Il souhaitait devenir chef de la propagande responsable du moral du MEF. Il revint débordant de joie, disant que les généraux « avaient craqué pour lui sur-le-champ » ; ils ne lui avaient pas donné de poste mais il avait au moins réussi à être envoyé dans un stage de sécurité. « J'ai fini mes classes avec les honneurs », dit-il. « Le plus surprenant, c'est qu'ils m'ont dit qu'ils pensaient que je n'étais pas la bonne personne pour ce poste. Ensuite ils m'ont proposé un poste d'officier de sécurité dans le désert occidental. J'ai bien entendu décliné leur offre. »

Il s'installa ensuite au Caire où il partageait un appartement avec l'oncle d'Ian Collins que j'avais rencontré à Addis-Abeba. Chacun pensait que l'autre était riche, et ils vécurent heureux jusqu'à ce qu'arrive le moment de faire les comptes. Il buvait rarement mais but une fois au Caire avec Momo Marriott, fit une scène à un chauffeur de taxi et un policier militaire releva son identité. Quand il apprit que Layforce était en train d'être dissous, il arriva à Alexandrie avec une lettre du BTE en poche qui expliquait qu'il n'avait jamais quitté Layforce, qu'il avait juste été remplacé pendant qu'il suivait un stage et qu'il était maintenant de retour à nos côtés. Dermot lui donna alors l'ordre de se rendre à Tobrouk. Il sortit à ce moment-là une lettre de son autre poche affirmant qu'il était maintenant officier de sécurité. Plus tard, Bob refusa de transférer sa demande pour retourner au Royaume-Uni, mais je suis convaincu qu'il parviendra à rentrer.

Sergent L — nous rejoignit en tant que caporal du Commando 3 à Arran, et fut placé à la tête de la section de liaison. C'était un type petit, grassouillet et joyeux qui, avant la guerre, avait été un « artiste commercial » employé par l'entreprise de savons Lever. Il était incroyablement soigné et industrieux. Quand on lui confiait une tâche à faire, par exemple dessiner le plan de l'espace disponible sur le pont pour faire dormir les hommes, il parvenait toujours à l'accomplir en deux fois moins de temps et avec deux fois plus de soin que ce qu'on attendait de lui. Son désir de plaire aurait peut-être pu sembler légèrement mielleux s'il n'avait pas été de pair avec une telle joie de vivre. Pendant son temps libre, il remplissait des cahiers de croquis avec des dessins minutieux et atrocement vulgaires de tout ce qu'il voyait. Quand il allait à terre, il faisait le meilleur usage possible de son temps.

Sur ma recommandation il fut promu sergent et, quand je devins adjudant de la force, je l'emmenai avec moi, à sa demande, en tant que sergent de la salle de service. Sous le commandement de Freddy, il finit par être nommé sergent de l'état-major ; de nombreux documents confidentiels passaient entre ses mains. Il répondait toujours aux ordres qu'il venait de recevoir en disant : « Très certainement, *sir*. » Nous le considérions comme un personnage un peu comique et tout à fait estimable.

En Crète, il était toujours aussi joyeux et ingénieux. Il resta là-bas, prisonnier. Lorsque nous nous mîmes à trier ses affaires pour voir ce qui devait être jeté et comment, nous trouvâmes deux épais tomes de son journal, qu'il avait tenu jour après jour de façon très détaillée, depuis qu'il nous avait rejoints. Son écriture avait un style horrible, chaque journée se terminant presque toujours par : « Et bonne nuit tout le monde » et les pages étaient illustrées avec des dessins et des photographies. Ces journaux étaient constitués de trois éléments : un prosaïque récit de voyage avec des descriptions de tous les arbres, oiseaux et navires qu'il voyait ; une critique ininterrompue des officiers de l'unité ; et une sélection de chacun des documents confidentiels qui était passé entre ses mains. Le ressentiment qu'il nourrissait pour les officiers était considérable et tout à fait infondé ; il ne semblait pas inspiré par des raisons politiques ; son attitude était celle d'un homme extrêmement jaloux qui enviait personnellement chacun des officiers. Il y avait beaucoup à dire à propos de la plupart de ceux avec qui il avait été en contact ; il leur reprochait de s'être rendus à terre à Port-Saïd en tenue de sortie et non en tenue de campagne, et de prendre leur petit-déjeuner plus tard que les hommes des autres grades. Tous les exemples de leur ignorance – quand George Jellicoe ne connaissait pas la contenance d'une bouteille d'eau réglementaire – étaient soigneusement consignés. Il s'était même donné la peine de se procurer les factures de vin auprès des serveurs du mess. Freddy Graham était l'objet de son respect le plus profond, et il semblait avoir quelque sympathie à mon égard. Randolph était sa cible. Il nourrissait aussi une violente rancune envers Dermot et ses tentatives occasionnelles pour rétablir la discipline. Le vol de documents confidentiels constituait, bien entendu, un crime grave mais ce qui me choqua le plus furent sa méchanceté et sa malveillance. Nous ne savions trop que faire de ces journaux. Nous finîmes par découper toutes les parties confidentielles et par emporter le reste en Angleterre où il pourrait venir le chercher à la fin de la guerre. Nous ne censurâmes rien sauf ce qui touchait à la sécurité militaire.

Retour du Moyen-Orient. Le 5 juillet je quittai l'armée et retournai au sein des Royal Marines à bord du HMS *Nile*, ayant été autorisé à vivre à l'hôtel jusqu'à ce que tout soit prêt pour mon rapatriement au Royaume-Uni. Tard dans la nuit du 9 juillet, nous quittâmes Alexandrie pour Suez mais on nous fit descendre du train à Geneifa et on nous envoya au camp naval de Kabrit pendant trois jours. Le camp était abominable. De tous les navires qui rentraient chez nous, on disait que le *Georgic* était le plus confortable. Tony Connolly et moi inscrivîmes nos noms sur sa liste mais apprîmes plus tard que le *Duchess of Richmond* levait l'ancre un jour plus tôt et changeâmes de bateau. Le *Georgic* fut bombardé et coula dans le port de Suez le jour de notre départ. Le *Duchess of Richmond* se vida presque entièrement après Durban, où nous déposâmes un grand nombre de réfugiés civils maltais (que les Sud-Africains traitaient comme des « non-Européens ») et des troupes sud-africaines de Mombasa en permission. Nous avions 1 400 prisonniers italiens qui étaient très dociles. Une infraction – dans la mer Rouge, quatre hommes conspirèrent pour voler une bouteille d'eau gazeuse, et pleurèrent quand on les condamna. L'escorte avait pour habitude de dire : « Je vais vous *acqua paner.* » Un soir, un matelot s'enivra et frappa quelques prisonniers dans les cellules. Nous le plaçâmes en détention. Le médecin responsable des Italiens intercéda en sa faveur, affirmant que cela serait pénible si la moindre rancœur venait à naître entre les deux races. Nous parcourûmes trente-deux mille kilomètres pour rentrer à la maison, nous arrêtant au Cap, Trinidad, et suivant la côte américaine, accompagnés d'une escorte aérienne, jusqu'en Islande, et arrivâmes à Liverpool le 3 septembre.

Je partis en permission pendant une semaine à Pixton et me présentai le lundi à la caserne de Plymouth – groupe de musique jouant sur la place, sergents instructeurs habillés en bleu, porto millésimé. Trouvai le major Sinclair de l'état-major d'Addis-Abeba qui m'accorda quatorze jours de permission. À mon retour à Plymouth, je fus rattaché à la MNBDO2[1] d'Alton et de là au 12e bataillon de la Land Defence Force.

12e bataillon de la Land Defence Force des Royal Marines commandé par le lieutenant-colonel —, le seul véritable officier Marine. Ce fut au sein de ce bataillon que je me rendis compte pour la première fois du niveau des nouvelles troupes et officiers entraînés pendant l'année précédente. À l'exception du commandant de la compagnie de mitrailleurs, aucun officier n'aurait mérité d'être fait caporal. L'un d'entre eux avait été sergent mais avait été dégradé sur ordre. Au mess, les hommes n'arrêtaient pas de se plaindre du niveau de la solde. Ils vivent très confortablement à Hayling Island. L'instruction

---

1. Mobile Naval Base Defence Organization.

se terminait tous les jours à 16 heures pile, et à midi le samedi. La plupart du temps, l'exercice rassemblait des hommes de trois grades différents. Les sous-officiers supérieurs étaient essentiellement des jeunes qui avaient été exclus d'Exton. Le colonel — était dément. Quand je les rejoignais on me fit passer tout l'entretien au garde à vous, on me jugea pour m'être présenté, l'adjudant m'escorta dehors comme un soldat indiscipliné et on m'accorda une permission d'une semaine. À mon retour, il se montra excessivement chaleureux. Je fus nommé adjudant puis directeur de l'instruction, dans le bureau duquel je remettais de l'ordre auprès des commandants de compagnie. Dès que je vis le bataillon, je postulai à Morford pour être transféré, ce qui me fut finalement accordé le jour de mon anniversaire. Je prenais une autre journée de permission et remontai à Hawick le 1er novembre, où la brigade campait, dans le dernier train de nuit à bord duquel je devais voyager, car ils furent réquisitionnés peu de temps après.

Officier commandant des troupes, *Duchess of Richmond* : un alcoolique nommé —. Il buvait tellement que la peau de ses paupières se détachait. Il avait pour habitude de s'adresser aux prisonniers italiens dans un français exécrable : « *Attendez-vous*[1] » pour leur dire « Soyez attentifs[2] ». Il invitait toujours de nombreuses personnes dans sa cabine et leur disait : « Une fois que vous avez fini votre verre, sortez d'ici. » Il fut démis de ses fonctions au Cap.

Lieutenant-colonel W — qui buvait énormément. Quand il était éméché il parlait continuellement et de manière facétieuse.

---

1. En français dans le texte (*NdlT*).
2. Dans le texte anglais, « Pay attention ». Waugh se moque de cet officier anglais qui semble penser que la ressemblance sonore des expressions « attendez-vous » et « pay attention » se traduit aussi par une équivalence de sens (*NdlT*).

Son humour consistait principalement à employer des solécismes démodés. « Cast asparagus » pour « aspersions[1] » et « viva voce » pour « vice versa », etc. Il avait un chien noir à qui il parlait de la même façon. Dans son bureau, il avait des accès de rage frénétique et prenait un sale teint. Il fut lui aussi démis de ses fonctions.

Bones Sudeley mourut en mer Rouge. Il était seul à bord de son navire. Les journaux annoncèrent la nouvelle de sa mort le jour où je débarquais.

Bob[2] fut porté disparu le 15 décembre. Il avait débarqué avec un détachement au sud de Benghazi le 23 novembre pour couper les communications derrière les lignes de Rommel. Différentes histoires circulaient. Certains disaient qu'ils s'étaient heurtés aux troupes ennemies sur la plage et que les sous-marins avaient filé, abandonnant la moitié du détachement ; d'autres racontaient que le navire qui devait venir les évacuer avait été torpillé. Écrivant ces mots le 20 décembre, il semble peu probable qu'il ait survécu ; mais au White tout le monde dit qu'il est trop « rusé » pour se faire attraper.

5ᵉ bataillon des Royal Marines. Le colonel Reading, un petit homme capable, ambitieux, suffisant, énergique, vif d'esprit, ne s'intéressant à rien qui ne touche pas à sa profession. Le bataillon existe maintenant depuis presque deux ans et s'entraîne toujours intensivement. Il est fasciné par tout ce qui a trait aux questions de tactique. Il est comme Pedder, mais sans son côté passionné et excentrique. Il n'a pas d'amis. Un matin, alors que j'embarquais à Gourock pour une semaine de manœuvres, je rencontrai le 1ᵉʳ bataillon et me sentis nostalgique, bien qu'il ait perdu deux tiers de ses officiers d'origine.

---

1. Jeu de mots. L'expression correcte est « to cast aspersions », qui signifie dénigrer (*NdlT*).
2. Colonel Robert Laycock.

Novembre 1941

En train d'écrire un article. Lors de ma première permission à la maison, le magazine américain *Life* m'a demandé d'écrire un article sur les Commandos. Je leur ai dit que je devais d'abord obtenir une permission et l'éditeur s'est adressé à Brendan Bracken pour prendre les dispositions nécessaires. J'ai écrit sur les raids de Bardia et ils m'ont payé 200 £. Puis, à mon insu, Peters l'a vendu au *Evening Standard*. La nouvelle a été annoncée ; les autres journaux se sont plaints ; le War Office a ensuite publié mon article comme bulletin d'information. Le Marine Office a commencé à s'agiter, Brendan a décliné toute responsabilité, et je me suis fait réprimander.

Décembre 1941

En permission à Londres. Pas de train couchette. Train horriblement bondé. Londres bondée et morte. Le Claridge tombe peu à peu en ruine. Prix et qualité du vin scandaleuse, envoyé tous les jours du Savoy. Journaux toujours en retard et généralement médiocres. Tout le monde est, à juste titre, abattu par les nouvelles de l'Est.

Company Commander's School, Scottish Command : Colinton,
Lundi 5 janvier – samedi 7 février 1942

Je me suis rendu au stage avec la même joie que si je partais en permission. Colinton est une ancienne banlieue d'Édimbourg, à vingt minutes de la ville en voiture. Les officiers étaient logés dans le village à divers degrés de confort. Le mess était spacieux. L'école était située à Bonaly Tower, la maison de mon arrière-arrière-grand-mère[1]. Je l'ai découvert en reconnaissant le blason de Cockburn sur l'escalier.

Quelques jours plus tard, Laura m'a rejoint et nous avons essentiellement séjourné à Édimbourg à l'hôtel Caledonian. Je prenais un taxi tous les matins. Pendant dix jours, nous avons vécu assez confortablement avec une femme catholique locale nommée Mme Bury. Nourriture et vin étaient rares à Édimbourg. Un restaurant élégant, bondé, qui s'appelait Apéritif. Le vieux Café Royal toujours aussi admirable avec son bar à poisson et ses trois tables, mais susceptible de vendre toutes ses huîtres dans l'heure qui suit son ouverture. Le rez-de-chaussée de l'hôtel Caledonian exécrable à tous égards, mais les chambres ont encore le parfum de temps meilleurs.

Michael Messer-Bennetts (maintenant major) était inscrit mais s'est cassé la clavicule au début du stage et a disparu à l'hôpital. Le personnel enseignant était remarquable. Le commandant, Buchanan-Smith, un ancien professeur d'agriculture, se prenait pour une personnalité, et non sans raison. Il citait Descartes pendant ses cours et dramatisait la guerre, le danger, la mort d'une façon qui était bien nécessaire. Mon instructeur chevronné, le major Caulfield, un bon type de soldat d'active. Le stage était normal : leçons, exercice tactique sans troupes, démonstrations sur des maquettes en sable, etc. Le plus étrange était la présence de psychologues. L'armée a commencé à s'alarmer de la qualité médiocre des officiers sortant des écoles d'élèves-officiers, dont la majorité, après avoir

---

1. « Pendant la Seconde Guerre mondiale, je fus envoyé suivre un stage de commandant de compagnie qui était tenu dans un joli semblant de château situé dans la banlieue d'Édimbourg où je remarquais sur un vitrail le blason de Cockburn. Ceci, j'appris, était Bonaly Tower, que Lord Cockburn avait construit sur le modèle de Abbotsford... », *A Little Learning*, p. 11.

terminé leurs classes, sont déclarés incompétents et renvoyés de leurs régiments. Et donc, à l'image de Romains consultant des livres sibyllins, ils ont décidé, désespérés, de faire venir des psychologues. Comme ces malheureux n'avaient jamais rencontré un officier de leur vie et n'avaient aucune idée de ce qu'ils pourraient bien découvrir, ils ont été lâchés sur nous en s'imaginant que nous étions vraisemblablement des types plus ou moins satisfaisants. Je pense qu'ils nous ont trouvés tout à fait déconcertants. J'ai été interrogé par une créature névrosée déguisée en major, qui a tenté de me convaincre que chacune des étapes de mon adolescence avait été marquée par le malheur et la frustration. On lui avait probablement ordonné de ne pas parler de sexe, car il n'a pas dit un mot à ce sujet. Il a aussi omis de parler de religion et je lui ai fait une petite leçon à ce sujet à la fin de la séance. Il était surtout surpris d'apprendre que je choisissais mes amis avec soin et que je buvais du vin parce que j'aimais cela (« La plupart des ivrognes trouvent cela répugnant »). Nous avons passé une panoplie de tests d'intelligence, des formulaires imprimés avec des questions simples auxquelles il fallait répondre, similaires à celles qui sont, j'imagine, distribuées aux écoliers en cours élémentaire. Un autre jour, il a apporté une lanterne magique et nous a projeté une série de taches dans lesquelles nous étions censés reconnaître des objets. La plupart d'entre nous ont tourné ces exercices en dérision.

L'instruction était essentiellement basée sur la défense de la Grande-Bretagne et ne s'appliquait pas vraiment aux marines. Les autres élèves venaient de régiments écossais et me semblaient supérieurs aux Anglais. Un sadique nous a fait une démonstration de gaz.

Je suis retourné à Stobs où j'ai passé un mois tout à fait déprimant. La compagnie D donnait tous les jours des signes d'un moral au plus bas. Les hommes mesquins, fainéants, menteurs. Mon officier subalterne, plus âgé, Hand, un avocat du Lancashire, gros, bavard. Je l'ai rencontré un jour alors qu'il était en train de remonter son équipement jusqu'aux lignes de la compagnie. « Pourquoi ne laissez-vous pas votre ordonnance s'en charger ? » « Eh bien, vous savez comment cela se passe. S'ils vous prennent en grippe, ils vous le font payer d'une autre façon. » Je lui ai demandé comment il s'était senti quand la guerre avait été déclarée. « Je ne m'y attendais pas du tout. J'étais plutôt heureux car je pensais que nous étions si faibles que nous devrions à nouveau céder. » Il avait attendu jusqu'à ce qu'on l'appelle et avait ensuite obtenu une commission et été pris directement en charge. Sydney Massie s'était suicidé pendant que j'étais à Édimbourg parce qu'il croyait perdre la raison. L'autre officier subalterne, Gale, était bavard et légèrement timbré.

Reading est parti pour devenir le général responsable des bases aéronavales, emmenant Collier avec lui. Tailyour a été envoyé au Troisième. Cutler a pris le commandement à la place d'un homme tout à fait respectable, Phibbs. C'est un crétin prétentieux, plus humain que Reading, qui n'est absolument pas intéressé par l'évolution des combats ou par la guerre en général. Penfold, le FRMO[1] d'Alex, est aussi arrivé.

Vendredi 13 mars 1942

Mes sous-officiers m'ont appris que Tim Porter prenait la relève à la tête de la compagnie D. J'ai demandé au commandant si c'était vrai et il me l'a confirmé. J'ai demandé à voir le général et l'ai vu le lendemain. J'ai présenté mon cas en expliquant que j'avais les compétences requises pour commander

1. Fleet Royal Marine Officer (*NdlT*).

une compagnie et j'ai demandé à être transféré quelque part où je pourrais le faire. Le général, à l'embarras du commandant, s'est montré tout à fait compatissant mais m'a dit que je n'étais qualifié que pour en commander une sur le champ de bataille. Je lui ai répondu que j'étais encore moins qualifié pour être commandant en second. Cutler s'est ridiculisé en disant que je ne savais pas saluer et en avançant un argument futile au sujet d'un exercice de combat de rue de la compagnie B qu'il avait mal conçu. J'ai écrit au général pour insister sur mon cas et dîné avec lui le mardi suivant. Nous avons eu une longue conversation intime au cours de laquelle il promit de m'obtenir une compagnie dans les délais les plus brefs. Il évoqua ses déceptions personnelles, la futilité de la division, qui avait été créée pour satisfaire les ambitions de certains, le manque de navires pour mettre en place une invasion sérieuse et l'absence du moindre plan pour emporter la victoire, citant le vieux Pitt et le décrivant comme une source d'inspiration pour ses hommes mais un mauvais stratège, tout comme l'était Winston.

Depuis, j'ai servi sous les ordres de Welley en tant que commandant en second et je respecte la façon consciencieuse dont il gère sa compagnie mais le trouve autrement médiocre et ennuyeux. J'ai peu à faire, séjourne avec Laura à l'hôtel Tower et me rends au camp en taxi uniquement pendant les heures de service.

Dimanche 29 mars 1942

Le général s'est adressé à tous les officiers, dont peu le connaissaient, et nous a fait des adieux poignants. Il nous quitte en disgrâce, s'étant disputé avec tout le monde. Il semble que le dernier vestige de l'esprit de la brigade d'origine soit parti avec lui. J'ai reçu une lettre de Bob, maintenant à la tête de la

Special Service Brigade, et lui ai demandé s'il avait un poste à me proposer à ses côtés. En attendant, je pars en permission pour célébrer Pâques – Brains Trust à la BBC, Mells, Pixton, Diana.

Permission : Mercredi 1er avril – samedi 11 avril 1942

Je suis parti pour Londres en train de nuit, train que Laura et moi avons facilement trouvé. Les gens semblent avoir désespéré de pouvoir voyager à leur bord et ont renoncé à les prendre. J'ai dîné ce soir-là avec Diana. Je suis arrivé un peu ivre après avoir bu du champagne au White[1], où le vin est maintenant rationné – pas de porto au bar et seulement un verre dans la coffee room. Nous avons dîné au Carlton Grill et elle était tellement impatiente de me parler de Singapour et moi du Moyen-Orient que nous avons tous les deux passé notre temps à parler et n'avons rien écouté de ce que l'autre disait. Vin en abondance.

Le lendemain, je devais parler à la BBC en tant qu'invité du Brains Trust. J'avais refusé de déjeuner avec eux avant l'émission et ai déjeuné avec Frank Pakenham à la place. Suis arrivé à la BBC en même temps qu'eux. Les autres invités étaient Sir William Beveridge, professeur d'université et haut fonctionnaire, et un insignifiant pasteur, le doyen de la cathédrale Saint-Paul[2]. Les professionnels étaient Campbell, vulgaire, hypocrite, arrogant, et Joad, semblable à une chèvre, libidineux, verbeux[3]. J'étais ravi d'observer la façon dont tout

1. Waugh avait été élu membre au White le 18 mars 1941 sur la proposition du capitaine D. R. Doby, et Lord Milton avait appuyé sa candidature.
2. Le Très Révérend W. R. Matthews.
3. Le commandant Campbell, ancien de la marine marchande, et professeur C. E. M. Joad. Les deux hommes étaient des membres réguliers de Brains Trust, un panel de gens plus ou moins connus qui répondaient aux questions que posaient les auditeurs.

le personnel de la BBC se moquait de lui. Même les électriciens et les photographes faisaient des grimaces derrière son dos et le présentateur refusait constamment de le laisser parler. Nous avons répondu à quelques questions d'essai pour tester nos voix. Nous nous sommes rendus dans une cabine sans fenêtres et nous sommes assis autour d'une table au centre de laquelle se trouvait le microphone. Les questions étaient trop générales pour permettre un véritable débat dans le temps qui nous était imparti. « La connaissance mène-t-elle au bonheur ? » « Que répondriez-vous à un enfant qui demande "Qui est Dieu ?" ? » Joad était tellement impatient de répondre qu'il rebondissait sur sa chaise. Je ratais l'occasion de l'écraser sur la question des processions religieuses obligatoires. On nous a posé une question au sujet d'une égalité des salaires entre soldats et civils. Beveridge et Campbell étaient tout à fait favorables à une telle mesure, et je leur ai donc dit que si celle-ci leur plaisait tant, ils feraient mieux de commencer par accepter d'être rémunérés un tiers de la somme promise pour leur travail de cet après-midi. Quelqu'un a ensuite posé une question sur « le glamour de la radio » et l'horrible arrogance de Joad et Campbell, qui pensaient être l'incarnation du glamour, a épuisé ma patience si bien qu'à la fin, quand nous n'étions plus à l'antenne, je leur reposai la question et leur demandai s'ils accepteraient de donner nos 20 £ à un fonds de guerre. Les érudits étaient atterrés. Beveridge dit : « Ce serait un beau geste. » « Non, simplement une mise à l'épreuve de votre sincérité. »

Campbell : « Bien entendu je suis prêt à faire ce que les autres feront mais je pense que cela serait compliqué du point de vue de l'administration de la BBC. »

Fonctionnaire de la BBC : « Non, non, pas du tout. Extrêmement facile. »

Joad pleurnicha : « Je n'ai jamais donné mon avis sur cette question. »

« Est-ce que cela veut dire que vous refusez de participer ? »
« Non, j'y consentirai si les autres le font aussi. »

Je les ai donc laissés en leur déclarant : « Je suis désolé que votre après-midi ait été si peu rentable. » Mais je savais qu'ils reviendraient sur leur parole et c'est ce qui s'est passé. On pourrait ajouter que j'ai perdu mon temps ce matin en allant de l'Amirauté au War Office au Royal Marine Office afin d'obtenir l'autorisation de diffusion.

Ai pris un train l'après-midi pour Frome et pour Mells à 21 heures, où j'ai rejoint Laura et Helen, Perdita, Katharine.

Vendredi saint. Messe des Présanctifiés à Downside. Jeûne. J'avais été me confesser à Farm Street où une femme au regard ardent arpentait l'allée jusqu'à ce qu'elle se fasse expulser, en répétant « Crasse et poison ! Crasse et poison ! ».

Messe du samedi à Frome. Katharine a fait venir Ronnie Knox de Downside pour le week-end. La visite des Mells s'est bien passée avec de bons repas et d'agréables discussions, nous sommes allés à l'église, avons rendu et reçu la visite de Conrad et Hollises. La cour du nord est cultivée.

Lundi après-midi, nous nous sommes rendus à Pixton, où nous avons découvert que Gabriele n'était pas venue travailler à la ferme. Avons eu du bacon pour le dîner. Le lendemain, Bridget est parti et Auberon[1] est arrivé avec l'évêque Mathew et un ami écossais. Auberon avait réussi à faire labourer ses deux terrains et on discuta en long, en large et en travers de son avenir. Teresa m'a semblé être, contrairement à ce qu'on m'avait dit, une fillette polie, intelligente et maîtresse d'elle-même, ayant des difficultés pour s'exprimer et le teint blafard. Je l'envoie chez ma mère pour une longue visite qui, je l'espère, corrigera les sottises causées par le manque de soins à Pixton. Mon fils était sanguin et sûr de lui.

---

1. Auberon Herbert.

Le jeudi, Laura et moi sommes retournés à Londres, moi au St James, elle avec Teresa à Highgate. J'ai dîné ce soir-là avec Frank Pakenham et Maimie Lygon, après être sorti un peu éméché du White. Ai dîné au Wilton, qui est maintenant géré par Marks du Buck, ai mangé un pot de caviar à 2 £ et bu du black velvet. L'addition s'élevait à un peu plus de 7 £ pour nous trois, sans compter les cigares ou les liqueurs, ou finalement même le peu qu'on nous avait servi à manger. Nous nous sommes ensuite rendus au poste de garde antiaérien de Vsevolode, avons bu du porto et sommes restés un peu chez lui. En retournant au St James j'étais tellement éméché que j'ai soutenu la candidature d'Auberon pour devenir membre du club. Le lendemain, j'ai retrouvé Laura et nous avons mangé des huîtres ensemble, vu une partie d'un film, pris le thé avec les Yorkes ; puis sommes partis chacun de notre côté. J'ai dîné au White et attrapé le train du soir pour Hawick, trouvant à nouveau un train de nuit sans la moindre difficulté. La permission la plus heureuse de toute la guerre.

Édimbourg, samedi 11 avril 1942

Préparatifs pour notre déplacement à Glasgow réalisés dans un calme admirable. Le commandant m'a dit que le Royal Marine Commando avait explicitement demandé que je les rejoigne et qu'il y avait de fortes chances pour qu'il soit bientôt envoyé en Extrême-Orient. Bob Laycock avait aussi soumis une demande pour que je le rejoigne. Le pauvre Cutler était totalement perplexe face à tous ces gens qui voulaient soudain m'avoir à leurs côtés. Je suis descendu voir le nouveau général, Nick Williams, qui m'a témoigné la plus grande sympathie, citant une phrase socialiste, déplorant le Gouvernement et le Royal Marine Office. Il va m'aider auprès de Laycock.

Ardrossan, mardi 26 mai 1942

Avons juste mis un mois pour arriver au quartier général de la Special Service Brigade et ma position n'a toujours pas été régularisée puisque je ne peux pas être nommé CSO3I avant d'être engagé dans l'armée, et mon transfert semble être indéfiniment différé. Le camp à Pollock est un lotissement qui a été découpé dans un parc avec des routes en béton et sans la moindre maison. Il reste quelques arbres noircis par la fumée. Nous vivions dans des cabanes, sans eau courante cette fois-ci, et j'étais obligé de dormir avec les officiers subalternes de la compagnie. Glasgow s'étendait tout autour de nous mais il fallait une longue journée de voyage dans un train bondé pour rejoindre le centre-ville. En comparaison le Western Club était le seul îlot décent, et nous y avons été nommés membres temporaires. J'y passais le plus clair de mon temps libre à boire du porto millésimé.

Vers la fin de mon temps au sein du RM 5, j'ai été pris d'une crise de paranoïa et d'une haine irrationnelle envers le pauvre Cutler. Maintenant que j'ai échappé à cet endroit, je ne me souviens plus de lui. Ma dernière activité avec eux était une opération combinée de débarquement. Notre ennemi était le RM 5. Nous sommes partis jeudi après-midi en camion jusqu'aux environs de Troon et avons creusé des positions de défense pour contrer un débarquement à l'aube. À l'heure du thé ce soir-là, le débarquement était reporté de vingt-cinq heures. Les hommes ont dormi dehors, moi dans la golf house, ce qui a réduit nos souffrances pendant l'exercice. Le lendemain, nous avons « amélioré » nos positions de défense, dormi dehors, et à l'aube, quelques barges de débarquement sont apparues d'où est sortie une brigade de soldats renfrognés et trempés qui se dirigeaient vers l'intérieur des terres sans se soucier le moins du monde de nos défenses.

Nous étions déclarés morts à 9 heures du matin et sommes partis petit-déjeuner, où Bob m'a rejoint et promis de m'aider à sortir de là. Nous nous sommes ensuite déplacés à environ huit ou neuf kilomètres de là et avons bivouaqué dans les bois. Le lendemain nous sommes repartis au combat, mais à ce moment-là, un autre exercice nommé « Daffodil », opposant des tanks à la Home Guard, avait commencé sur le même terrain, et nous avons été rappelés. Avons marché jusqu'à la plage, à nouveau bivouaqué, et sommes retournés en milieu de journée à Pollock, après avoir dormi dehors pendant quatre nuits pour un exercice d'une demi-heure.

À mon retour, j'ai appris que l'adjudant général[1] avait ordonné qu'on me prête à la Special Service Brigade en attendant mon transfert dans l'armée. Le lundi 11, j'ai obtenu un camion et conduit jusqu'à Ardrossan où j'ai trouvé Bob, Philip, Peter Laycock, Peggy, — vivant dans le péché d'une manière étonnamment ostentatoire avec —, un BM[2] et son épouse, un vieux crétin de colonel en premier qui fut rapidement rétrogradé au grade de lieutenant-colonel, installés dans un hôtel du marché noir nommé Glenfort. Mon travail à Seafield Towers est négligeable et la routine un agréable répit loin de Culter et de ses marines.

À la fin du mois de mai, Miss Virginia Cowles est venue, en tant « qu'assistante spéciale » de l'ambassadeur américain, rendre visite à la brigade. J'étais responsable de l'organisation de son programme et je lui prévoyais de nombreux divertissements. Elle a joué son rôle de femme admirative avec une grande finesse. Elle a vu plus d'action que la plupart de nos

---

1. Le chef de l'infrastructure administrative de l'armée britannique (*NdlT*).
2. « BM », sans doute un « brigade major » et donc major de la brigade (*NdlT*).

commandos mais leur donnait du « Oh vous qui êtes si beaux et si forts, comme vous devez être courageux. Nous aurions une peur bleue », ce qui fut bien accueilli. Nous pensons que Bob n'a pas réussi à coucher avec elle.

Ma fille Margaret est née le 11 ou 12 juin. Je suis arrivé samedi matin à Pixton et j'ai trouvé Laura en bonne santé et les asperges de saison. J'avais prévu de prendre ma permission de dix jours, mais on me rappela pour un stage d'interprétation photographique auquel je m'étais inscrit mais qu'on m'avait dit être complet.

Le stage est à Matlock, dure cinq semaines à partir du 16. Nous vivons dans un centre d'entraînement au renseignement où d'autres cours ont lieu, dans un énorme complexe d'hydrothérapie nommé Smedleys. L'ambiance est très différente de celle du stage pour devenir commandant de compagnie à Édimbourg. Les élèves officiers sont juifs et canadiens, plutôt du genre à moitié fini et les instructeurs ressemblent à des instituteurs pleins de bonnes intentions. Rien n'indique qu'on se trouve dans une base militaire. Personne ne donne d'ordres. « Dites, cela vous embêterait-il de venir vous rassembler. » Le discours inaugural a été donné par l'adjoint du commandant, Casson[1], un professeur d'université qui fait des croisières helléniques. Il s'exprimait de telle façon à ce que ses auditeurs, ceux qui le prenaient au sérieux, se sentent indubitablement supérieurs, leur expliquant que le devoir des officiers du service de renseignements était d'éduquer leurs commandants, etc. Il leur a donné quelques exemples de catastrophes provoquées par ceux qui négligent les renseignements et a cité l'attaque de Bob contre Rommel comme exemple. « Et puis il y a eu ce raid pendant lequel le

---

1. Stanley Casson, 1889-1944 ; maître de conférences d'archéologie classique à Oxford.

fils de Roger Reyes a été tué. Une offensive très courageuse, et tout à fait inutile. *Nous* savions parfaitement bien que Rommel était à Rome, mais est-ce que quelqu'un s'est donné la peine de nous consulter ? Non. Et donc la vie du jeune Keyes a été sacrifiée. » Et ceci à un public d'officiers et de très jeunes sous-officiers. Au moment des questions, je lui ai demandé plus d'information sur ce raid et me suis vu répondre de manière impolie. Il s'est ensuite lancé dans une critique tout à fait hors de propos de la sécurité des Commandos. J'ai donc parlé de cet épisode à Bob qui a demandé un rapport spécial et va mettre en place une enquête, ce qui sera sans doute amusant.

Mon stage à moi consiste à passer quelques heures par jour à regarder dans des stéréoscopes et à suivre l'instruction d'un Juif désinvolte et d'un instituteur timide – tous deux plutôt inoffensifs.

Le mess est très médiocre et souvent bondé. Le personnel enseignant vit à l'écart des élèves. Dans l'ensemble, cet endroit est moins bien que Colinton.

Tom Driberg a été élu en tant qu'indépendant à Maldon à une grande majorité. Les journaux ont couvert cette élection partielle de façon très étrange, ne donnant aucune information sur ce que chacun des candidats avait à dire. En annonçant le résultat, ils le décrivent simplement comme un journaliste et un *churchwarden*[1], ce qui donne une image tout à fait imparfaite de ce personnage sinistre.

Graham Eyres-Monsell est instructeur ici. J'ai aussi commencé à fréquenter un colporteur nommé David Ellas et un raté travaillant dans le pétrole et les services secrets nommé Goodwill qui était responsable de tous les renseignements dans

---

1. Un marguillier, à l'origine, tient les registres de l'église. C'est un laïc qui vient en aide au sacristain et s'occupe de l'administration de la paroisse (*NdE*).

les Balkans et qui a si mal travaillé qu'ils l'ont envoyé enseigner. Il est très sympathique. Les élèves ne s'intéressent pas à grand-chose. À Matlock Bath, il y a plusieurs « Promenade des Amoureux », des cairns et des chapeaux melons en pierre. Le gardien de ces chapeaux en pierre m'a expliqué, surpris que je n'en sache rien, qu'ils se vendaient très bien aux propriétaires de « domaines » où, selon lui, ils ornent les murs des jardins.

J'ai discuté au dîner des formulaires de l'armée avec un officier et lui ai dit qu'il serait plus facile de les mémoriser si on les appelait par leurs noms plutôt que par des numéros. « Tout du moins, » lui dis-je, « je trouverais cela plus facile ».

« Ah, vous introduisez le facteur personnel dans l'équation. »

« ? »

« Avec des officiers mieux éduqués, ce ne serait pas un problème. »

« Éduqués ? »

« Oui. Je veux dire ayant de l'expérience en tant que secrétaire. »

Laura m'a rejoint pendant la troisième semaine et j'ai quitté le camp pour aller vivre, illicitement, au nouvel hôtel Bath. Nous y menions une vie agréable, tranquille. Nous sommes allés à Chatsworth avec Anne Hunloke[1], avons dîné chez la veuve Rangers [?], où nous nous sommes enivrés. Le stage s'est achevé le 23 juillet. Mon intérêt s'est relâché au cours des derniers jours. Casson a été convoqué à Londres et réprimandé pour ses remarques au sujet du raid de Rommel et on lui a demandé de retirer ce qu'il avait dit, ce qu'il a fait si astucieusement que personne dans le public – sauf ceux que j'avais prévenus – n'aurait pu le remarquer.

---

1. Lady Anne Hunloke, sœur du 10e duc de Devonshire, propriétaire de Chatsworth.

Il y avait un malheureux du nom de White, typique du service de renseignements, avec qui je partageais ma chambre à Matlock. Il venait de rentrer d'un long séjour au cours duquel il avait travaillé comme censeur à Gibraltar où il avait été envoyé, comme il en était persuadé, parce qu'il était protestant et que le service de renseignements était dirigé par des catholiques. Il déballait ses barres de chocolat de telle façon à ce que les souris puissent les manger sans me déranger. Il avait prévu de partir en permission à Nottingham afin de coucher avec une serveuse, et, après s'en être réjoui pendant des jours, y avait renoncé parce que, après avoir surmonté quelques difficultés mineures du fait qu'il était officier de jour, il s'était rendu compte qu'il avait oublié d'inscrire son nom sur le registre. « C'est la goutte d'eau qui fait déborder le vase », me dit-il, et il resta au camp.

Une fois le stage terminé, j'ai pris une semaine de permission qui a ensuite été prolongée de plus d'une semaine grâce aux quelques tâches que j'avais accomplies pour le bureau du CCO. J'ai rencontré Head au bar à poissons de Marks et il m'a fait venir pour trouver une zone spéciale d'entraînement. Ceci impliquait une visite au ISTU d'Oxford. J'ai aussi visité le CIU de Medmenham. J'y ai trouvé un bureau où père et fils travaillent ensemble, le fils comme capitaine d'aviation et le père comme chef d'escadrille. Le bureau du CCO plein de gens surprenants dont Bennett et Zuckerman[1] du groupe Spearman.

Un entretien amusant avec Casa Maury. « Pourquoi préférez-vous cette opération en particulier, *sir* ? » « C'est assez fascinant. Le compte rendu de l'ISD donne les plus charmants détails sur qui couche avec qui. » Puis devant des officiers plus sérieux de l'état-major il s'est mis à évoquer les ragots des Abdys.

---

1. Basil Bennett ; et Solly Zuckerman (plus tard conseiller scientifique du gouvernement).

Laura et moi avons fait un dîner avec des amis mal assortis. Nous avons dépensé beaucoup d'argent. Les goûts de luxe de Laura se sont sensiblement affirmés depuis que le régime d'austérité a été instauré.

Randolph est revenu vêtu d'un gilet ajusté à la taille et animé d'une confiance exubérante pour la production américaine. Le fait qu'il parle de prendre une permission de trois mois pour se dévouer à la politique laisse Pamela[1] amère. Elle le hait tellement qu'elle ne peut pas être dans la même pièce que lui. Lord Digby était en réunion avec elle hier, l'exhortant probablement à faire preuve de bravoure pour supporter son fardeau. Les prodigieuses prouesses de courage de David[2] deviennent chaque jour un peu plus légendaires. Randolph était parti en mission avec lui à Benghazi. Un homme est venu à bicyclette jusqu'à Ardrossan pour nous apprendre à manger de l'herbe.

Je me suis rendu à Bognor pour la nuit et me suis comme d'habitude fâché avec Duff[3]. Depuis, il n'a cessé de répéter à tout le monde que je suis pronazi. Je lui avais dit que je voyais peu de différence entre le nouvel ordre d'Hitler et l'idée que se faisait Virgile de l'Empire romain. Le White a fermé le 1er août. Cela me manque terriblement.

---

1. L'Honorable Pamela Digby épousa Randolph Churchill en 1939 ; le mariage fut dissous en 1946.
2. Celles de David Stirling, créateur du Brigade Special Air Service qui opérait derrière les lignes ennemies en Afrique du Nord avec le Long Range Desert Group (*NdlT*).
3. Duff Cooper.

Ardrossan, jeudi 27 août 1942

Je suis enfin retourné à Ardrossan en avion avec Phil et Bob le 24. Pendant la dernière semaine à Londres, il n'y avait rien à faire du tout. Le lendemain du jour où Laura est partie, j'ai passé la journée à boire, d'abord à un cocktail chez Vsevolode, puis en buvant des cocktails avec Maimie, ensuite avec Randolph, et enfin en dînant au Ritz avec Angie et Bob[1], Pamela, Randolph et sa sœur Sarah[2]. À partir de ce soir-là, j'ai commencé à perdre l'estime de Bob. Pendant les dix jours suivants, j'ai erré dans le triangle Ritz, St James, Claridge, passant la plupart de mon temps avec Randolph ou Phil. J'ai finalement déménagé à Montpelier Walk et me suis installé chez Maimie.

J'ai entendu parler pour la première fois du raid de Dieppe le lendemain matin du jour où il a été lancé, en arrivant au St James pour petit-déjeuner quand le portier m'a accueilli avec ces mots : « Nous pensions que vous seriez à Dieppe, *sir* ». Des bribes de nouvelles nous sont peu à peu parvenues, ce jour-là et le lendemain, le 21 août. Ai vu le film au Club des Opérations combinées et Ian Collins m'a fait un récit assez complet de l'opération. Shimi Lovat[3] a fait un excellent travail, la seule partie du raid qui ait été entièrement réussie. Le Commando B s'est heurté à des vedettes rapides sur le chemin de la plage et a été mis en déroute. Peter Young a débarqué avec vingt détachements du quartier général et a continué de se battre sur le rivage, tirant sur la batterie pendant deux ou trois heures. Les Canadiens étaient bloqués sur leurs plages, les tanks étaient un

1. Laycock.
2. Sarah Churchill.
3. Lord Lovat, fils du Lovat qui mit en place les Lovat Scouts pendant la guerre des Boers ; en 1943, en tant que commandant en second, Special Service Brigade, il jouera un rôle clé pour faire en sorte que Waugh soit écarté des Opérations combinées.

échec, et l'arrivée du Royal Marine Commando n'a fait que renforcer cet échec. Titch Houghton, Picton-Philips, Billy et Bobby Park-Smith parmi les morts. L'opinion publique, à en juger par les journaux, est un peu perplexe et se demande si ce raid vient prouver qu'il est possible de tenir un front à l'ouest, ou bien le contraire.

Je suis retourné à Ardrossan où l'état-major s'indignait de ne pas avoir été mobilisé pour le raid. Bill Barkworth est rentré du Moyen-Orient et est sans emploi. Basil Bennett prend la relève du commandant de camp ; le service de renseignements a proliféré avec Hunt comme DAAG[1] et DAQMG[2] avec de nombreux subordonnés. Je l'entends parfois commander environ trois fois plus d'équipement que ce dont nous avons besoin. J'imagine que tout le monde fait la même chose dans tout le pays, au grand détriment de la production. Nous avons maintenant un mess à l'hôtel Kilmany pour Brian, Basil, Bill, Bob, Phil[3] et moi, et jouons au poker avec dés en pariant de faibles sommes. Maimie a accueilli une fête foraine et un cirque à Hampstead Heath pour venir en aide à la Yougoslavie. Elle n'a aucun moyen d'utiliser l'argent qu'elle collecte de manière si extravagante. Le cirque, quand j'y suis allé avec Coote et mon filleul Jonathan Guinness[4], était une réussite dans la mesure où Maimie a vendu les tickets deux fois de suite et que des foules indignées ont été refoulées.

Ce quartier général s'est maintenant vu usurper toutes ses fonctions par le quartier général des Opérations combinées et

1. Deputy Assistant Adjutant General, ou l'adjoint au service de l'Adjudant général (*NdlT*).
2. Deputy Assistant Quartermaster General, ou l'adjoint au général en chef (*NdlT*).
3. Brian Franks, Basil Bennett, William (Bill) Stirling, Robert Laycock, Philip Dunne.
4. Fils de l'Honorable Diana et de l'Honorable Bryan Guinness.

n'existe, d'après moi, qu'en attendant que Bob soit nommé commandant de la force. Cela arrivera sans aucun doute avant la fin de la guerre. Entre-temps, je sais faire preuve de plus de patience que d'autres.

Hier Bob et Phil sont retournés à Londres.

Problèmes à l'hôtel Kilmany. D'abord Katie la servante irlandaise folle a donné sa démission. Ensuite Mlle Sneddon la gérante nous a annoncé qu'elle voulait que nous quittions notre chambre privée et que nous nous installions dans la salle à manger principale. Quand nous avons insisté pour connaître la raison de cette décision, elle nous a répondu que les autres clients s'opposaient à ce que nous dormions dans cette chambre ; quand nous avons continué de la questionner, elle nous a dit que Mme Fawcett s'y opposait. Mme Fawcett, étant la femme du gérant de l'usine chimique locale, est la première dame d'Ardrossan ; elle pense que coupés du monde, nous mangeons davantage qu'elle. Brian s'est entretenu avec M. Leahy, l'ancien gérant, et il a été convenu que nous resterions dans notre chambre. Le père Basil a proposé une théorie selon laquelle les soldats anglais capitulent au combat parce qu'ils craignent d'aller en enfer. Sa théorie n'a pas reçu le moindre soutien.

Vendredi 28 août 1942

On dit que Katie a rendu Mme Fawcett folle de colère en lui disant : « Ça devient l'Hôtel du Gouvernement ici », faisant allusion à notre occupation. Un aumônier est en train d'essayer de me prendre mon ordonnance, Hall. J'ai passé la journée dans l'oisiveté la plus complète, n'ayant ni rôle à jouer ni la moindre connaissance des opérations en cours.

Lundi 14 septembre 1942

Dix jours à Ardrossan passés à jouer au poker avec des dés et à boire en grande quantité.

Le quartier général de la brigade est divisé en deux, la moitié sous les ordres de la brigade des gardes avec Glendinning.

Lundi 28 septembre 1942

La majorité de l'état-major de la brigade est partie participer à l'expérience du docteur Zuckerman qui teste un nouveau stimulant. (C'était une bonne couverture pour une opération prévue : EW, le 22 octobre.) J'ai passé la journée dans le fauteuil du chef d'état-major de la brigade mais j'étais à peine plus occupé que dans la salle de renseignement. J'ai surtout ouvert des lettres et les ai renvoyées au DAQMG. Je m'en suis adressé une ou deux, les ai postées en les mettant sur la bannette SORTIE ; elles ont disparu pendant environ trois heures au « Registre central » et sont revenues sur la bannette ENTRÉE. J'écris une lettre et la mets sur la bannette SORTIE ; quelques heures plus tard elle revient dactylographiée ; je la signe et la pose sur la bannette SORTIE ; elle disparaît ensuite pendant très longtemps et bien, bien plus tard, le bureau la reçoit sur la bannette ENTRÉE, d'où elle repart au Registre central, et ainsi de suite.

Le 14, nous avons pris le train de nuit pour retourner à Londres. J'y ai retrouvé Laura et nous avons passé la nuit à l'hôtel Hyde Park dans la suite où les « hommes Mayfair » attaquèrent M. Bellinger[1]. Le lendemain, Bob, Brian et moi nous sommes envolés pour l'île de Wight et y avons passé la

---

1. Bellinger était un bijoutier que les « hommes Mayfair » attaquèrent – un crime connu.

journée avec des marines, dormi à Portsmouth, vu le *Victory*, le lendemain sommes partis en voiture voir le Commando 12 et je suis allé avec Bob chez Diana[1] à Bognor pour la nuit. Conrad était là-bas. Le 18 nous avons rendu visite au Commando 3 et sommes rentrés en voiture à Londres. J'ai dormi à l'appartement de Brian. Le 19 ai passé toute la journée au White et pris le train de nuit pour Glasgow. Suis monté à bord du yacht *Sister Anne* et avons navigué sur une mer très agitée jusqu'au dépôt avec le vice-maréchal de l'air Robb et le général Haydon. Tout le monde a été malade à l'exception de Bob. Une belle série d'exercices et de démonstrations menée par la brigade des recrues de police qui viennent de finir leurs classes. Balles sifflant partout. Ils ont tué un homme deux jours plus tôt. Cela était moins impressionnant que la démonstration de combat de rue que nous avions vue quelques jours plus tôt à Glasgow, lorsque le Commando 6 s'était battu dans une zone habitée et avait jeté une bombe fumigène à travers la fenêtre d'une boulangerie. Cela marquait un changement important par rapport aux immenses précautions qui étaient prises à Bisley en 1940. Le propriétaire local, Cameron of Lochiel, est apparu drapé dans un tartan et a voulu recevoir le salut général sous prétexte qu'il représentait le roi dans ces contrées. Il y avait un journaliste communiste trapu et silencieux avec un visage de mongol, le teint blafard et des furoncles. Il n'arrêtait pas de demander quand est-ce que nous allions ouvrir le front de l'Ouest. Un autre rude voyage mais personne n'a été malade cette fois-ci.

Vendredi 24 août. Nous avons rendu visite au Commando 1 à Dundee. Bob et moi nous sommes arrêtés pour la nuit à Keir[2] – un immense palais avec d'énormes terrasses à l'italienne,

---

1. Chez Lady Diana Cooper.
2. Keir, Dunblane, Perthshire : la résidence de William (Bill) Stirling.

trop de peinture blanche lustrée, quelques tableaux splendides essentiellement espagnols, et une chapelle de Boris Anrep. La plus grande partie de cette maison était un hôpital. La femme de Bill est extrêmement jolie, mal à l'aise et amoureuse de Bill. Quand Bob et moi sommes arrivés, on nous a menés chez elle où elle se tenait assise auprès d'un feu éteint dans un salon semi-circulaire. Elle a bondi comme une biche et nous a dit : « Oh, je ne sais pas où Bill se trouve. Il disparaît toujours quand des inconnus arrivent » avant de s'enfuir de la pièce. Plus tard, elle a joué au poker avec des dés, entièrement captivée par Bill, et n'a cessé de gagner. Mme Stirling pleine de charme et d'humour. Ils n'ont reçu aucune nouvelle de David ; nous avions entendu dire, mais l'information venait de Randolph, une source bien peu fiable, qu'il avait été porté disparu après le raid de Benghazi. Nous avons gardé cela sous silence. Francis Howard a disparu lors d'un petit raid en bateau durant lequel le commandant a été tué.

Basil Bennett[1] nous a apporté un grand nombre de liqueurs. Je pense que nous sommes le seul mess d'Europe qui boive tous les soirs au dîner du bordeaux, du porto et du brandy.

L'honnêteté entre camarades officiers. Je suis allé à Matlock laissant derrière moi une belle bibliothèque de livres tout neufs que Cyril Connolly m'avait choisis, et dont je n'ai eu le temps de lire que quelques titres. Quand je suis rentré, on m'en avait volé plus de la moitié.

L'unité du service de renseignements de la force d'assaut étant maintenant formée, vaguement placée sous nos ordres, elle effectue les seules tâches intéressantes dont la section 1 de la brigade aurait pu se charger. Bill Barkworth l'a rejointe mais reste avec nous dans un état de grande nervosité.

---

1. Plus tard un ami proche de Waugh.

Les Américains n'acceptent de recevoir des ordres que des officiers du Commando. Ils ne ressemblent en rien à des soldats et portent des noms étranges.

Sherborne, 12 octobre 1942

À la fin du mois de septembre, Bob s'est rendu à Londres pour le mariage de Richard Sykes. Les deux tiers du quartier général sont partis prendre part à un stage pour essayer un stimulant secret qui était entouré d'un formidable secret. Le mercredi, vers le 1er octobre, Bob nous a envoyé un message dans lequel il nous annonçait qu'il ne reviendrait pas. Plus tard, sur le brouilleur, il nous a transmis des ordres de déplacement. L'hystérie d'une « pagaille » s'empara de tous les hommes. Je me souviens de la première fois où j'en avais fait l'expérience, à Bisley, et combien cela avait été excitant. À présent, après en avoir vécu un si grand nombre, je ne ressentais rien d'autre que de l'ennui. Pendant cinq heures, Roger Wakefield et le colonel Atkinson ont couru à travers tout le bureau comme deux poules.

On nous a alors annoncé notre destination et je suis parti à Sherborne le 5 octobre avant les autres. En passant par Londres, j'ai trouvé Randolph occupé à préparer un discours sur la réforme de l'armée pour une séance secrète et je lui ai donné des notes plaidant presque en faveur d'une abolition de la conscription. Sherborne n'est pas désagréable. Nous utilisons le château comme quartier général. Après avoir passé deux ou trois jours étouffants et coûteux au Digby je suis allé m'installer dans une pension et Laura m'y a rejoint. Jacob Astor est là avec un détachement de ses Phantoms. Quelques corps divers nous ont été rattachés. J'ai décidé qu'il s'agissait d'un exercice de supercherie conçu par l'armée pour les distraire de la grande opération. Cela a été confirmé quand hier, le 11 octobre, Bob nous a briefés sur une opération tout à fait futile et improbable.

Octobre 1942

L'opération a été annulée. Je ne sais pas si elle avait jamais véritablement été planifiée, mais j'en doute. Le quartier général de la brigade au presbytère, Closworth, la maison du révérend Neate et de sa femme barbue. Un couple charmant. Il était convaincu que les Allemands allaient débarquer dans son jardin et voulait davantage de munitions. Sa femme voulait de l'essence. « Elle force l'admiration de tout le monde » – disaient-ils en montrant certaines particularités de l'église. « Tout le monde » était « un professeur de Londres ». « Est-ce que l'un d'entre vous sait réparer une vieille pompe ? La vieille pompe de Mme Neate a besoin d'être réparée. » (Son cœur.) Nous avons tous attrapé des puces dans sa remise. Après une nuit sans sommeil, Bob et moi sommes allés déjeuner avec Nell et Harry[1] à Emshot et avons bu beaucoup de vin. Je me suis aperçu dans le miroir après, pareil à un dragon chinois en laque rouge, et j'ai vu à quoi je ressemblerai le jour de ma mort.

Une dispute virulente avec Shimi au sujet de cartes dont je suis sorti triomphant.

Laura est retournée à Pixton le 17. Basil Bennett est venu habiter chez Mme Maxwell.

Je suis en train de lire un ouvrage que je considère comme l'un des livres les plus vulgaires qui ait jamais été écrit – de tous les sujets, une biographie de Landor. J'ai écrit une critique de Graham Greene pour le *Spectator* et je songe à commencer à

---

1. Lord et Lady Stavordale.

écrire un roman. Je suis arrivé à mon dernier cigare de La Havane – il m'en reste cinquante en réserve. Et ma dernière caisse de bordeaux. Je suis toujours payé comme un lieutenant – impossible d'obtenir la solde d'un capitaine ou d'un officier de l'état-major. J'imagine que cela arrivera un jour ou l'autre.

Le quartier général de la brigade a comme toujours des ennuis avec les hôtels. Bob, Nell, Daphne Weymouth, Phil, etc. arrêtés au Plume of Feathers pour avoir bu après l'heure. Ils sont partis de Digby et se sont installés au Plume of Feathers qui a aussitôt signalé l'hôtel qu'ils venaient de quitter en l'accusant de disposer de rations de viande illicite. Ils servent de pions dans quelque jeu d'échec municipal – sans aucun doute lié aux Rotariens.

Bob a fait la leçon aux chefs de troupes au sujet de l'exercice, les avertissant que leur instruction était élémentaire et leur discipline faible, et les menaçant de les dissoudre. Il a un don pour dire tout cela sans hausser le ton, afin de n'éveiller aucun ressentiment chez ses hommes, qui force mon admiration. Si je m'en chargeais je serais sarcastique ce qui, avec des gens comme cela, ne mènerait à rien de bon et ferait bien des dégâts.

Samedi 24 octobre 1942

Brian, Basil et moi, ainsi que Tom Churchill et Johnny Atkinson, sommes allés évaluer une journée de manœuvres sur le terrain à Sherborne School. Il s'agissait de s'entraîner, il va sans dire, à se retirer ; à l'image de l'exercice, les garçons étaient pusillanimes et obnubilés par leur propre protection. J'ai discuté avec certains d'entre eux, leur demandant quel régiment ils espéraient rejoindre ; ils voulaient tous devenir chimistes du gouvernement ou officiers de santé publique. L'exercice a traîné en longueur sans incident jusqu'à la tombée de la nuit, moment où tous les évaluateurs se sont discrètement éclipsés pour aller dîner. Basil et moi avons bu une bouteille de Dows 1920 avant le dîner et une autre après. Nous nous sommes alors souvenus que le commandant, le colonel Randolph, nous avait proposé de le rejoindre pour « manger des sandwiches et boire de la bière ». Nous l'avons trouvé assis derrière une montagne de nourriture à laquelle, ayant des cigares dans la bouche, nous n'avons pas goûté. J'avais bu suffisamment de vin pour penser que la soirée était une réussite mais tout le monde pense le contraire.

Dimanche 25 octobre 1942

Brian et moi sommes allés passer la journée avec Nell et Harry à Emshot. Phil et Daphne déjà là-bas. Une belle journée passée à trop manger et à trop boire. Dans l'après-midi nous sommes allés à Melbury. Ce soir-là, j'étais très soûl et me suis énormément amusé. Quand j'ai quitté la maison vers 2 heures du matin, je suis tombé dans les escaliers. Un peu plus tard j'ai réveillé Basil et l'ai tourmenté pendant une heure. Le soir, j'ai reçu l'ordre de me rendre à Londres. Le sergent O'Brien du Commando 12 vient de rentrer de Norvège en Angleterre après un petit raid réussi.

Londres, lundi 26 octobre 1942

Appelé à 6 h 30. Toujours très désorienté à cause de l'alcool et sentant le « gin orange ». Ai conduit jusqu'à Camberley dans un tel état de stupeur que nous avons eu une collision qui a détruit la voiture. On m'a déposé au QG des Opérations combinées où je suis arrivé avec quatre heures de retard et où ils m'ont dit que O'Brien était toujours à Stockholm. Suis allé voir Maimie et, dans un état second, ai fait le tour de l'exposition. Des huîtres au Wilton, puis retour au QG des Opérations combinées où O'Brien avait été attrapé. Entretien dans un état second. Toujours dans un état second me suis rendu au White, chez Blondie[1], au White et chez Blondie où j'ai dormi. Dîné avec Bill Stirling et des experts du service de renseignements. Ai veillé tard avec Blondie.

Sherborne, mardi 27 octobre 1942

Suis rentré à Sherborne de bonne humeur.

Mercredi 28 octobre 1942

Mon 39e anniversaire. Une bonne année. J'ai engendré une belle fille, publié un livre[2] réussi, bu 300 bouteilles de vin et fumé 300 ou davantage de cigares de La Havane. Je suis retourné servir dans l'armée entre amis. Au même moment l'année dernière, je me rendais à Hawick pour rejoindre le RM 5. Je deviens un soldat de plus en plus mauvais à mesure que le temps passe, mais plus patient et plus humble – en tant que soldat. J'ai environ 900 £ en poche et aucune lourde dette si ce n'est envers le Gouvernement ; santé excellente sauf lorsque le vin altère mes facultés ; une femme que j'aime, un travail agréable dans un cadre d'une grande beauté. Eh bien, que peut-on espérer de plus ?

---

1. « Blondie », comme « Maimie », était un surnom donné à Lady Mary Lygon.
2. *Hissez le grand pavois.*

Samedi 20 mars 1943

Une journée calme et froide, brumeuse en début de matinée et de soirée mais soleil éclatant l'après-midi. Amandiers, jonquilles, toutes les plantes d'avril en fleurs et les haies en floraison. Dans mon cœur, l'hiver, né de l'oisiveté et de la solitude, et la tête prise par un lourd refroidissement. Cette semaine a été morne, Bob, Brian, Phil et Angie étant partis et le travail au bureau se poursuivant par endroits. Pour ma part, rien à faire si ce n'est ouvrir des lettres, et j'ai le sentiment d'être en quarantaine. La semaine dernière – à Weymouth avec Laura et, pendant le week-end, en exercice – était pleine d'incidents, et cette semaine semble plus morne en comparaison.

Difficultés domestiques à Westbridge House, aggravées par le fait que Basil et moi n'avons pas réussi à manger des cœurs de mouton mercredi soir. Jeudi, Mme Maxwell à la fenêtre de son salon nous criant qu'elle ne nous nourrirait plus ; nous devons dîner dehors. Depuis quelque temps Basil fait preuve d'un désespoir excessif et me dit : « Il faut que j'arrête. On ne peut pas continuer comme ça ici. Je suis devenu une marionnette. Vous me faites faire les choses les plus extraordinaires. Je n'ai jamais tripoté d'horloges nulle part ailleurs. Je deviens fou. Pourquoi devrais-je payer cette femme ridicule pour me servir du téléphone ? Je vais quitter l'armée. Vous voulez aller au vivarium. Je vais vivre à Weymouth. Nous n'avons plus rien à faire ici. » Et ainsi de suite. Nous avons discuté de la situation et fait une liste de demandes minimales afin de trouver un accord. Nous nous sommes entendus sur d'occasionnels dîners composés de poisson et de bouillon de légumes, avons exigé de pouvoir jouir d'un accès illimité à la salle de bains, et de pouvoir déjeuner de pain et de fromage chez elle. Basil a décidé de s'occuper de la négociation du traité, s'est défilé, et a tout laissé en suspens. Le soir du jour où Mme Maxwell nous a annoncé que nous ne pouvions pas dîner là, nous avons convaincu Louie de nous servir des croquettes de poisson, et un plat d'œufs et de viande hachée qui était meilleur que ce que nous aurions pu trouver à Londres. Nos ordonnances sont persuadés que Louie tente de nous chasser pour se venger du fait que nous avons mis notre gin sous clé, auquel elle était récemment devenue dépendante. Mais il y a chez cette femme une certaine décence artistique qui, une fois qu'elle se trouve aux fourneaux, l'empêche de mal cuisiner.

Nous sommes entre-temps allés en voiture à Purse Caundle voir la maison de Tante Vera[1], qui est spacieuse et magnifiquement meublée. Nous avons l'intention de nous y installer.

Basil est parti à Londres pour le week-end, me laissant seul. Après le dîner, j'ai bu une bouteille de Crofts 1927, qui était sucrée et capiteuse après celle de Dows 1912, et j'ai terminé *Le Nommé jeudi* que je n'avais pas lu depuis mes années à Lancing[2]. Il m'est douloureux de constater que Chesterton a introduit l'idée du « Siècle de l'Homme du peuple ». Il était facile en 1908 de croire que l'homme du peuple était sage et entier et de penser que l'erreur était réservée aux moralisateurs et aux excentriques. Cela devient plus difficile aujourd'hui au vu de la sottise et du vice qui ont déferlé sur la moitié de la chrétienté.

---

1. La résidence de Lady Victoria Herbert : Manor House, Purse Caundle. Lady Victoria était la tante (née en 1874) que les deux femmes de Waugh avaient en commun et qui pensait qu'elle « avait vu ce jeune homme pour la dernière fois » en 1929.

2. Lancing College où Evelyn Waugh fit ses études (*NdlT*).

Dimanche 21 mars 1943

Une nuit troublée par une sorte de cauchemar que je fais de plus en plus fréquemment et que j'ai tendance à considérer comme m'étant propre. Rêve d'un ennui insupportable – de lire des pages et des pages d'ouvrages fades, d'écouter des plaisanteries interminables et vaines, de regarder des films de cinéma dénués de tout intérêt.

Après la messe suis allé au château[1], où il n'y avait pour moi rien à faire. Déjeuner seul avec Roger au Plume of Feathers. À 21 heures le Premier Ministre s'est exprimé à la radio afin d'assurer au peuple qu'il était conscient des problèmes de la paix. Son ton était plus calme que d'habitude et Mme Maxwell l'a trouvé déprimant.

Lundi 22 mars 1943

Une journée d'un indicible ennui qui s'est terminée de manière plaisante à faire la bringue. Basil et moi nous sommes enivrés et sommes passer voir Bob et Phil qui venaient tout juste de rentrer de Londres. Sur le trajet du retour, nous avons roulé sur un tas de pierres et mis la voiture hors d'état de marche.

Mardi 23 mars 1943

Mal de tête. Basil et moi avons commencé à boire des gin tonic à 10 h 30 du matin. Deux coups durs portés à ma fierté professionnelle quand j'ai appris que Churchill[2] a été envoyé

---

1. Sherbone Castle, le QG de l'unité.
2. Tom Churchill, un collègue officier.

aux Shetlands pour briefer Flynn sur les opérations et que John Selwyn a été nommé assistant du chef d'état-major de la brigade et que certains détails indiquent qu'il prendra probablement bientôt la tête de l'unité quand Brian partira. Plus tard dans la matinée, Bob m'a expliqué que j'étais si impopulaire que j'en devenais inemployable. Mon avenir très incertain. J'ai planté la toute première graine de ces ennuis il y a des semaines lorsque j'ai dit à Churchill que je ne pensais pas que les officiers du service de renseignements aient le moindre rôle à jouer au sein de la brigade. Ceci, bien entendu, est le pire blasphème qu'on puisse dire à des officiers de l'état-major comme lui, qui ont bâti leur vie tout entière sur ce système et qui passent leur temps à souligner combien leurs postes sont importants. Leur but est de se fabriquer du travail, si possible à un point tel que cela justifie la nomination d'un subordonné et leur promotion personnelle. Le rôle du système militaire n'est pas de repérer là où le travail doit être fait et d'envoyer quelqu'un le faire, mais de commencer avec ses hommes et de leur trouver quelque chose à faire. Par conséquent, il y a une pénurie de main-d'œuvre dans un des quartiers, et des hommes plongés dans l'oisiveté, ou pire, accomplissant un travail inutile, dans un autre. Je n'ai pas eu le temps de lui dire cela hier. J'espère pouvoir le faire aujourd'hui.

Bob, Phil, Brian partis à Torquay. Basil et moi sommes retournés à Purse Caundle où on nous a réservé un accueil chaleureux et témoigné les attentions les plus charmantes. Nous sommes arrêtés pour manger des œufs avec Angie et ensuite, de retour à la maison.

Mercredi 24 mars 1943

Une convocation au QG des Opérations combinées, pour écrire un portrait de l'avocat et juge Hilary Saunders[1] pour les USA. Une requête tout à fait singulière.

Londres, jeudi 25 mars 1943

Parti pour Londres avec le train de 8 h 45. Suis allé à la librairie de Nancy où on m'a raconté qu'on voyait maintenant tous les jours d'énormes majors de la Foot Guards entrer dans le magasin et demander les œuvres de mystiques espagnols du XVIe siècle. Au White, j'ai rencontré Ran Antrim et Ed Stanley et nous sommes allés déjeuner tous ensemble avec John Sutro au Bagatelle. Après le déjeuner, en route pour le QG des Opérations combinées où j'ai d'abord été interrogé par le colonel Neville qui m'a assuré que c'était à la demande du CCO, et non à celle du juge, que je devais écrire son portrait. Ce document sera apparemment ensuite envoyé avec le Livre américain du Mois. La brochure tout à fait fade du juge, *Opérations combinées*, sera Livre du Mois. Il était très gêné, ou faisait semblant de l'être, par cette affaire. Je me suis fait couper les cheveux à Trumper et suis retourné au White boire une bouteille de champagne avec Brian ; suis ensuite allé à Montpelier Row pour dîner et dormir avec Maimie et Vsevolode.

---

1. Hilary George Saunders père, 1898-1951 ; secrétariat. Société des Nations, 1930-1937 ; pendant la guerre, rédigeait des publications officielles ; bibliothécaire. Chambre des communes, 1946-1950.

Sherborne, vendredi 26 mars 1943

Suis retourné ce matin au QG des Opérations combinées afin d'obtenir des informations sur les opérations à venir du Commando 62. J'ai rencontré le nouvel officier en chef du service de renseignements et lui ai dit que je trouvais les officiers du service de renseignements de la Special Service Brigade plutôt superflus. Huîtres avec Perry Brownlow, déjeuner au White avec Vsevolode, train de 14 h 50 pour rentrer dans lequel je suis resté debout jusqu'à Andover. Ai dîné à Westbridge. Après le dîner convoqué à Milborne Port pour emmener danser une poule.

Samedi 27 mars 1943

Ai écrit l'éloge de Saunders. Laura est venue remplacer Basil à Westbridge House, et elle avait l'air d'être âgée de quinze ans et très crasseuse. Elle a passé le week-end avec moi et est partie tôt lundi matin.

Lundi 29 mars 1943

J'étais occupé toute la journée à diminuer le verbiage autour de la réorganisation proposée pour la Special Service Brigade (dont la structure nous rapproche davantage d'une division d'infanterie, avec une avancée pour Shimi, et rend le QG de la brigade stable et politique, tout du moins en apparence). Lundi nous avons dîné avec Angie et mardi nous avons bu du porto à la maison. Les nouvelles de Tunis semblent bonnes. Un refus ferme des avocats des locataires de Purse Caundle.

Ivres, Basil et moi avons trouvé un tiroir rempli de lettres et de photographies appartenant aux enfants Maxwell, et, lisant le journal d'écolière de Margaret, nous avons soudain été pris de honte et l'avons refermé. Ce matin, sobres, nous avons regretté notre générosité d'hier soir.

Roger a ajouté un nouvel épisode aux curieuses légendes de sa carrière en affirmant avoir été entraîné comme espion et en racontant qu'il avait même une fois embarqué à bord d'un canoë pour débarquer en tant qu'agent, mais qu'on l'avait rappelé au dernier moment parce qu'il aurait toujours l'air d'un Anglais. Ce matin, contemplant depuis sa fenêtre un amandier sans feuilles dont les fleurs commençaient à éclore, il m'a dit : « J'ai planté trois cerisiers comme celui-ci chez moi. » « Mais c'est un amandier, Roger. » Un long moment à fixer l'arbre du regard. « Oui, je m'aperçois maintenant que les feuilles sont beaucoup plus grossières. »

Mercredi 31 mars 1943

Nous sommes allés voir Lady Victoria. Elle nous a dit, entre autres : « J'aimerais tant que ce cher M. Barker (de Winkworths) soit toujours vivant. Il était si bon – il ressemblait à un renard. Il y a là-bas un homme *nommé* M. Fox mais je pense que vous devriez plutôt voir M. Bush à ce sujet puisqu'il sait tout de lui ». Elle avait comme femme d'affaires une femme de chambre paralysée : « Elle est *tellement* intelligente. Un tel sens des affaires. »

Londres, jeudi 1er avril – mardi 6 avril 1943

À Londres, occupé à travailler sur « Opération Coughdrop » qui, au vu des renseignements qui viennent de nous parvenir, semble moins réalisable. J'ai postulé au poste de commandant de la force, trouvant cela indigne de briefer des gens pour une mission à laquelle je ne prendrai pas part, mais on m'a ridiculisé en me disant que j'étais trop vieux pour sauter en parachute. Aucune décision n'a encore été prise à ce sujet.

J'ai passé la nuit à l'hôtel Hyde Park et me suis ensuite installé chez Maimie et Vsevolode. J'ai rendu visite à ma mère le jour de son anniversaire et l'ai trouvée vive et plus joyeuse maintenant que sa cuisinière est revenue et la soulage de ses perpétuelles obligations vis-à-vis de mon père. Il est infirme et complètement sourd ; son visage semble s'affaisser sur le côté comme s'il avait eu une attaque. On m'a affirmé que cela n'était pas le cas. J'ai discuté avec lui en écrivant mes réponses sur une feuille de papier, ce qui a semblé l'amuser.

Hubert est alité chez Phyllis, souffrant de ce que les classes populaires appellent des palpitations. Maimie dit qu'il mourra dans deux ans, mais quand je l'ai vu, il parlait énergiquement de la Renaissance.

Repas au White, au Buck, le Savoy, Ivy, le club du QG des Opérations combinées, et chez Maimie. Nourriture en abondance et toujours un peu de vin si l'on est prêt à y mettre le prix. Maimie a organisé un dîner pour un très riche marchand dont ils essayent de tirer des avantages commerciaux, sa femme nymphomane, et la maîtresse du roi de Grèce.

À mon retour j'ai appris que Basil était parti en Écosse. Heureusement Laura avait le droit de me rejoindre et est donc arrivée aujourd'hui.

Sherborne, mercredi 7 avril 1943

Laura avait l'air tout à fait quelconque et sale en arrivant mais elle était de bonne humeur.

Jeudi 8 avril 1943

On a appris que Bob propose d'établir un QG avancé en Écosse, laissant Shimi s'occuper de Sherborne. Je vois très peu de place pour moi dans cet arrangement et j'ai décidé de me rendre à Londres en tant que représentant de Bob au QG des Opérations combinées. Mme Maxwell a une cage remplie de poulets auxquels elle s'adresse sans cesse en des termes écœurants. Ai très mal dormi.

Vendredi 9 avril 1943

Une journée d'une oisiveté absolue, de bonnes nouvelles dans les journaux et une incertitude générale quant à notre rôle à venir. Bob est rentré tard dans la nuit.

Londres, vendredi 16 avril 1943

Trois jours inhabituellement frénétiques à Londres combinés à un régime d'austérité auto-imposé dans l'espoir d'être en suffisamment bonne forme pour sauter en parachute. Je suis arrivé à Londres le 12, après avoir quitté Sherborne en emportant tout mon équipement et en m'imaginant que je n'y retournerai plus. Bob est parti précipitamment, me laissant m'occuper de « Coughdrop » et de nombreuses affaires mineures. La taille du QG avancé proposé par Bob pose problème. Je voulais, Dieu sait pourquoi, me rendre à la séance inaugurale de la Virgil Society, ce en quoi j'échouais, et il m'a ensuite fallu un certain temps avant de trouver Douglas[1] mais j'ai fini par dîner avec

1. Douglas Woodruff.

lui au White, puis par retourner à la fourmilière pénitentiaire[1] où il vit et où il m'a hébergé pendant trois nuits avant que je m'installe chez Maimie. Mes notes sur ce que j'ai fait pendant ces quelques jours montrent que la plupart de mon travail a été inutile, mais cela m'a empêché de dormir, puisqu'à Sherborne, je m'étais habitué à me reposer toute la journée sans être dérangé. Par exemple, quelqu'un téléphone et demande à venir me voir immédiatement. Je dis oui. Ensuite personne ne vient. Ou une jeune femme apporte une brochure technique.

« On m'a dit de vous montrer ceci. »

« Êtes-vous sûr que ce soit pour moi ? »

« Oh oui, *sir*. »

« Très bien, posez ça là et j'y jetterai un œil plus tard. »

« Oh, cela m'est impossible. » Le reprends. Je pense que je suis plus efficace que la plupart ici ; c'est parce que cela est nouveau pour moi. Lushington m'aide en permanence. J'ai dîné avec Douglas et Mia, ainsi qu'Eddie Sackville-West. J'ai dit à Hall à Park West : « C'est le genre d'endroit où les urbanistes nous feront vivre après la guerre. » « Oh *sir*, n'y aura-t-il pas de jardins entre les immeubles ? » « Non, Hall. Pas de jardins. »

Tous les gens que je rencontre sont découragés par l'avenir et pleins d'espoir pour les batailles immédiates, sauf Douglas qui est aussi plein d'espoir pour l'avenir et quelques soldats bien informés qui sont découragés par les batailles. « Monty » s'est rendu intolérable dans les journaux.

---

[1]. Les appartements résidentiels de Park West à Edgware Road, près de Marble Arch.

Jeudi 22 avril 1943

Je trouve le travail au QG des Opérations combinées de plus en plus lassant. Suis rentré hier soir chez Maimie pour y trouver le prince Bernhard des Pays-Bas, Chips Channon, et quelques autres invités occupés à parler aux chiens dans une pièce si exiguë que j'ai cru m'évanouir ; et plus tard, alors que je dînais avec encore plus de gens parlant français dans une pièce encore plus petite chez Mme Chichester, j'ai dû partir, rentrer seul et me coucher tôt.

Le général Haydon s'avère être mal intentionné. Les gens ici voient à travers du verre givré et entendent tout à travers de la ouate, si bien qu'ils ne comprennent jamais très bien pourquoi une telle chose a été dite ou faite et s'écrivent les uns les autres des rapports qui sont toujours légèrement décalés. Quand Haydon est surmené, il est le pire pour cela, et se met ensuite en colère.

Il semble chaque jour moins probable que l'opération dans laquelle je suis impliqué soit lancée, au moment où des renseignements menaçants ne cessent de nous parvenir. Un charlatan incroyablement secret du MI9 est venu et reparti avec le projet de plan et l'a oublié dans un taxi. Pendant ce temps-là, l'héroïque Mickey Rooney est à l'œuvre, occupé à entraîner son détachement.

Bob a donné une fête d'anniversaire, toute sa famille ; sinon, j'ai passé le carême à manger des sandwichs pour le déjeuner au bureau.

Vendredi saint, 1943

M'étant persuadé à un moment ou à un autre que Pâques était le 24, j'ai été amené à commettre une série d'erreurs regrettables – à cause de l'une desquelles le détachement de Rooney s'est rendu à Ringway à la mauvaise date, commençant donc leur coopération avec l'Air Force sur de malheureuses bases. J'ai réussi à arriver à la Communion jeudi matin et à la dernière moitié de Tenebrae vendredi.

Tout le monde quitte le bureau pour Pâques.

Samedi 15 mai 1943

Après des jours de pluie, un été éclatant. Londres encore plus miteuse et délabrée sous le soleil que dans l'obscurité. Les foules toujours plus laides et errant sans but, d'horribles groupes de soldats en tenue de campagne élimée avec leurs cols ouverts, sans leurs calots ou les portant à des angles extravagants, les mains dans les poches, la cigarette au coin des lèvres, flânant avec des filles en pantalons, talons hauts et coiffées comme des stars de cinéma. Je n'ai jamais vu un si grand nombre de filles d'une telle laideur réussir à attirer autant l'attention sur elles. Restaurants bondés ; on se fait bousculer par des étrangers polyglottes, et affamer, empoisonner, et arnaquer par les gérants ; pièces de théâtre tôt dans l'après-midi à un horaire qui n'est ni naturel ni pratique ; même à cette heure-là, ils sont tous bondés.

Laura m'a rendu visite deux fois à Londres – une fois quand Maimie et Vsevolode nous ont laissé la maison, une fois à l'hôtel Hyde Park. Elle est ravissante et sa santé est excellente.

L'organisation et l'instruction pour l'opération de Rooney se poursuivent comme si l'opération allait véritablement être lancée – bien que la plupart d'entre nous y ayons renoncé, je crains que nous ne découvrions un jour que le chef d'état-major l'aura subitement approuvée.

Bob a été occupé par sa réorganisation qui semble impliquer d'immenses calculs – je ne sais pas pourquoi. Il devait partir en bateau pour l'Afrique du Nord après-demain, emmenant avec lui tout le monde sauf moi, qui devait l'y rejoindre. Le déplacement a été soudainement reporté.

La victoire en Afrique du Nord nous a pris par surprise. Nos propres soldats, qui viennent d'en revenir, disent que ce sera une longue campagne. Les journaux anglais et américains évitent soigneusement de mentionner le rôle de l'autre dans la bataille.

J'ai dîné avec Henriques[1] pour célébrer la publication de son livre illisible. Bonne nourriture, mauvaise compagnie. J'en suis arrivé à préférer cela, plutôt que de la mauvaise nourriture et de la bonne compagnie. J. B. Priestley, pathétiquement vaniteux, jaloux même de Noel Coward, essayant, sans y parvenir en ma présence, d'élever la conversation à des sujets plus sérieux. Il se considère comme un homme chargé de lourdes responsabilités en tant qu'incarnation de l'Homme du peuple. Un type vulgaire nommé Frere[2], un ami d'Alec, et une épouse malicieuse que je connaissais avant sous le nom de Pat Wallace.

Henriques est maintenant parti, comme tant d'autres, pour l'Afrique du Nord, si bien que tous mes efforts pour être aimable avec lui n'auront apporté aucun avantage concret à ce QG.

Un dîner étrange avec les Sea Lords, Diana, Emerald[3], Crinks Johnstone, donné par Lord Queensberry. Emerald disant

---

1. Robert Henriques. Son « livre illisible » était *Captain Smith & Company*.
2. A. S. Frere, éditeur.
3. Lady Cunard.

à Sir Dudley Pound : « Evelyn est occupé à organiser le front de l'Ouest avec Dicky[1]. »

Les Polonais sont accusés par tous d'en vouloir aux Russes du meurtre d'environ 8 000 de leurs officiers.

Hier soir je suis rentré chez Maimie où je me suis retrouvé dans un dîner qu'elle avait organisé. Un diplomate serbe a raconté avec beaucoup d'humour l'histoire d'un certain M. Brown, un représentant religieux morave, qui est attaché à la Légation serbe depuis 1916.

Shimi s'est aliéné l'estime de toute la brigade en se comportant à plusieurs reprises comme un effroyable goujat.

Basil a provoqué des remous en lançant le fonds de solidarité du Commando sans consulter le département des relations publiques d'ici. Ainsi qu'en se rendant ivre au Stock Exchange et en racontant une histoire complètement fausse sur un officier cul-de-jatte à qui on avait accordé une pension hebdomadaire de 28 shillings. Le Lord-maire de Londres a joué un rôle clé dans cette affaire.

Je vais devoir faire face à une extrême misère si je me vois obligé de vivre à Londres encore longtemps.

La dernière entrée s'est avérée être erronée. J'ai consulté mon livret d'épargne et me suis rendu compte avec joie que j'étais parfaitement solvable. J'ai donc invité Laura à Londres et me suis installé avec elle à l'hôtel Hyde Park le 22 mai. Nous avons donné un dîner en petit comité, coûteux et assez peu luxueux au Savoy – Maimie et Vsevolode, Liz et Raimund tout juste rentrés d'Amérique, Ran Antrim, Nancy Rodd.

J'ai déjeuné avec le CCO[2], suis arrivé plutôt éméché, me suis rendu compte que la maison était un nid de communistes et me suis assez mal comporté.

---

1. Lord Louis Mountbatten, chef des Opérations combinées.
2. Lord Louis Mountbatten.

Je trouvais mon travail de plus en plus épuisant et j'ai donc demandé une permission qui m'a été accordée à contrecœur après avoir convaincu Shimi d'envoyer un homme prendre ma relève. Bob est parti en Écosse le 28 si bien que je n'avais à Londres aucun ami de la brigade. J'ai pris l'appartement de Verschoyle[1] à St James's Place pour deux mois.

Le 29 je suis allé à Campion Hall où d'Arcy donnait son dîner annuel. Ned Lutyens[2] tout à fait gaga, répétant ses anciens jeux de mots et racontant des obscénités sans enthousiasme ni pertinence ; David Cecil. Frank, au lieu de venir, est allé s'entretenir avec des hommes du Parti travailliste dans le nord. Ma visite coïncidait avec celle de Ronnie Knox, qui a donné une conférence brillante à Old Palace le lendemain, dont chaque mot semblait m'être adressé. J'ai rendu visite à Rachel, ai déjeuné avec Maurice à Wadham, suis allé me promener avec Ronnie[3], ai dîné à Campion avec John Rothenstein.

Hall[4] était avec moi et j'ai demandé à un érudit d'être son guide et de lui montrer les collèges. Il a demandé qu'on l'instruise sur la foi.

1. Derek Verschoyle. Figure littéraire, ayant travaillé au *Spectator*, qui n'était encore qu'un garçon à l'école d'Arnold House au moment où Waugh y enseignait.
2. Sir Edwin Lutyens (1860-1944), architecte. Il a conçu l'église de St Jude, située dans la banlieue d'Hampstead Garden, que Waugh fréquentait lorsqu'il était enfant.
3. Rachel Cecil, la femme de Lord David Cecil ; Maurice Bowra ; Ronald Knox.
4. L'ordonnance de Waugh.

Lundi 31 mai 1943

Suis arrivé à Pixton à bord d'un train horriblement bondé et ai passé mon temps à me reposer, autant que les habitudes de cette maison le permettent.

Ma permission était dans l'ensemble très décevante. La meilleure partie était les vingt-quatre heures exaltantes que j'ai passées entre le moment où j'ai quitté le QG des Opérations combinées et celui où je suis parti pour Oxford. J'ai passé le dernier week-end chez Mells et suis rentré à Londres à l'appartement de St James's Place que j'avais loué à Verschoyle. J'ai découvert que j'avais hérité d'une querelle avec les gérants en conséquence de quoi je n'ai pas eu de petit-déjeuner le premier jour et j'ai perdu de nombreuses heures avec des avocats avant que l'affaire ne soit résolue. L'appartement est calme mais a quelque chose de féminin et est trop petit pour deux.

Mercredi 9 juin 1943

Peters m'a dit qu'Alexander Korda avait fait une offre qui devrait résoudre tout problème de salaire en temps de paix, si les conditions permettent de résoudre les difficultés de quiconque – un contrat de travail de dix semaines par an à 200 £ la semaine. Cela devrait me laisser du temps libre pendant le reste de l'année pour écrire exactement ce que je veux quand je le veux. J'ai immédiatement pensé, cependant, que l'inflation pourrait rendre négligeables ces 200 £ par semaine.

J'ai lu dans le *New Statesman* le compte rendu d'une interview de guérilleros serbes rentrés du front – de la propagande anti-Mihailovic. L'interview semblait officielle et je me suis tout de suite demandé : « Comment a-t-on pu autoriser une telle publication ? » Puis dans un deuxième temps, je me suis dit que cela montrait combien on s'était habitué à la tyrannie gouvernementale.

Le 24 juillet, mon père est mort et le QG de la brigade a quitté Londres pour « Opération Husky ». Cette coïncidence était malheureuse puisque l'un me détournait de l'autre. J'étais énervé contre Bob qui me laissait derrière lui si facilement. Mon père est mort avec une soudaineté déconcertante. J'ai passé la plupart des jours suivants à Highgate. Les funérailles ont eu lieu le 27 à Hampstead. J'ai passé quelques heures épuisantes à trier les papiers de mon père et à détruire des lettres. Il continuait d'entretenir une importante correspondance avec des gens tout à fait insipides. Ma mère semble avoir l'esprit ailleurs avec toute cette affaire. Laura et moi avons fait venir Bron pour la distraire.

Shimi s'en est pris à John Selwyn de façon odieuse et son attaque a réussi ; il a aussi tenté de m'affecter au dépôt, ce qui reste toujours en balance. Date de départ en mer probable entre le 7 et le 10 août. Mon plaisir principal ces derniers jours a été de faire graver quelques ex-libris par un graveur âgé mais brillant nommé Osmond.

[Ce qui suit est une série de lettres, insérées dans le journal, concernant la démission forcée de Waugh de la Special Service Brigade.]

CONFIDENTIEL
8 mai 1943
À : Commandant en second
Special Service Brigade

Officier de liaison de la Special Service Brigade à COHQ
Je souhaite que le capitaine Waugh rejoigne la Force « HUSKY » en Afrique du Nord dès que possible. Je nomme par conséquent le capitaine Bray pour qu'il puisse prendre sa place. Cet officier aura besoin d'avoir une connaissance bien plus précise que celle qu'il a pour le moment de la Special Service Brigade et je suggère donc qu'il passe quelque temps au Quartier général arrière, afin qu'il se familiarise avec chacune de ses branches puis qu'il fasse un bref tour des unités pour apprendre à connaître le personnel. Il devrait aussi passer un peu de temps avec le capitaine Waugh au COHQ afin d'en apprendre le fonctionnement. Le capitaine Waugh restera officier de liaison au COHQ jusqu'à ce que ses ordres d'embarquement lui parviennent.

La nomination d'un officier de liaison au COHQ est maintenue puisque j'exige qu'un officier me représente au QG pendant mon absence.

(Signé) R. E. LAYCOCK
Général
Commandant de la Special Service Brigade

TRÈS SECRET
24 juin 1943
À : Commandant en second
Quartier général arrière, Special Service Brigade
Copie à : Capitaine H. Bray
Quartier général avancé, Special Service Brigade
Objet : Capt. E. Waugh, Royal Horse Guards & Fus. Hall

Prière d'inclure l'officier et l'unité mentionnée ci-dessus dans les premiers renforts du théâtre d'opérations « HUSKY ».

(Signé) R. E. LAYCOCK
Général
Commandant de la Special Service Brigade

PERSONNEL
5 juillet 1943
À : Lieutenant-colonel. Lord Lovat, DSO, MC[1]
Quartier général arrière
Special Service Brigade

Cher Shimi,

Faisant suite à votre lettre du 29 juin, j'apprends maintenant qu'il faudra probablement attendre six semaines avant que je puisse obtenir une place à bord d'un navire.

Ceci est une période bien trop longue pour garder deux officiers de liaison dans ce Quartier général. Je suggère, en accord avec George Mills, qu'il vaudrait mieux qu'il soit rattaché à votre Quartier général à Midhurst pour les quatre semaines à

---

1. Distinctions militaires. Distinguished Service Order, la plus prestigieuse distinction militaire britannique et la Military Cross (*NdlT*).

venir. Cela serait à la fois beaucoup plus commode pour lui d'un point de vue personnel, et lui offrirait une excellente occasion d'en apprendre plus sur le travail réalisé au Quartier général de la Brigade auquel il n'a pas encore été affecté tout en vous rendant service puisque, me semble-t-il, vous devez présentement manquer d'officiers du service de renseignements.

S'il revient ici pendant les dix derniers jours ou la dernière quinzaine de mon séjour, cela lui laissera amplement le temps de se familiariser avec tout ce qu'il doit connaître.

Je vous prie d'agréer l'expression de mes salutations distinguées.

(Signé) E. Waugh.

9 juillet 1943
À : Capitaine E. Waugh
QG des Opérations combinées
Copie à : Commandant du camp (qui aura l'amabilité de prendre les dispositions nécessaires pour loger le capitaine Mills)

Objet : Officiers de liaison – COHQ

Faisant suite à votre lettre à l'intention du lieutenant-colonel Lord Lovat, pourriez-vous s'il vous plaît faire savoir au capitaine G. Mills qu'il doit se présenter à ce QG lundi, 12 juillet.

Il restera ici jusqu'à ce que le capitaine A. D. C. Smith revienne de son stage, moment où il retournera au COHQ.

Vous vous présenterez au dépôt du Commando.

(Signé) J. G SOOBY
Capitaine
ADAA & QMG
Special Service Brigade

12 juillet 1943
À : Lieutenant-colonel. Lord Lovat, DSO, MC

Cher Shimi,
J'ai reçu aujourd'hui la lettre de votre quartier général SS/305/A.2./Mills datée du 9 juillet, signée par le DAA et QMG par ampliation, qui montre combien ma position d'officier de liaison à COHQ est mal comprise.

Pourriez-vous s'il vous plaît expliquer à cet officier :

(1) Que j'ai été nommé officier de liaison ici par le commandant de la Brigade qui m'a explicitement donné l'ordre de rester à ce poste jusqu'à ce que je puisse embarquer.

(2) Que cet ordre vous a été confirmé par écrit dans sa lettre confidentielle du 8 mai où il déclare : « Capitaine Waugh restera officier de liaison jusqu'à ce que ses ordres d'embarquement lui parviennent. »

(3) Que mon bien-être était la seule raison pour laquelle vous avez soulevé la question de savoir si j'irai au dépôt, l'idée étant que si une telle chose pouvait être arrangée, il m'aurait été bénéfique, après être resté assis derrière un bureau, de passer un peu de temps à l'air libre afin d'être en suffisamment bonne forme physique pour le Théâtre d'Opérations.

(4) Que j'ai de bonnes raisons personnelles de vouloir rester à Londres aussi longtemps que possible.

En de telles circonstances, je ne peux raisonnablement pas passer plus d'une semaine loin de mes devoirs au dépôt et je suggère que j'informe le colonel Vaughan et le capitaine Mills dès qu'une date d'embarquement définie sera connue.

Je vous prie d'agréer l'expression de mes salutations distinguées.

(Signé) E. WAUGH

13 juillet 1943
À : Capitaine E. Waugh
QG des Opérations combinées

Cher Evelyn,

Faisant suite à votre lettre personnelle datée du 12 juillet, ma lettre SS/305/A.2/Mills du 9 juillet 1943, signée par A/Q est toujours valable. Si vous avez besoin d'instructions supplémentaires à ce sujet-là, prière de me le faire savoir.

En référence au paragraphe 1 de votre lettre, j'ai récemment (10 juin) demandé l'autorisation au commandant de la brigade en présence du GOCO que le capitaine Mills opère en tant qu'officier de liaison au quartier général arrière. Cette demande a été acceptée.

En référence au paragraphe 2. La lettre confidentielle écrite par le général Laycock le 8 mai est automatiquement annulée par le paragraphe 1.

En référence au paragraphe 3. Une liaison harmonieuse n'a jamais pu être établie entre votre département et le quartier général arrière ; j'ai jugé bon de choisir le capitaine Mills, pour cette raison, voir paragraphe 1. Deux officiers de liaison ne sont pas jugés nécessaires. De plus, il est essentiel que vous soyez en bonne forme physique avant de vous rendre à l'étranger.

En référence au paragraphe 4. J'ai cru comprendre que vos affaires privées progressaient de façon satisfaisante, et vous m'avez dit que vous n'auriez pas besoin de beaucoup plus de temps pour vous en occuper.

Enfin, je souhaiterais faire les remarques suivantes :

J'ai montré votre lettre au GOCO, qui confirme :

a. Deux officiers de liaison sont inutiles au COHQ, et ordonne que :

b. Vous vous présentiez au dépôt le 1er août.

c. Vous ne vous rendrez pas à l'étranger si Achnacarry ne vous considère pas en bonne forme physique.

J'espère que j'ai été clair.

Bien à vous,

(Signé) SHIMI

CONFIDENTIEL
16 juillet 1943
À : GOCO

En référence à la lettre D/O ci-jointe du commandant en second, Special Service Brigade à L. O. S. S. Bde., paragraphe 6 (c). S'il subsiste le moindre doute concernant l'aptitude d'un officier à servir à l'étranger, il convient de l'adresser aux Autorités médicales.

2. Je ne comprends pas pourquoi une exception est faite dans mon cas.

3. Puis-je s'il vous plaît venir vous voir afin d'en discuter ?

(Signé) E. WAUGH

PERSONNEL
17 juillet 1943
À : Lieutenant-colonel Le Lord Lovat, DSO, MC
Quartier général arrière
Special Service Brigade

My Lord,

J'ai l'honneur de vous informer que j'ai eu ce matin un entretien avec le GOCO au cours duquel il m'a conseillé de quitter la Special Service Brigade pour le bien de la Brigade.

J'ai donc l'honneur de demander à être affecté à la Royal Horse Guards.

Je demeure, my Lord, votre obéissant serviteur.

Evelyn Waugh
Capitaine GSO3
Special Service Brigade

PERSONNEL
19 juillet 1943
À : Général R. E. Laycock

Mon cher Bob,

Je suis certain que vous avez trop à faire pour vous inquiéter de mes problèmes personnels mais je souhaite que vous ayez connaissance des faits qui ont entraîné mon départ de la Brigade afin que, lorsque vous aurez eu un peu de temps pour vous y intéresser, vous compreniez que ce n'est pas moi qui vous ai laissé tomber.

Les documents ci-joints retracent le cours des événements jusqu'à mon entretien avec le GOCO du 17 juillet.

Je voulais le voir pour deux raisons :

a. Je ne croyais pas le commandant en second quand il affirmait que le 10 juin, vous l'aviez autorisé à me remplacer dans ce bureau avant mon embarquement.

b. J'étais réticent à me rendre au dépôt parce que

1) Depuis la mort de mon père, ma mère, âgée de soixante-quatorze ans, est entièrement seule à Londres. Une demande a été faite pour que mon frère rentre du Moyen-Orient (capitaine à quarante-cinq ans – les Waugh ne sont pas doués pour faire carrière dans l'armée) pour des raisons personnelles et jusqu'à ce que cela soit arrangé j'ai de lourdes responsabilités et je sais que mon devoir est de passer autant de temps que possible avec elle.

2) J'ai récemment dépensé 5 £ 5 shillings chez un médecin de Harley Street qui, m'a-t-on dit, est le meilleur médecin consultant d'Angleterre et dont l'opinion est de toute façon meilleure que celle du lieutenant-colonel Vaughan et qui m'a certifié que j'étais en suffisamment bonne santé pour le Foreign Service.

Je considère que mon affectation au dépôt est sans précédent dans l'histoire de la Brigade et que seule une malveillance personnelle à mon égard peut l'expliquer. Si on pouvait se passer de moi afin que je puisse suivre cet entraînement spécial et continuer de servir à vos côtés, ceci aurait certainement dû avoir lieu ici et à la Norfolk House au vu des renseignements concernant la campagne présente et future.

Au moment où je me suis entretenu avec le GOCO, la question de la date de mon départ au dépôt n'était pas importante puisque les dernières informations reçues concernant le jour de l'appareillage suggéraient que si je m'y rendais le 1er août, je ne passerai pas plus de dix jours au dépôt.

Lorsque je me suis entretenu avec le GOCO, il était déjà très énervé. Il m'a déclaré : « Votre général a fait une grave erreur en demandant que vous l'accompagniez et je vais m'assurer que vous ne partiez pas tant que je ne vous considère pas prêt. »

Je lui ai demandé ce qu'il entendait par « prêt » et il m'a dit qu'il exigeait que je suive un stage au dépôt ainsi qu'un stage de renseignement.

Ceci aurait reporté mon embarquement d'au moins trois mois et m'aurait rendu inutile alors que vous aviez besoin de moi immédiatement.

Il est ensuite devenu plus agité et a donné libre cours à sa colère en faisant la liste d'un grand nombre d'abus dont je n'ai été capable d'extraire que les quelques accusations concrètes suivantes :

1. Que son assistante de direction s'était plainte de mon impolitesse.

2. Que deux jours plus tôt j'avais manqué de transmettre un message téléphonique au commandant adjoint.

3. Que le GOC du Southern Command[1] s'était plaint du fait qu'en novembre dernier j'avais manqué de me tenir au garde à vous quand il était venu visiter votre Quartier général pendant l'exercice « Blackmore ».

Concernant ces accusations :

1. Je suis immédiatement allé m'excuser auprès de Mlle Lawrie qui était abasourdie par ce que je lui racontais, qui m'a dit qu'elle ne s'était jamais plainte ni, comme je le savais bien, n'avait la moindre raison de se plaindre et qu'elle irait sur-le-champ rétablir la vérité auprès du général.

2. Le jour en question le commandant en second s'était absenté de son Quartier général pour prendre part à un exercice et n'était pas joignable. Le GOCO en avait été informé. L'affaire au sujet de laquelle je devais lui téléphoner était complètement triviale.

3. Je ne crois pas que le général Lloyd se soit plaint d'une telle chose et par souci de vérité, et sans aucun espoir de faire

---

1. Commandement sud (*NdE*).

changer le GOCO d'avis, je lui ai écrit et demandé de confirmer ces faits.

Le GOCO a terminé par dire que je n'avais fait que discréditer la Brigade depuis que je l'avais rejointe et que pour le bien de la Brigade il me conseillait de partir aussitôt que possible.

J'ai donc remis ma démission au commandant adjoint.

Bien à vous,

Evelyn Waugh

Extrait d'une lettre du GOC du Southern Command au capitaine Waugh, datée du 20 juillet 1943

J'ai été très surpris par votre lettre, et il doit y avoir erreur. Je n'ai jamais fait de compte rendu au sujet de cet incident au général Haydon, que ce soit directement ou indirectement.

Je me souviens de ce jour, mais je n'ai pas remarqué que vous aviez bu du bordeaux, ni qui s'est levé ou qui a manqué de le faire. On attend naturellement des officiers une certaine courtoisie, mais je ne m'attends pas à ce que les officiers au Quartier général se lèvent à chaque fois pendant l'instruction : ils portent souvent des écouteurs et cela leur est donc évidemment impossible.

Quelques jours après l'incident un officier – je ne me souviens plus de qui – m'a demandé ce que je pensais du fait que vous buviez du bordeaux à 4 heures du matin : il parlait d'un ton farceur, et je n'y ai pas prêté attention.

Vous êtes libre de montrer ceci au général Haydon si vous le souhaitez.

Une belle lettre pompeuse adressée à Lord Louis Mountbatten aurait dû suivre ici mais Diana Cooper l'a perdue. E.W.

Mardi 10 août 1943

Les lettres précédentes décrivent la succession d'événements qui ont entraîné mon départ de la Special Service Brigade. Mercredi dernier, le 4 août, je me suis entretenu avec Lord Louis Mountbatten de façon si cordiale que cela ressemblait presque à de l'affection. Résultat, rien. Les raisons : (1) Shimi avait adroitement reporté la faute sur ce pauvre général fou et la moindre enquête le discréditerait encore davantage que Shimi[1]. (2) Lord Louis partait pendant six semaines si bien que toute enquête devrait être menée par le général. (3) La guerre en Sicile, et probablement en Italie, serait terminée avant mon arrivée. (4) L'indignation que je ressentais le mois dernier s'est atténuée et j'en ai maintenant assez de toute cette histoire. Mon avenir militaire est flou. J'aimerais bien rejoindre Bill Stirling[2] mais j'ai appris que sa position était très précaire. Je me suis rendu à Windsor avec Hubert où j'ai trouvé la caserne pleine de belles peintures et d'officiers subalternes d'âge mûr, aigris. Je suppose qu'il faut que j'aille là-bas.

Laura est partie jeudi et j'ai trouvé l'appartement de Curzon Street désert. Vendredi je suis parti passer le week-end à Bognor.

---

1. Lord Lovat (dans une lettre à l'éditeur, le 28 octobre 1975) commente : « Personne ne voulait de lui. Laycock le laissa pour compte à Londres pendant une opération en Italie, une affaire prolongée, en lui promettant qu'on viendrait le chercher en temps voulu. Je ne pense pas qu'il ait jamais eu la moindre intention de reprendre Waugh à son service, où il n'avait cessé de causer des ennuis. Pendant ce temps-là, Waugh passa entre une semaine et dix jours à fréquenter le bar du White, et je suggérai au général Charles Haydon (le "pauvre général fou" – comme Waugh l'appelle – du quartier général des Opérations combinées) qu'il vaudrait mieux nommer Waugh et son ordonnance au dépôt où ils pourraient se battre un peu tant que nous avions une guerre sur les bras ; ceci fut fait, et Waugh démissionna. »

2. Le colonel Stirling (un cousin de Lord Lovat) tentait de former une nouvelle unité : le 2nd Special Air Service Regiment.

La seule invitée était la duchesse de Westminster ; Weal l'unique domestique. Diana, les mains crasseuses, se faisant du souci au sujet des coupons et de la nourriture à peine meilleure que celle qu'on donne à manger aux cochons. Bon vin, lecture à voix haute de *Vice Versa*, gin-rami. Seulement une dispute avec Duff, mais des frictions continues avec Diana. Je suis rentré à l'appartement désert, ai déjeuné et dîné au White.

Écrit à Windsor, dimanche 29 août 1943

J'ai passé une semaine bien arrosée à Londres, seul, et suis retourné passer une nuit à Bognor où séjournaient Desmond MacCarthy et Katharine Asquith, ainsi que Maud Russell. Desmond venait de terminer de lire *Work Suspended* et ne tarissait pas d'éloges sur cet ouvrage. Ce soir-là, de nombreux bombardiers n'ont cessé de passer au-dessus de la maison, à partir de 21 heures et jusqu'à 22 heures, si ce n'est plus tard ; le bruit était tellement fort et proche qu'on avait l'impression d'être à bord de l'un d'entre eux. Toute allégresse nous avait quittés. À 4 heures du matin ils étaient de retour. Ils étaient allés à Milan. Au petit-déjeuner Diana était très agitée à cause d'un rapport selon lequel les Italiens enverraient des prisonniers britanniques en Allemagne. Je lui ai fait remarquer que c'était exactement ce qu'on avait cru que les Français feraient avec les pilotes allemands en 1940 et que lorsque Pétain ne l'avait pas fait, on l'avait ensuite accusé de la trahison la plus détestable. Diana ne pouvait pas supporter de faire preuve d'un peu de logique de si bonne heure et l'irritation qu'elle nourrissait depuis quelque temps s'est transformée en une explosion de colère et je suis parti attristé et fâché, sans la moindre intention de me réconcilier avec elle.

J'ai téléphoné à Laura pour lui demander de venir ce week-end et nous avons passé deux jours parfaitement heureux à Curzon Street. Lundi je suis descendu à Windsor où j'ai maintenant passé près de deux semaines. Il ne reste plus que les jeunes et les vieux là-bas. La plupart des vieux ont perdu tout intérêt pour la guerre et pensent à leurs carrières en temps de paix. Les deux chefs d'escadrille, Henry Broughton et Jacky Ward, sont des types ennuyeux. Miles Manton fait de rares apparitions. Il y a un type mélancolique pour qui j'ai une certaine affinité, Jones, renvoyé du Moyen-Orient pour jeux d'argent. Il y a un type aimable, aux cheveux roux, nommé Mick Dillon que tout le monde critique, en raison de son mauvais caractère, me semble-t-il. Tous les autres semblent s'appeler Shannon, Shore ou Sandford.

J'ai dîné avec les Grenadiers au Hind's Head et j'ai terminé tout à fait ivre. C'était le premier soir du retour de mon camarade de chambre, un jeune homme nommé Korah ayant suivi un stage Pelman de personnalité et d'intellect qui semble n'avoir eu sur lui aucun effet remarquable si ce n'est de le débarrasser de toute timidité.

J'ai dîné avec Angie et j'ai rendu visite à Nan Daly[1].

La journée d'hier était typique de ma vie en ce moment. À 9 heures, je me suis tranquillement dirigé vers le bureau des transmissions et les ai trouvés occupés à discuter d'une combine au sujet d'un poste de radio, et je suis donc grimpé en voiture avec deux élèves qui faisaient partie du groupe de cadets nous rendant visite. Nous avons parcouru vingt-cinq kilomètres en discutant dans le jargon des transmissions et nous sommes arrêtés. Je suis entré dans l'auberge et me suis assis avec un très vieil homme qui pensait que le duc de Windsor commandait

---

1. Femme de Dermot Daly et fille du 1er baron McGowan. Elle a été retrouvée assassinée, en mars 1976, dans sa maison de Witney, Oxfordshire.

aux forces alliées sur le terrain. Tout de suite après nous avons entamé le chemin du retour, discutant dans le jargon des transmissions. L'un des véhicules blindés est sorti de la route sans aucune raison apparente et a cassé son essieu. Déjeuner tardif au mess à boire du Lagrange 1928. Me suis endormi après le déjeuner et Gwyn Morgan Jones m'a réveillé en me proposant d'aller faire un tour, et nous avons donc pris un taxi jusque chez lui où nous avons bu du thé, harnaché le poney au tonneau[1] et sommes partis pour Hawthorne Hill où Angie était attendu mais pas encore arrivé. Nous avons bu un peu de son whisky, avons réharnaché le poney et conduit jusqu'à la maison de Gwyn, avons bu davantage de whisky et sommes retournés en taxi à la caserne. Ai dîné, Lagrange 1928, et ensuite emporté une bouteille de porto dans la salle de billard, puisque le colonel a interdit qu'on boive du porto, et y suis resté jusqu'à minuit à discuter de religion et de socialisme et à me demander si les Berry étaient juifs. En lisant sur l'effort de guerre titanesque déployé en 1943, il sera difficile pour nos descendants de se rendre compte que ceci était la façon dont les officiers actifs et parfaitement entraînés, mourant d'envie d'aller au front, étaient contraints de gâcher leur temps et leur argent.

Le fusilier Hall est devenu Trooper Hall et passe ses journées à traîner près de ma chambre pour passer me voir dès que je m'y trouve et demander : « Des nouvelles, *sir* ? » c'est-à-dire, partons-nous pour l'Afrique du Nord.

J'ai passé une journée à Londres. Ai rencontré Basil au Ritz qui était incapable de dissimuler son exubérance. Il venait de recevoir son ordre de déplacement pour rejoindre Bob. Pour cela, il a *(a)* pris à Angie son appartement pour 500 £ par an et lui a loué une chambre de son hôtel[2], donnant sur le parc,

1. Hippomobile à quatre roues (*NdlT*).
2. L'hôtel Hyde Park.

pour 2 £ par semaine *(b)* engagé Sooby pour travailler pour lui après la guerre *(c)* promis un emploi à Mills *(d)* donné une caisse de whisky à Ronnie Todd. Je pense que l'Angleterre est le seul pays où les gens ont recours à la corruption pour *partir* à la guerre.

J'ai déjeuné avec Maimie et dîné avec Basil et suis rentré à Windsor.

La nomination de Louis Mountbatten en tant que commandant en chef en Asie du Sud-Est (Japon) a surpris tout le monde au QG des Opérations combinées. Beaucoup pensent que cela marquera la fin du QG et la plupart des hommes partiront pour Ceylan. Bob est maintenant très proche de la 8e Armée et reçoit des renforts. Il me semble que justice pourrait être faite et que le remaniement final, après toutes ces intrigues, pourrait le placer à la tête du Mediterranean Commando Force[1] sous les ordres de l'AF tandis que Shimi serait envoyé en Extrême-Orient sous les ordres des Marines. Rien ne pourrait être plus amusant que cela.

J'ai acheté un certain nombre de livres d'architecture chez Mme Brown à Eton, dont un splendide Palladio pour 5 £ 10 shillings. J'ai engagé Osmond pour qu'il grave un en-tête de papier à lettres pour Maimie.

Je vais mercredi à un entretien avec l'AMGOT[2]. Je me suis tant lassé de tout ce qui a trait à l'armée que je suis incapable de me souvenir des détails les plus simples. Je déteste l'Armée. Je veux me remettre au travail. Je ne veux plus faire de nouvelles expériences. J'ai mis bien assez de vin en bouteille et les ai soigneusement couchées au cellier, certains vins toujours en train de mûrir, la plupart prêts à être bus, un petit nombre

---

1. Force de commando sur le front militaire méditerranéen (*NdlT*).

2. Allied Military Government of Occupied Territory (Gouvernement militaire allié des territoires occupés) (*NdlT*).

commençant à perdre leur corps. J'ai écrit à Frank[1] au tout début de la guerre pour lui dire qu'ils serviraient surtout à guérir les artistes de leur illusion qu'ils sont des hommes d'action. Pour ma part, ce remède a fonctionné. J'ai réussi, aussi, à largement me dissocier du reste du monde. Ses folies manifestes me laissent indifférent et je ne veux pas influencer les opinions ou les événements, ou révéler des tromperies ou faire quoi que ce soit de ce genre. Je ne veux plus être au service de rien ni de personne. Je veux simplement faire mon travail d'artiste.

Jeudi 2 septembre 1943

J'ai passé un week-end tout à fait exquis avec Angie, Pempie et Bobby Casa Maury[2] à me faire choyer. Deux personnes de l'industrie du film qui sont apparemment copropriétaires de *Hissez le grand pavois* sont venues dimanche.

Mardi 31 je suis allé au château et le bibliothécaire M. Morshead m'a fait faire un tour de la librairie et m'a autorisé à revenir quand je le souhaiterais. Korah est rentré de son stage. La première chose qu'il fait quand il est appelé le matin est de se fourrer des chocolats dans la bouche.

La journée que j'ai passée hier à Londres était un échec complet. Je suis allé chez Anderson & Sheppard essayer des vêtements qui n'étaient pas prêts, puis chez Peters pour signer un contrat qui n'avait toujours pas été ratifié, ensuite à la Bush House pour mon entretien avec l'AMGOT. On m'a d'abord emmené voir un civil nommé Gudgeon qui m'a demandé :

---

1. Pakenham.
2. Angela (née Dudley Ward) Laycock ; Penelope (née Dudley Ward) Pelissier ; et le marquis de Casa Maury (Espagne), qui en 1937 épousa leur mère, Freda Dudley Ward, en second mariage.

« Pourquoi tenez-vous à rejoindre l'AMGOT ? » Je lui ai répondu que je ne savais pas encore si je tenais à les rejoindre, mais que je souhaitais avoir plus de détails sur les conditions d'engagement. Il m'a dit qu'il ne pouvait pas faire cela dans son bureau et m'a envoyé voir un major juif qui m'a demandé si j'avais déjà travaillé dans un département des services secrets. J'en ai nommé au moins six et il m'a dit qu'il fallait que je voie le colonel Sutton qui n'était pas disponible avant vendredi. Donc en route pour le club St James où j'avais proposé à Basil de me rejoindre pour le déjeuner. Il n'avait pas reçu mon invitation. Je suis donc monté à la salle à manger avec Willy Teeling, où le maître d'hôtel faisait la tête parce que personne ne s'occupait des tables ; très mauvais déjeuner et porto plein de dépôt. Ensuite Basil est arrivé et a bu du brandy avec moi et j'ai pris le train de l'après-midi pour Windsor. Ai dîné avec le colonel, deux médecins, Korah et Brian Rootes – d'une ineffable morosité.

Basil dit que Shimi est envoyé en Extrême-Orient.

Écrit le 23 septembre 1943

Après avoir passé quelques jours à Windsor, j'ai décidé de demander une permission à durée indéterminée en attendant de recevoir mon affectation et l'ai obtenue. Laura est venue à Londres, puis je suis allé à Pixton, avant de rentrer à Londres seul et sans toit, séjournant parfois au club St James, une fois chez Maimie, à présent dans une chambre[1] à Elbury Street. J'ai été très soûl à maintes occasions, une fois le jour des quarante ans de Cyril Connolly, dont je ne me souviens de rien si ce n'est de m'y être amusé, une fois en déjeunant avec Maurice Bowra

---

1. En anglais, « bed-sitting room » désignant un appartement divisé en plusieurs habitations où les locataires partagent les parties communes (*NdlT*).

le jour de la réouverture du White. Je suis allé au baptême du bébé d'Angie. L'autre parrain était Lord Louis Mountbatten. Nous avons ensuite eu un déjeuner pour le moins incongru.

Un entretien supplémentaire avec PWE[1] et un autre prévu aujourd'hui.

Ma journée consiste normalement à me rendre au club St James pour mon courrier, puis à la librairie de Nancy pour les ragots, l'air lourd de « Eucris » de Trumper[2], Osbert Sitwell, Sergent Preston[3], Cyril faisant des allers et retours, de nouveaux petits livres miteux et des anciens somptueux, les affreux petits bibelots victoriens du propriétaire. Déjeuner au White, habituellement avec Ran et/ou Freddy[4]. (Ran est en train de devenir terriblement excentrique ; il reste assis dans le hall principal à se faire des commentaires à lui-même, haut et fort, sur les autres membres. « Avant, cet endroit était un club de gentlemen. Comment cet homme a-t-il pu entrer ? » « Celui-là n'a pas de cou. » « Qu'est-ce qu'un armurier vient faire ici ? » « Ceux-là m'ont tout l'air d'être des filous ».) Après le déjeuner, librairies à la recherche de livres lithographiques. Puis dîner, habituellement avec des amis, souvent ivre.

Bill Stirling est passé deux jours et reparti, me promettant un poste mais sans me faire d'offre précise.

Hier je me suis rendu à High Wycombe avec Chris Hollis pour voir une collection de mobilier appartenant à un certain M. Snell. Il avait quelques belles pièces mais faisait leur éloge de façon si extravagante que ses invités n'avaient plus rien à

---

1. Political Warfare Executive, ou Direction de la guerre politique, organisme créé par Winston Churchill en 1941, chargé de la propagande dans les territoires occupés (*NdE*).

2. Nom d'une eau de Cologne de la marque Geo. F. Trumper (*NdlT*).

3. Historien de l'art servant dans l'armée américaine ; apparaît dans *Sword of Honor* sous le nom de « loot ».

4. Le 8ᵉ Earl d'Antrim, et le 2ᵉ Earl de Birkenhead.

ajouter. « Celui-ci est très important – unique – on m'a demandé de nombreuses fois de donner mon prix », etc. Ce dont il était le plus fier et ce dont il manquait le plus cruellement était une « atmosphère ». La structure de chaque pièce était fausse. Rien n'avait les bonnes proportions. Les différentes parties des cheminées et les lambris de bois étaient recouverts de peinture cérusée et cirés, les murs en plâtre teint ; des tapis, du plancher ciré, le grillage d'un lieu de culte Quaker[1] et un bureau Sheraton. Rien n'aurait pu être plus éloigné d'une véritable pièce de cette époque, car on trouve ces meubles dans mille maisons de campagne avec mille anachronismes.

Bill Stirling est arrivé au White avant le déjeuner et j'ai réussi à passer dix minutes seul avec lui. Il a promis de me reprendre quand il est parti, mais sa propre position est manifestement précaire – si précaire qu'il envisage de s'adresser directement au Premier Ministre sans passer par l'armée. J'ai déjeuné avec Osbert Sitwell dans un salon privé à *l'Écu de France* – Nancy Mitford, Alice von Hofmannsthal, le sergent Preston, Waley le traducteur chinois, et sa maîtresse. Quantité de bon vin rouge et un déjeuner convenable. Osbert nous a raconté : « La fille de l'empereur d'Abyssinie a postulé au poste d'infirmière en chef à Eton. Quand on lui a demandé quelles étaient ses qualifications, elle a répondu qu'elle était veuve à dix-neuf ans avec six enfants. » Au sujet de Mme Strong, qui vient de mourir à Rome : « Elle avait une photographie signée du Parthénon. »

L'après-midi je suis allé à un autre entretien au Political Warfare. Cette fois-ci une table entière autour de laquelle étaient assis des examinateurs, surtout des civils. Comme cela arrive toujours, je me suis retrouvé à poser les questions à leur place et j'ai fait mauvaise impression. Sur le chemin du retour j'ai rencontré Chris Hollis dans la rue et l'ai emmené avec

---

1. En anglais, « Quaker meeting house » (*NdlT*).

Betjeman boire des verres au St James. Il est resté pour le dîner
– excellent – et nous avons bu jusqu'à ce que le bar ferme à
minuit. Je ne me souviens plus ce dont nous avons parlé si ce
n'est, à un certain moment, de l'obligation d'être charitable et
d'aimer l'ensemble de l'humanité – une obligation que nous
trouvions tous deux impossible à accomplir. J'ai aujourd'hui
acheté un joli petit recueil de poèmes enluminé – 7 shillings
6 pennies.

Vendredi 24 septembre 1943

Ma routine habituelle – au St James, à la librairie de Nancy,
où Debo[1] a fait une apparition électrique de cinq minutes, et au
White, où j'ai trouvé Phil[2] installé dans le fauteuil du barbier,
une heure à peine après être rentré d'Italie. Ai déjeuné avec
Ran, rencontré Bob, rencontré Bill Stirling qui semble confiant
mais évasif, dîné avec Audrey[3] et Phil et les ai quittés tôt. Phil
a toute la vitalité du champ de bataille, n'arrête pas d'utiliser
d'authentiques expressions de soldat. Ils s'en sont tous bien
sortis et sont fiers d'eux-mêmes. J'ai écrit au *New Statesman*
en réponse à une lettre tout à fait idiote de Marie Stopes sur
l'éducation catholique.

---

1. L'Honorable Deborah Mitford épousa Lord Andrew Cavendish (plus tard duc du Devonshire) en 1941.
2. Philip Dunne.
3. Audrey Rubin.

Samedi 25 septembre 1943

Je me suis proposé hier pour aider Bill Stirling à terminer son projet d'une extension du SAS[1]. J'ai donc passé une grande partie de la journée avec lui. Il est tout à fait différent de Bob – un romantique, plus imaginatif, plus moral, moins vif, moins concret. Mon rôle principal consiste à trouver quelqu'un de confiance avec qui Bill pourra discuter de son projet. J'ai déjeuné avec John Betjeman et nous sommes allés voir ensemble les livres qui s'accumulent depuis un certain temps à l'hôtel Hyde Park. Ils n'étaient pas de grande qualité. Mia et Douglas, Susan et Bill, ont dîné avec moi au Ritz. Bill et moi sommes allés au White et avons gardé éveillés le barman et l'aide du portier jusqu'à 2 heures du matin à jouer au slosh[2] et boire bouteille après bouteille. J'ai donné un cours sur la gravure en mezzotinto à l'aide du portier et suis allé me coucher. Ce matin je suis allé rendre visite à Hubert[3] et l'ai trouvé effroyablement malade.

Dimanche 26 septembre 1943

Suis retourné travailler avec Bill, puis messe à Farm Street ; légèrement étourdi par les verres de la veille et de ce matin. Déjeuner avec Susan au Claridge. Des soldats américains à la table d'à côté en train de boire du champagne. Miriam Rothschild, couverte de bandages et mariée. Virginia Cowles. Ai dîné au White avec Bob Boothby, tout juste arrivé d'un rassemblement communiste multipartite.

---

1. Désigne le Special Air Service, une unité de forces spéciales des forces armées britanniques (*NdlT*).
2. Jeu joué avec des boules sur une table de billard.
3. Hubert Duggan.

Lundi 27 septembre 1943

J'ai rendu visite à ma mère qui était silencieuse et ennuyeuse.

Mardi 28 septembre 1943

Trop bu à midi et ce soir. Toujours au White.

Mercredi 29 septembre 1943

Mauvaise santé. Ai rendu visite à Hubert qui était désespéré. Ai acheté la troisième édition de *Rustic Ornaments for houses of taste*. Ai dîné avec Frank Pakenham et M. et Mme Toynbee. Conversation catholique. Ai rendu visite à Frank un peu plus tôt dans la journée au bureau de Beveridge[1]. Il habite à Bruton Street dans un bureau décoré comme un magasin de chapeaux avec des tentures en soie et un mobilier Empire branlant. Bill a pris rendez-vous pour déjeuner avec le Premier Ministre et discuter avec lui de l'avenir du SAS. J'espère être nommé G2, bien que, las de la guerre, je redoute la perspective de l'organisation, de l'instruction et d'une centaine de nouvelles connaissances. Mais après avoir été traité par Haydon comme je l'ai été, je dois « me rattraper » en tant que soldat. Rien ne pourrait davantage l'énerver que de découvrir que j'ai été promu en raison de son intempérance.

---

1. Sir William Beveridge s'occupait de concevoir les programmes de sécurité sociale de l'après-guerre.

Dimanche 3 octobre 1943

Quelques journées plutôt agréables essentiellement passées avec Hollis et Woodruff. Ai acheté *Victorian Psalter* d'Ower Jones pour 1 £ et *Spires and Tamers* de Wicks avec un volume supplémentaire pour 37 shillings 6 pennies. Ai envoyé un SOS à Laura qui arrive au Claridge aujourd'hui. Nancy parle à présent toujours de Peter[1] comme s'il était « feu colonel », ponctuant son discours d'expressions tirées de la sagesse populaire et, encore pire, répétant : « Peter disait toujours que... » Un dîner tout à fait raté hier soir avec Phil et Audrey, Maimie et Vsevolode. Le Russe est intolérable. Une lettre amusante, tapageuse dont je suis l'auteur, publiée dans *New Statesman and Nation*. Je rends souvent visite à Hubert qui est si malade que cela fait pitié. Freddy dit que John Betjeman trame quelque chose. Bill a disparu en Écosse sans que rien n'ait été décidé. Dispute avec Maimie au sujet du Allies Club.

Lundi 4 octobre 1943

Une journée tout à fait délicieuse. Dans l'attente de la visite de Laura. À réserver des chambres au Claridge, m'installer là-bas, me faire couper les cheveux, commander le *Times*, réserver des places pour le théâtre, une table au Marks et ainsi de suite. Elle est arrivée ravissante et d'excellente humeur. Nous sommes allés à Highgate pour aider à commander une pierre tombale pour mon père. Sommes rentrés pour dîner au Claridge et nous sommes couchés tôt. Et c'en était fini de cette agréable journée. Le lendemain Laura ne se sentait pas bien et tout ce que j'avais organisé pour son arrivée est tombé à l'eau. Nous

---

1. L'Honorable Peter Rodd, le mari de l'Honorable Nancy Mitford.

avons rendu visite à Hubert mais avons vu Lady Curzon à la place. La pièce de théâtre était excellente. Nous avons dîné avec Frank Pakenham et le père d'Arcy. Le lendemain, mercredi, ils sont tous partis, et je suis revenu à mes futiles occupations au White et à boire du porto avec Pat Smith.

Mardi 12 octobre 1943

J'ai passé le week-end à Pixton où les arbres étaient splendides mais Laura malade et les enfants indifférents. J'ai appris en rentrant que Bill Stirling s'était enfui et que l'état d'Hubert avait gravement empiré. Ce matin, pour la première fois, il a commencé à parler de religion et de revenir à l'église, mais il est trop faible pour avancer des arguments sensés et a besoin de la présence d'un membre du clergé. J'ai suggéré qu'une nonne vienne mais personne ne semble donner suite à cette idée, bien que Lady Curzon y paraisse favorable. Il semble qu'Hubert considère qu'il trahirait Phyllis s'il se repentait de sa vie avec elle.

Je suis en plein débat avec Marie Slopes dans le *New Statesman* et j'ai hier soir écrit une lettre très amusante à ce sujet.

Mercredi 13 octobre 1943

Je suis allé voir le père Dempsey qui est l'aumônier catholique du quartier ouest de Londres, pour le consulter au sujet d'Hubert. C'était un paysan[1] grand et gros qui m'a dit : « Je connais un prêtre qui est un parfait gentleman. Ne vaudrait-il pas mieux le faire venir lui ? Je me chargerai de mettre les pieds dans le

---

1. Le père Dempsey venait de Dublin ; pendant la guerre, c'était un habitué des saisons du Sadler's Wells Ballet au New Theatre.

plat. » Il a téléphoné à des nonnes irlandaises : « Ce serait une preuve de charité remarquable que vous feriez, Mère... » afin qu'une sœur soit disponible en cas de besoin. Il m'a donné une médaille. « Cachez-la quelque part dans cette pièce. J'ai vu les cas de grâce les plus exceptionnels se réaliser de cette façon-là. » Quand je suis arrivé à Chapel Street, Lady Curzon m'a annoncé qu'Hubert n'avait plus que quelques heures à vivre. Comme Dempsey était sorti, je suis allé à Farm Street et j'ai ramené le père Devas. Marcella[1] ne voulait pas le laisser entrer. Elle et Ellen étaient assises à ses côtés et le soutenaient dans une chaise en lui disant : « Tu vas déjà mieux. Tu n'as rien sur ta conscience. » J'ai fait entrer le père Devas et il a donné l'absolution à Hubert. Hubert lui a dit : « Merci père », ce qui a été considéré comme son assentiment.

La mi-journée était différente. Randolph vient de rentrer et je suis resté boire des verres avec lui jusque tard dans l'après-midi. Bill ne me donne aucune nouvelle si ce n'est celles de défections. Christopher Sykes parle maintenant de cafter. Je suis retourné à Chapel Street. De nombreux médecins – dont un Canadien particulièrement repoussant – Marcella plus hostile que jamais. Le père Devas très calme, simple et humble, tentant de comprendre la confusion qui régnait, sachant exactement ce qu'il voulait – oindre Hubert – et expliquant patiemment : « Écoutez, tout ce que j'ai à faire c'est mettre de l'huile sur son front et réciter une prière. Regardez, l'huile est dans cette petite boîte. Vous n'avez rien à craindre. » Et ainsi, en sachant ce qu'il voulait et en s'y tenant, alors que j'étais prêt à argumenter en invoquant les principes élémentaires, il a obtenu ce qu'il voulait et Hubert s'est signé et m'a plus tard appelé pour me dire « Quand je suis devenu catholique, ce n'était pas par peur », il sait donc ce qui s'est passé et l'a accepté. Ainsi nous avons passé la journée

---

1. Marcella Rice, la sœur d'Hubert Duggan.

à guetter un signe de gratitude pour l'amour de Dieu et nous l'avons vu. J'ai ensuite dîné avec Peter Fitzwilliam et sa femme Phil, sa maîtresse et un homme barbu, et l'influence de Peter était telle qu'il a réussi à nous obtenir un repas copieux dans un restaurant à la mode et qu'il m'a offert une boîte de cigares. Ils sont allés jouer et je suis parti me coucher.

Jeudi 14 octobre 1943

Ai déjeuné avec Charles Scott ; compagnie ennuyeuse, excellent vin. Ai dîné avec Cyril, Raymond Mortimer, Patrick[1], Dick Wyndham. Quennell et plusieurs dames sont arrivés plus tard. La nourriture et le vin étaient copieux et délicieux. Bonne conversation – essentiellement sur la façon de faire breveter des médicaments et pilules. Les intellectuels n'arrivent pas à comprendre pourquoi la science ne leur fournit pas d'élixirs qui leur permettraient de jouir d'un bonheur complet et innocent. Ils parlent de la négligence du « principe de plaisir ». Hôte et hôtesse sont allés se coucher, la fête a semblé reprendre. Je suis rentré à la maison à pied, au clair de lune, sous une brise fraîche.

Vendredi 15 octobre 1943

Bill Stirling est rentré. J'ai mangé des huîtres et des homards avec Randolph. Il est amusant de lire aujourd'hui sur la cession des Açores après notre traité avec le Portugal au XIVe siècle lorsque, depuis 1940, nous y avons une force prête à assaillir nos anciens alliés. Pas de nouvelles d'Hubert. J'ai fait tout ce qui est en mon pouvoir en ce qui concerne cette affaire.

---

1. Lord Kinross.

Pixton Park, lundi 25 octobre 1943

Écrivant à Pixton où je suis arrivé vendredi 22 et où j'ai l'intention de rester et de commencer à écrire. Les événements de la semaine dernière sont : Bill est parti, mais j'ai réussi au dernier moment à le traîner dans le bureau de l'adjudant-général et arranger mon affectation. Il m'a aussi laissé une liste d'autres hommes et officiers qu'il fallait que j'aille chercher. Une fois cela fait, je me suis considéré comme libre de venir ici. Bob a été nommé chef des Opérations combinées. Je lui ai écrit pour le féliciter et l'ai comparé, de façon pas tout à fait sincère, aux hommes vertueux fleurissant comme des lauriers. Il n'y a pas d'ombre pour moi sous ces vastes branches. Nous avons déjeuné ensemble jeudi mais un mur de reproches nous séparait. Un dîner curieux jeudi soir – Andrew et Debo Cavendish, Peggy Munster, Phil et Audrey, Daphne Weymouth et (encore une fois, après tout) Robert Cecil. Pas une réussite. Andrew et moi sommes allés au Pratts boire une bouteille de champagne et n'y avons plus pensé. J'ai vu Randolph régulièrement, qui est en train de développer un genre désuet de patriotisme national compétitif qui ne l'aidera ni auprès de l'électorat ni auprès des élus. D'une certaine façon, les victoires russes ne sont pas aussi bien accueillies qu'il y a un an.

Samedi 30 octobre 1943

Je suis allé chez Newton Ferrers[1] pour mon quarantième anniversaire. J'ai reçu peu de cadeaux et aucune lettre. Suis rentré à Pixton.

---

1. Maison de Sir Robert Abdy.

Oxford, mardi 2 novembre 1943

Ai quitté Pixton pour Oxford où le père d'Arcy m'a retrouvé. J'étais le seul invité à Campion et j'ai fait l'objet de plus d'attention que lors de leurs soirées les plus mondaines. La conversation après le dîner n'était pas aussi intéressante que d'habitude, puisqu'il y a à présent un certain nombre de prêtres séculaires lisant les humanités et ceci ont apporté avec eux un air de presbytère. Ils ont parlé d'imposteurs qui s'attaquaient aux dévots et ont chacun à leur tour raconté leur histoire. « Mais mon père, tout cela ne ressemble que trop à ce qui est arrivé au père Freeman à Bradford... » et en effet, cela n'y ressemblait que trop. Plus tard, Frank est arrivé, apportant un peu d'air frais.

Londres, mercredi 3 novembre 1943

Requiem pour Hubert. Une messe basse à Farm Street, inintelligible pour la plupart de la congrégation. Les trompettes des Life Guards résonnaient de façon splendide. Tout le monde y était sensible et dans le silence qui a suivi une voix s'est élevée, impérieuse : « Au cours de mes quarante ans de carrière militaire au service du roi, je n'ai jamais vu un officier manquant de se mettre au garde à vous quand ces trompettes résonnaient ». Je me suis retourné et j'ai vu le pauvre Basil Dufferin se faire réprimander par un vétéran inconnu. Au lieu de répondre, comme il aurait dû : « *Sir*, je suis venu ici prier pour l'âme d'un ami. Ne profanez pas ce lieu sacré avec votre insolence de champ de manœuvres », il lui a dit : « Désolé. Je ne connaissais pas cet air. »

Jeudi 4 novembre 1943

Robin[1], unijambiste mais sinon fidèle à lui-même à première vue, a déjeuné avec moi au White. Ce soir-là, nous avons donné un dîner en son honneur au Savoy avec tous les hommes du Commando 8 qui étaient libres, très bien organisé par Randolph.

Vendredi 5 novembre 1943

Déjeuner avec Phil et Audrey. Dîner avec Angie. J'ai vu Baby[2] et son bébé et lui ai acheté une grotesque pièce en argent néerlandais.

Pendant tout ce temps-là, il y a eu des difficultés concernant le détachement que je devais emmener en Afrique du Nord. Les ordres avaient été retenus dans les bureaux de l'adjudant-général au War Office. J'ai réussi à régler tout cela et à envoyer le détachement en permission.

Samedi 13 novembre

Le 8 novembre Laura est venue à Londres me dire au revoir et est immédiatement tombée un peu malade. Après une nuit peu confortable à Ebury Street, je l'ai installée à l'hôtel Hyde Park. Le 9 novembre, nous avons reçu un télégramme du QG des Forces alliées annulant notre voyage et nous ordonnant d'attendre le retour de Bill.

---

1. Robin Campbell.
2. Anciennement Baby Jungman ; Mme Teresa Cuthbertson.

Ce matin, le 13 novembre, un nouvel ordre est arrivé, nous renvoyant à nos unités. J'ai passé deux ou trois jours – au moins une ou deux heures par jour pendant deux ou trois jours – à essayer de nous faire affecter correctement, mais personne dans ce pays n'est responsable de nous et le SAS est en train d'être absorbé par l'Airborne Corps, entraînant, je pense, l'élimination de Bill. Randolph s'est envolé et je n'ai aucun statut que je puisse utiliser pour négocier. Bill demandait dans son message que des préparatifs soient faits pour le retour du SAS, mais personne ne fait rien.

On parle beaucoup en ce moment des fusées que les Allemands auraient placées en France, avec un rayon d'action assez large pour que Londres soit touchée par d'importantes charges explosives. Dans les plus hautes sphères, on prend cette menace au sérieux. J'ai donc donné les ordres nécessaires pour que les livres que je garde à l'hôtel Hyde Park soient envoyés à Piers Court. Au même moment, j'ai préconisé à mon fils de rentrer à Londres. Il semblerait donc que je préfère mes livres à mon fils. Je pourrais expliquer que les pompiers sauvent les enfants et détruisent les livres, mais la vérité est qu'un enfant est facilement remplaçable tandis qu'un livre détruit est perdu à tout jamais ; et puis un enfant est éternel ; mais surtout que j'ai un sentiment de possession absolu pour ma bibliothèque que je n'ai pas pour ma progéniture.

Écrit le jeudi 30 décembre 1943

Aucun de nous à l'exception d'un officier subalterne de la garde du Coldstream n'est retourné dans son régiment ; le reste d'entre nous est resté à Londres en invoquant divers prétextes, et grâce à l'aide de Phil, j'ai pu organiser un stage de saut en parachute à la maison secrète près de Ringway gardée par la SO (E)[1]. Il y a six semaines, un samedi, nous avons passé un examen médical préliminaire dont je craignais le pire. Au lieu de quoi nous avons tous été reçus et sommes allés, exultant, au White. Nous avons récupéré plusieurs caisses de vins et de spiritueux chez Justerini et Brooks. Rien n'aurait pu gâcher l'euphorie de cette journée si ce n'est ce qui s'est passé par la suite. Nous avons tous attrapé de mauvais rhumes, et moi la grippe.

La villa secrète était confortable et le commandant charmant – un auteur-compositeur dans sa vie privée, à ce qu'on disait. Christopher Sykes était continuellement ivre ; pour cette raison et parce que cela l'aide à corriger son trouble de la parole, il parlait sans arrêt, très fort, en prenant un accent américain ou un accent français. Comme la plupart des instructeurs et des élèves étaient américains ou français, ils étaient perplexes. Dans l'ensemble, nous les laissions tous plutôt perplexes. À cause de ma grippe, j'ai raté les deux premiers jours d'entraînement « synthétique » – sauter à travers du fuselage, se balancer sur des cordes, etc. Ai participé à un exercice matinal léger. Le lendemain, jeudi, nous avons attendu toute la journée à Ringway que le vent tombe et jeudi nous avons fait deux sauts. Je ne me souviens pas avoir jamais ressenti de plaisir plus vif que celui que j'ai ressenti en sautant pour la première fois. L'avion bruyant, sombre, sale, bondé ; le harnais et le parachute agaçants. De là, suis rentré dans un univers de parfait silence, solitude et immobilité apparente sous un soleil éclatant au-dessus de la cime des arbres. Nous n'avons sauté qu'à deux cent dix mètres, si bien que le plaisir était de courte

---

1. Special Operations Executive, service créé en 1940 par Churchill « pour mettre le feu à l'Europe », et composé d'agents de toutes les nationalités opérant dans les territoires occupés (*NdlT*).

durée. Le sol semblait soudainement très proche et alors, sans qu'on ait le temps d'appliquer quoi que ce soit qu'on nous ait enseigné, on heurtait violemment le sol. La première fois, je me suis cogné ; la seconde je me suis retrouvé assis sur ma jambe gauche et j'ai quitté le terrain en boitant, convaincu que je m'étais déchiré un muscle. Plus tard dans la journée, ma jambe est devenue plus raide ; le médecin l'a examinée ce soir-là et m'a ordonné de porter une attelle.

À partir de ce moment-là et pendant une semaine j'étais entre les mains d'un jeune médecin léthargique de la RAF qui n'appelait jamais avant le dîner. Le lundi, j'ai insisté pour qu'on me fasse une radio et on a découvert que je m'étais fêlé le péroné. J'ai passé deux jours dans un centre médical de la RAF, où les conditions étaient sordides et que dirigeait un caporal débraillé, me suis échappé et suis retourné à la villa secrète où Phil, Christopher, etc., étaient revenus pour faire leurs trois sauts finaux. Puis, plâtré, en route pour Londres où, après avoir erré et hésité, j'ai fini à l'hôtel Hyde Park où Laura m'a rejoint. J'ai passé deux semaines heureuses là-bas (71 £ vin non compris) à sans cesse recevoir du monde. Je pense que mes amis auraient été moins prévenants si j'avais été à l'hôpital Millbank.

De là je suis allé passer Noël chez Maimie où j'étais extrêmement malheureux. Je me suis rendu compte que mon aversion pour Vsevolode est tellement écrasante que je ne peux pas supporter d'être dans la même pièce que lui. Je n'aime ni leurs amis ni leurs chiens et je ne comprends plus Maimie, j'ai encore une fois déménagé et suis arrivé hier à l'hôtel Hyde Park, ayant consulté mon compte en banque et appris que j'avais plus de 1 000 £ sous la main.

Les nouvelles du front sont invariablement bonnes. Tout le monde dit que la guerre se terminera l'année prochaine. D'autres disent que ce n'est l'affaire que de quelques semaines.

Un absurde incident ; Anne O'Neill[1] m'a laissé des messages pour me demander de participer à son « Brains trust » de mercredi. Je savais qu'elle et Esmond Rothermere organisaient toujours un dîner ces soirs-là et j'ai donc accepté juste pour avoir l'occasion de décliner son invitation au dîner, en lui expliquant ce que je pensais d'une hôtesse qui prive ses invités de vin. Elle a pris note de ma réponse concernant l'émission et m'a annoncé qu'elle ne serait pas à Londres la semaine suivante, si bien que ma méchanceté s'est retournée contre moi.

Le « Brains trust » en question était plus pénible que ce à quoi je m'attendais. Bill Astor brillait d'une façon tout à fait horrible. Deux socialistes miteux, les éditeurs du *New Statesman* et du *Evening Standard*, étaient remarquablement mauvais. Hugh Sherwood prétentieux. J'étais maussade et énervé, le public complètement inintelligent. La semaine suivante, cependant, un authentique brains trust sous les mêmes auspices s'est soldé par un échec encore plus grand. Augustus John éméché et inaudible, Connolly, Quennell, Eleanor Smith, le sergent Preston qui présidait et pour public, quinze *doughboys*[2] qui s'ennuyaient, la plupart d'entre eux n'ayant pas pu se rendre à un combat de catch.

Après avoir attendu tout seul à Londres (Laura a attrapé les oreillons), menant une vie de plus en plus limitée dans une spirale d'ennui et de lassitude, j'ai décidé de m'échapper, ai soumis une demande de permission pour écrire un roman[3], me la suis vue décliner par le colonel Ferguson avec pour ordre

---

1. Ann Chaneris épousa Lord O'Neill en 1932 ; il fut tué au combat en Italie, en 1944. Elle épousa ensuite Lord Rothermere. Elle épousa Ian Fleming en 1952.

2. Surnom donné aux soldats américains (*NdlT*).

3. Dans une lettre datée du 24 janvier 1944, adressée à l'officier commandant, Household Cavalry Training Regiment à Windsor (copies au secrétaire d'État à la Guerre et Brendan Bracken) :

d'entraîner la Home Guard à Windsor, ai persévéré, et finalement réussi à obtenir trois mois, à condition que je travaille à mi-temps (un rôle minime) pour le ministère de l'Information. Samedi j'ai abandonné l'hôtel Hyde Park et mes uniformes et suis parti pour Pixton. Aujourd'hui, lundi, je suis arrivé à Chagford avec l'intention de commencer un roman[1] ambitieux

« J'ai l'honneur de demander qu'on m'accorde, pour les raisons citées ci-dessous, une permission spéciale non payée d'une durée de trois mois :

J'ai atteint l'âge de quarante ans et le grade de lieutenant de la Royal Horse Guards. Depuis 1939 j'ai servi avec : a) les Royal Marines, b) le Commando numéro 8, c) Lay Force, d) le Quartier général de la Special Service Brigade, e) le Quartier général des Opérations combinées, f) le régiment SAS (Parachute).

Je n'ai donc pas acquis les compétences de l'entraînement technique pour être d'utilité à mon régiment dans leur rôle motorisé actuel.

Je n'ai plus l'agilité physique nécessaire à un officier affecté au type d'opérations pour lequel j'ai été entraîné.

Je n'ai pas l'expérience administrative nécessaire au type de poste qu'un officier de mon âge se voit normalement offrir.

Je n'ai pas la connaissance en langues étrangères nécessaire pour être nommé dans un service de renseignement ou dans un service paramilitaire.

Dans la vie civile je suis romancier et j'ai à présent fait l'ébauche d'un nouveau roman qui me prendra environ trois mois à écrire.

Ce roman n'aura aucun lien direct avec la guerre et je ne prétends pas qu'il ait de valeur immédiate comme matériel de propagande. D'un autre côté, il est à espérer qu'il permettra à un grand nombre de lecteurs de se distraire et de se détendre de manière innocente et il est entendu que le divertissement est maintenant considéré comme une contribution légitime à l'effort de guerre.

La profession littéraire est particulière en ce qu'une fois qu'une idée s'est entièrement formée dans l'esprit de l'auteur, elle se détériorera si on ne l'exploite pas. Si, en effet, ce livre n'est pas écrit maintenant il ne le sera jamais.

Une fois ce projet d'écriture achevé, je pourrai revenir au service, l'esprit libre de ces autres préoccupations ou de l'incertitude financière née de la nécessité d'entretenir une grande famille avec une paie de lieutenant. Je serai en mesure de me proposer dans l'espoir qu'une opportunité se sera alors présentée qui me permette de servir mon régiment. »

1. *Retour à Brideshead.*

demain matin. Je suis toujours enrhumé et déprimé mais je me sens en pleine vigueur littéraire et ce n'est que ce soir que celle-ci laisse place au doute et à l'impuissance.

Mardi 1ᵉʳ février 1944

Réveillé à 8 h 30, deux heures et demie plus tôt qu'à Londres, et au travail avant 10 heures. Mon esprit me semblait engourdi et mon style guindé mais à l'heure du dîner, j'avais écrit 1 300 mots que j'avais à chaque fois dû réécrire deux fois, voire pour certains passages trois fois, avant d'être satisfait par la chronologie et les transitions, mais le résultat me paraît maintenant convenable. J'ai acheté une concoction d'huile de flétan très coûteuse qui, je l'espérais, rétablirait ma vitalité mais en lisant l'étiquette, je me suis rendu compte qu'il s'agissait d'un remède contre les engelures. L'hôtel est plein de vieilles femmes qui ne me distraient pas de mon travail. Carolyn m'a donné la chambre qu'ils appellent le « salon du milieu » comme salon privé mais la cheminée fume tellement que je dois choisir entre geler ou devenir aveugle.

Mercredi 2 février 1944

Score à la fin du jeu d'environ 3 000 mots. Suis allé prendre le thé avec deux amies de Carolyn, dont l'une avait passé des années entourée de tapettes et de morts brutales.

Mardi 8 février 1944

Je travaille de façon régulière ; beaucoup de réécriture ; entre 1 500 et 2 000 mots par jour. Aujourd'hui, une révision ardue, nouvelle version et réorganisation. Un message inquiétant du ministère de l'Information suggérant que mon congé est loin d'être assuré. Norman est parti aujourd'hui me chercher un peu de mon bordeaux à Stinchcombe. Le cidre me semble être un pauvre substitut.

Dimanche 13 février 1944

Mon vin est arrivé jeudi. Il semblerait qu'on m'ait volé ; seulement trois bouteilles de Yquem là où j'en avais laissé onze. Le Pontet-Canet 1934 n'est pas bon mais je le savoure après tant de temps passé à boire du cidre.

J'ai basculé dans un bourbier de réécriture. J'ai l'impression de revenir chaque jour sur les passages que j'ai écrits la veille et de les raccourcir chaque fois un peu plus. Je commence à ressembler à une vieille fille dans la façon dont j'appréhende mon style.

La bataille à Nettuno semble peu prometteuse. Il est difficile de se battre contre Rome. Nous avons bombardé Castel Gandolfo. Les Russes proposent maintenant une partition de la Prusse-Orientale. Cela est un fait, les Allemands représentent maintenant l'Europe contre le monde. Merci bon Dieu, le Japon n'est pas aussi de notre côté.

Lundi 14 février 1944

Hier, après une journée passée à bricoler et à lire les journaux, je me suis assis à mon bureau après le dîner et ai écrit 3 000 mots en trois heures. En conséquence de quoi je me suis aujourd'hui traité comme une sorte d'invalide, mais j'aurai terminé le troisième chapitre avant d'aller me coucher. Je lis l'autobiographie d'Haydon avec grand plaisir – le miniaturiste Cross qui s'est « retiré du monde » quand Mme Haydon a refusé de l'épouser. Des plumes d'autruche sur le casque des soldats pour rendre le héros plus « solennel ».

Vendredi 18 février – Mercredi 23 février 1944

Laura est venue séjourner avec moi. Le 23, mercredi des cendres.

Samedi 26 février 1944

J'ai ce matin terminé le troisième chapitre, 33 000 mots au total, et je l'ai emmené, d'excellente humeur, au bureau de poste. J'étais sur le point de commencer le quatrième après le déjeuner quand on m'a téléphoné. Le colonel Ferguson en ligne depuis Windsor : le War Office avait refusé ma demande de permission. Je devais trouver un emploi. On m'avait trouvé un poste comme aide de camp d'un général dont le colonel Ferguson avait oublié le nom ; c'était un très bon petit gars. J'étais attendu pour déjeuner avec lui lundi à 12 h 45 à l'*Apéritif*. Ceci met donc fin à mes espoirs de bénéficier d'encore deux mois de travail acharné. Retour aux frivolités militaires.

Londres, jeudi 2 mars 1944

Je suis arrivé à Londres dimanche où j'ai trouvé tout le monde terrifié par les raids aériens et, par rapport à ma propre santé, très gris et vieilli. Lundi j'ai passé toute la journée à boire au White à l'exception d'une heure au Ritz avec Audrey et Phil, thé avec Maimie, et déjeuner avec le général Thomas, qui m'a accepté comme son aide de camp en dépit de mes avertissements. Je le croyais simple soldat mais j'ai ensuite entendu dire que c'était un homme à l'ambition insatiable et qu'il grimpait les échelons de façon peu scrupuleuse. Mardi je me suis rendu à son quartier général pour une semaine d'essai – suis rentré aujourd'hui, refusé. Ceci me soulage grandement. Son manque de sympathie m'a semblé dater de la première soirée, quand je me suis légèrement enivré au mess. Je lui ai dit que je ne pouvais pas changer les habitudes de toute une vie pour un de ses caprices. Le QG était architecturalement déplorable et le personnel abattu et morne. J'apprends maintenant que le War Office a refusé ma demande de permission et que je dois donc retourner à Windsor. À présent, seul mon roman m'importe.

Jeudi 9 mars 1944

À peine étais-je libéré d'un général qu'on m'en sortait un second comme un lapin d'un chapeau – Miles Graham, à première vue un type plus humain que Tomkins[1]. Je suis allé à Pixton pour le week-end et en me levant lundi matin, je me suis senti envahi par ce vieux sentiment morose qui m'était devenu familier au camp Stobs et que je n'ai pas vraiment

1. *Sic.*

ressenti depuis. J'ai vu le général à 15 h 45 et il m'a donné bon espoir de ne pas avoir besoin de moi au cours des six prochaines semaines et de pouvoir me laisser écrire pendant ce temps-là. Cela semble trop beau pour être vrai. En attendant j'ai renouvelé ma demande de congé auprès de Brendan mais n'ai encore reçu aucune réponse de sa part. Ai dîné hier soir avec les McEwens et Dick Stokes au Ritz. Phil et le White inchangés.

Chagford, samedi 11 mars 1944

J'ai téléphoné au général Graham, accepté sa proposition de devenir son assistant de direction, et obtenu six semaines de permission. C'est mieux que tout ce que j'aurais pu espérer. J'ai téléphoné à Chagford et à Pixton et suis arrivé ici hier, après être passé chercher Laura en chemin. Ces trois derniers jours, je me suis trouvé dans un état de grande excitation nerveuse et il faut que je me calme avant de me mettre au travail. J'ai passé les derniers jours à Londres au White ou dans ses environs. Aucun raid.

Lundi 13 mars 1944

Un week-end tout à fait exquis à Chagford avec Laura, à retrouver mon calme pour commencer à travailler aujourd'hui. Hier je suis allé marcher seul et j'ai planifié tout le travail des cinq prochaines semaines. Ce matin j'ai reçu une lettre du général Graham qui revient sur l'intégralité de notre arrangement.

Mercredi 15 mars 1944

Si je n'avais pas été sidéré lundi matin, j'aurais persuadé Laura de rester ici avec moi. J'ai peu travaillé et ne cesse de me faire du souci. J'ai aussi dû changer de chambre parce que Lord Grantley est arrivé avec une actrice de cinéma et voulait mon salon sur lequel, dans la mesure où je l'occupais gratuitement, je n'avais aucun droit. Sa poule l'a maintenant emmené avec elle et je suis de retour dans ces mêmes pièces mais contrairement à il y a trois semaines, le cœur n'y est pas. Un jour à être convaincu qu'il marque le premier d'une longue période de travail vaut une semaine de journées quelconques passées à attendre d'être convoqué quelque part.

Jeudi 16 mars 1944

J'ai finalement retrouvé mon rythme et écrit 2 700 mots aujourd'hui, dont 700 que je devrai réécrire demain. Épuisé, mais je ne dors pas et je prends des médicaments tous les soirs cette semaine. Aucune nouvelle de Windsor à part un mot d'Hall annonçant qu'il est rentré là-bas. Londres à nouveau sous le feu. En Italie, nous avançons à travers une désolation que nous créons sur notre passage.

Mardi 21 mars 1944

Aujourd'hui j'ai envoyé environ 13 000 mots de plus pour qu'ils soient dactylographiés, et j'ai déjà bien amorcé le chapitre suivant. Les écrivains anglais, à quarante ans, se mettent soit à prophétiser soit à acquérir un style. Merci bon Dieu je pense que je suis en train de commencer à acquérir un style.

Aucune nouvelle du War Office. Il est juste que, ayant si souvent souffert et si cruellement de leur lenteur, je finisse par en tirer profit.

Mercredi 22 mars 1944

Je suis toujours tenté quand j'écris de faire en sorte que tout se passe en une journée, en une heure sur une page, perdant ainsi tout drame et suspense. J'ai donc passé la journée à réécrire et à étirer jusqu'à en avoir des crampes.

Vendredi 24 mars 1944

Ai envoyé 8 000 mots de plus.

Lundi 27 mars 1944

Ai envoyé 7 800 mots de plus.

Mercredi 29 mars 1944

Encore 8 500 mots. Fin du livre II (27 000 mots, 62 000 en tout). Laura est venue me rendre visite une dernière fois avant la naissance de son bébé.

Samedi 1ᵉʳ avril 1944

Un télégramme de Windsor m'ordonnant de me présenter au colonel Tufton ou Tusnon à Londres mardi matin. Ce n'est pas aussi désastreux que cela aurait pu l'être puisque j'ai atteint dans le livre un stade où il est convenable de s'arrêter, et une semaine ou deux loin du roman ne peuvent pas me faire de mal. J'ai écrit une critique amusante d'un nouveau livre du professeur Laski pour le *Tablet*.

Dimanche 2 avril 1944

Dimanche des Rameaux. Ai terminé les corrections de la première fournée du tapuscrit.

Lundi 3 avril 1944

Suis venu à Londres à l'hôtel Hyde Park et ai passé deux semaines à Londres, désœuvré, à attendre un rendez-vous afin d'accompagner des journalistes sur le front de l'Ouest. La plupart de mes journées au White. Ai vu de nombreux amis, bu beaucoup de bon vin qui devient chaque jour un peu plus rare mais qu'il est toujours possible de se procurer si l'on s'en donne la peine.

Pixton, dimanche 16 avril 1944

Ai écrit aux relations publiques pour leur faire savoir qu'ils pouvaient me trouver à Pixton.
Grace, Lady Wemyss est ici. Auberon l'a surprise dans son bain et est maintenant l'un des très rares hommes qui puissent

affirmer avoir vu son arrière-arrière-grand-mère [1] dans son plus simple appareil. J'ai terminé de retravailler, après de nombreux changements, les deux premiers livres de mon roman.

Écrit à Chagford le jeudi 4 mai 1944

Vendredi dernier, à Londres, j'ai reçu une lettre des « relations publiques » m'informant qu'ils n'avaient pas de poste à me proposer, ce qui a attisé mon délire de persécution au point d'écrire à Bob, qui était en permission, et de lui demander de m'aider à obtenir six semaines de congé pour terminer mon travail. Phil, maintenant plié en deux par l'arthrite (Reddie [2] au White m'a dit : « Vous allez *rire* quand vous verrez le capitaine Dunne »), et d'autres amis m'ont dit que tout irait bien maintenant que j'avais surmonté ma fierté. J'ai déjeuné avec Freddy Birkenhead et me suis enivré avec lui, Dermot et autres, ai dormi une heure, suis retourné au White où j'ai trouvé Maurice Bowra dînant avec Bob Boothby ; eux, moi et Maurice Bridgeman avons bu beaucoup et jusqu'à tard ; Maurice Bridgeman a marché avec moi jusqu'à l'hôtel Hyde Park en me racontant longuement les circonstances de la dernière maladie de Lord Bridgeman. Le lendemain, ou le surlendemain, j'ai ressenti les effets de ce que j'avais bu ce jour-là. Le samedi j'ai mangé des huîtres avec Raimund von Hofmannsthal et suis rentré avec lui pour déjeuner avec Liz, charmante mais rarement dans la pièce ; Isaiah Berlin est arrivé plus tard et je les ai accompagnés à la gare d'où ils partaient pour Oxford,

---

1. Grace Blackburn épousa le 8e Earl de Wemyss (1818-1914) en 1900. Sa fille, Lady Evelyn Charteris, épousa le 4e vicomte de Vesci ; et leur fille, Mary Vescy, qui épousa Audrey Herbert, était la grand-mère d'Auberon Waugh.
2. Le portier.

ayant moi aussi envie de m'en aller et, jusqu'au moment où le train s'est mis en route, envisageant presque de monter à bord. Ce soir-là, je commençais tout juste à somnoler après avoir bu mon somnifère quand on m'a téléphoné. Cyril Connolly me proposait de les rejoindre lui, Robin et Mary Campbell et Alice Obolensky à la campagne, me donnant les horaires d'un train. J'ai accepté avec gratitude. Une autre dose de bromure et de chloral, de plus en plus somnolent, encore le téléphone, encore Cyril. Il m'avait donné les horaires du mauvais train ; je devais être à Victoria le lendemain après-midi à 16 h 26. Ai accepté une nouvelle fois, avec un peu moins de gratitude cette fois-ci. Me suis enfin endormi. Malade le lendemain. Messe à Farm Street et la lecture d'un long texte pastoral sur l'éducation sexuelle. Déjeuner au White. Un après-midi très chaud, les rues pleines d'un défilé de prostituées adolescentes, pas de taxi. En métro jusqu'à Victoria. À Victoria j'ai découvert que le train que Cyril m'avait trouvé n'existait pas. Retour à Hyde Park. Une heure de sommeil. Dîner au White. Une journée tout à fait morose.

Le lendemain matin, un appel de Bob. Son bureau est moins imposant qu'à l'époque de Lord Louis. Phil et Harry[1] en train de manger des œufs de mouettes devant sa porte. Un entretien très peu satisfaisant. Bob ne pouvant, ou ne voulant pas m'aider. Il nourrit, je pense, un peu de ce ressentiment que tous les généraux ressentent face à l'apathie que suscite le front de l'Ouest. Les journaux veulent nous faire croire que le pays est sur le qui-vive, impatient d'agir, etc. D'après ce que j'ai pu observer, les gens disent soit : « Il n'y aura pas de front de l'Ouest » ou « Ce sera un échec désastreux parce que les Américains s'enfuiront ». Il est vrai que je fréquente surtout des gens d'âge mûr et aigris. Cette nuit-là, — et John Sutro ont dîné avec moi. Je leur ai offert un bon repas – œufs de mouettes, *consommé*,

---

1. Philip Dunne et Lord Stavordale.

perdrix, haddock sur toast, Perrier-Jouët 1928, presque une bouteille par tête, brandy, cigares cubains Partaga – un festin inhabituel par les temps qui courent. J'ai trouvé leur compagnie exquise. Les descriptions de la vie militaire vue par une tapette que — nous a faites étaient une révélation. Il allie ses plaisirs à un patriotisme passionné. Ce jour-là, j'ai pris les dispositions nécessaires pour retourner à Chagford et attendre là-bas ma prochaine convocation.

Le mardi 2 mai, Liz a déjeuné avec moi au Wilton, n'a rien mangé, paraissait malade et nerveuse, et plus tard quand Raimund nous a rejoints, a semblé submergée par une aversion soudaine. Lui aussi, perturbé et morose. Peut-être une sorte de tournant dans leurs vies. Osbert Sitwell au club St James réclamant ouvertement la paix, ce qui aurait été impossible il y a un an.

Ce soir-là, le 2 mai, avait lieu le dîner donné par Douglas Jerrold pour que le nouvel archevêque de Westminster[1] rencontre le fleuron de la littérature catholique. Nous nous sommes réunis par un après-midi chaud (à part le vent qui nous envoyait de la poussière dans les yeux) à 18 h 30 (16 h 30 Greenwich) au Dorchester. Je n'ai vu personne que je connaissais à part Speaight[2] et Graham Greene. Un Écossais éméché à l'apparence vulgaire m'a rappelé qu'il m'avait un jour grandement surpris en appelant à Ardrossan et en laissant une carte qui le présentait comme consul espagnol à Glasgow et chevalier de St Colomba. Colm Brogan s'est joint à nous et le consul a fait des plaisanteries sur du whisky que je n'aurais pas partagé. Je me suis senti très mal à l'aise dans ce milieu rotarien. Chris et Douglas, sur qui je comptais, étaient partis au Claridge. Nous

---

1. Le cardinal Griffin.
2. Robert Speaight, acteur et biographe d'Hilaire Belloc (1957) et Eric Gill (1966).

sommes alors allés dîner, et le repas a été dévoré à une telle vitesse qu'à 19 h 45 la table était déjà débarrassée, à l'heure où je suis habituellement en train de penser à mon deuxième cocktail. Compton Mackenzie, déguisé en Cunninghame-Graham, a fait un discours émouvant. « Nous voici donc rassemblés ici, tous différents, avec des opinions opposées sur tous les sujets sauf un – notre amour et notre hommage à Sa Grâce. Je supplie humblement Sa Grâce de nous guider dans notre travail. » Sa Grâce n'avait clairement jamais rien lu d'autre de sa vie qu'un manuel, mais n'était pas dérouté. Avec une assurance complète, il a fait l'éloge de la façon dont la Chambre des communes avait géré la loi sur l'éducation, et celui d'Amgot en Sicile, déclaré que la censure était conçue pour aider l'auteur et non pour l'entraver, nous a dit que nous étions un auguste groupe – et grand Dieu nous ne l'étions pas – et s'est assis. C'est un homme à la méchante apparence, sournois, satisfait de son travail, absolument philistin, sans le moindre charme. Après le dîner il a fait le tour de la table et dit un mot à chacun. Il ne nous a rien dit d'intéressant. Pendant le dîner, j'avais Graham Greene installé du côté de mon oreille sourde et à ma droite Halliday Sutherland[1], qui se vantait de ses triomphes auprès des éditeurs. Il m'a dit qu'en grammaire, les prépositions étaient la seule chose qui lui posait problème. « Une préposition en particulier ? » « Oui. "De crainte que." » Je l'ai supplié de lire Fowler. Après dîner, les invités se sont un peu attardés et comme ils faisaient partie de ce genre de gens qui sont normalement les principaux orateurs lors de dîners publics et qu'ils avaient ce soir-là dû garder le silence, ils se sont alors mis à se citer les uns aux autres les moments les plus juteux de leurs discours passés les plus réussis. Je suis parti, avec Graham

---

1. Médecin-administrateur écossais (1882-1960) et auteur prolifique, surtout de livres de voyage ; best-seller *The Arches of the Years*, 1932.

Greene, avant Sa Grâce, en espérant que l'archevêque pense que le devoir militaire m'appelait. Le lendemain, hier, je suis venu ici et à mon grand plaisir y ai trouvé Deirdre Balfour, et à ma grande tristesse ai appris que Carolyn avait envoyé tous mes habits à Pixton. Aujourd'hui, j'ai repris avec difficulté les fils d'un chapitre très difficile sur un couple faisant l'amour à bord d'un paquebot.

Vendredi 5 mai 1944

Allongé dans mon lit ce matin me rendant compte avec tristesse que tout ce que j'avais fait la veille était à réécrire. Message urgent m'intimant d'aller voir Carolyn. Les ai trouvés, elle et Norman, en pleine discussion de son testament. La situation, comme on me l'a d'abord présentée, était que Norman voulait tout laisser (ce que j'imagine être la part de l'hôtel dont l'argent, ainsi que toute la bonne volonté et le travail acharné, ont été fournis par Carolyn) à sa famille à lui, dont l'une des membres, Mme Price, est indigente. Carolyn avoue être inquiète à l'idée que Mme Price et sa folle générosité fassent disparaître cette fortune immédiatement, et propose de placer la moitié ou l'intégralité de la somme dans un trust. Je lui ai répondu que je ne voyais pas ce qu'elle aurait à y gagner puisque le caractère de Mme Price ne changerait probablement pas et qu'il ne servait à rien de disperser l'argent dans deux endroits différents. Norman part ensuite faire de l'observation aérienne (à la suite de quoi, d'après ce que j'ai compris, il partira rapidement pour une mission plus risquée – d'où son intérêt pour son testament) et Carolyn commence à parler de sa propre famille et de son devoir de s'assurer que l'argent leur revienne ; en effet, il s'avère enfin qu'elle ne s'inquiète pas du tout de l'imprudence de Mme Price en ce que celle-ci nuira à Mme Price, mais des parts que les enfants Cobb obtiendront dans cet héritage infime. Elle a aussi mentionné la valeur sentimentale de quelques clous d'oreilles en perle et d'une montre en or de son frère qu'elle a donnés à Norman. Un étrange petit incident pour commencer la journée – plutôt du genre sinistre.

Plus tard un télégramme de Windsor m'a ordonné de me présenter devant une salle de Hobart House l'après-midi du 11.

Samedi 6 mai 1944

Une lettre de Windsor disant clairement que le télégramme ne venait pas de chez eux. J'ai bon espoir qu'il s'agisse d'une tentative de Bob pour obtenir ma libération. Norman est parti pour le front de l'Ouest à 8 h 30 et rentré à 22 heures. Je n'avance pas beaucoup sur le livre.

Dimanche 7 mai 1944

Ai dû m'arrêter d'écrire. Pourquoi ? Messe à Gidleigh. En train de lire *Orgueil et préjugés* ce qui n'est pas ce sur quoi je devrais travailler.

Mardi 9 mai 1944

J'ai aujourd'hui terminé et expédié le livre III chap. 1 (12 000 mots) – jusqu'ici la partie du livre la plus difficile, et en dépit de quelques beaux passages, je ne suis pas certain d'avoir réussi. Je trouve cela tout à fait futile de décrire des émotions sexuelles sans décrire l'acte sexuel ; je souhaiterais donner autant de détails sur les deux coïts – avec sa femme et

Julia – que sur les repas que je décris. Ce ne serait ni plus ni moins obscène que de laisser libre cours à l'imagination du lecteur, qui, dans ce cas-ci, ne saurait être aussi précise que la mienne. Il existe un interstice dans lequel le lecteur introduira ses propres habitudes sexuelles au lieu de celles de mes personnages.

Hier il y a eu un télégramme de Bob confirmant qu'il avait parlé de moi à Bill. Il y avait aussi quelques déplorables performances théâtrales amateurs. Une Brésilienne absurde nommée Lady Peel[1] a fini par révéler ce qui avait été jusque-là caché aux villageois, que leur argent serait envoyé aux Français libres. Elle leur a fait un discours particulièrement malheureux dans lequel elle rappelait au public de la salle des fêtes quel plaisir ils avaient pris en achetant leurs vêtements à Paris. Je l'avais contrariée, intentionnellement, avant le dîner en lui demandant à quel point les communistes sont influents au sein du mouvement de De Gaulle. Elle m'a répondu, de manière équivoque, depuis la tribune en racontant l'histoire d'une femme d'un milieu respectable qui se promène maintenant avec un landau plein de dynamite et colporte *L'Humanité*.

Londres, mercredi 10 mai 1944

En route pour Londres.

---

1. Épouse de Sir Arthur Peel, envoyé britannique à Rio de Janeiro.

Jeudi 11 mai 1944

Entretien cet après-midi. J'ai trouvé la pièce de Hobart House bondée des débris de l'armée, des vieillards pathétiques ayant envie de trouver du travail, d'évidentes jeunes fripouilles. Nous avons été reçus tour à tour par un lieutenant-colonel épuisé mais assez courtois et un major. Le colonel m'a déclaré : « Nous avons deux postes à vous proposer. Je ne sais pas lequel vous plaira le plus. Vous pouvez être officier du service social dans un camp de transit en Inde. » Je lui ai dit que je ne choisirai pas celui-ci. « Ou vous pouvez être officier d'état civil à l'hôpital. » Je lui ai répondu que si je devais choisir entre l'un ou l'autre je choisirai le second. Il m'a ensuite demandé : « Au fait, êtes-vous instruit ? Avez-vous été à l'université ? »

« Oui, Oxford. »

« Eh bien, ils ont grand besoin d'un officier instruit au War Office, G3. Département de la guerre chimique. »

« J'ai étudié les lettres classiques et l'histoire. »

« Oh, cela n'a pas d'importance. Tout ce qu'ils veulent c'est de l'*instruction*. »

Dès que je les ai quittés je me suis précipité auprès de Bob au QG des Opérations combinées et lui ai dit : « Tirez-moi vite de là. » Il a donc téléphoné à Hobart House et leur a dit que Bill Stirling avait besoin de moi. J'ai ensuite emmené Angie boire un verre et après avoir pris un bain j'ai dîné avec Robin et Toby Milbanke au White et bu du champagne à 5 £ la bouteille.

Chagford, vendredi 12 mai 1944

Ai vu Bill Stirling qui a confirmé ma nomination et mon départ en permission de six semaines. Suis retourné à Chagford.

Samedi 13 mai 1944

Ai reçu un message par téléphone disant que Laura avait eu une fille et se portait bien. Une morne journée de travail. Dernier soir de Norman Webb avant de partir en mer comme observateur aérien.

Dimanche 14 mai 1944

En l'absence de Norman, suis allé à pied à la messe à Gidleigh – une matinée délicieusement fraîche et beau chemin longeant la rivière. Une morne journée de travail passée à réécrire les pages d'hier. Livre III chapitre III.

Dimanche 21 mai 1944

J'ai écrit à peu près 15 000 mots au cours de la semaine passée et j'oscille entre découragement et exaltation. De toute façon, il est maintenant presque terminé. Je pense qu'il s'agit peut-être du premier de mes romans plutôt que du dernier. Aujourd'hui je suis allé et suis revenu de la messe à pied. Demain je pars pour Pixton voir Laura et ma nouvelle fille. Une loque nerveuse du nom de Beverley Nichols est arrivée. Pas un homme très futé. Un mercenaire, hypocondriaque, tête de linotte qui ne saisit pas un mot sur six de ce qu'on lui dit – mais poli avec les vieilles dames.

Mardi 30 mai 1944

Je suis allé à Pixton la semaine dernière où j'ai trouvé Laura et son bébé en excellente santé. Mes enfants étaient omniprésents et ennuyeux. Le jour de la Pentecôte le bébé a été baptisé Harriet Mary, les parrains et marraines étant Bill Stirling, la comtesse Coudenhove, Basil Bennett, Nancy Rodd et, sur un coup de tête inexplicable de Laura, Mademoiselle Haig, la jeune femme qui a été envoyée s'occuper d'enfants réfugiés et qui est maintenant la secrétaire de ma belle-mère. Il n'y avait pas de vin à Pixton et à la fin plus de bière ou de cidre, mais de la nourriture en abondance. J'ai peu travaillé si ce n'est décidé que de longs passages doivent être réécrits dans le livre II. Aujourd'hui je suis rentré, Bill Stirling m'ayant assuré que je pourrai bénéficier de tout le temps dont j'aurais besoin pour terminer le livre. J'ai écrit dans l'après-midi pendant une rafraîchissante tempête de pluie mais un télégramme est arrivé dans la soirée m'ordonnant de me rendre à Windsor pour me présenter avant de rejoindre ma nouvelle unité. Cela est une perte complète de temps, d'énergie, et d'argent.

Londres, mercredi 31 mai 1944

Me suis rendu à Londres et de là à Windsor où on m'a donné l'adresse du 2ᵉ régiment SAS à qui j'avais écrit quotidiennement pendant des semaines, et que l'adjudant des Life Guards a jugé trop secrète pour être transmise par courrier. J'ai vu Basil le temps d'une minute durant laquelle il m'a dit que Bill avait été viré et que Brian[1] lui succédait. Il faisait chaud

---

1. Stirling s'était vu contraint de renoncer à son commandement après un désaccord avec ses supérieurs. Le colonel Brian Franks lui a succédé. Voir *Evelyn Waugh* de Sykes, Londres, 1975, p. 201.

et j'étais fatigué. Je suis allé au White, ai dîné avec Bill ; le vin m'est monté à la tête. J'ai rejoint Hugh Sherwood. Kenneth Campbell et lui se sont disputés quand ils étaient ivres, chacun disant à l'autre : « Vous n'êtes pas un gentleman, *sir*. » Puis Hugh et moi sommes allés au Pratt où on m'a servi un porto empoisonné, ai marché avec grande difficulté jusque chez moi, suis tombé dans ma chambre et ai été malade.

Jeudi 1er juin 1944

Me suis réveillé à moitié soûl et ai passé une matinée longue, chargée – à me faire couper les cheveux, essayer de vérifier des citations à la Bibliothèque de Londres, qui est toujours en pagaille à cause de sa bombe, rendre visite à Nancy. Au déjeuner je me suis encore enivré. Suis allé au Beefsteak, dont je viens tout juste de devenir membre, avec Christopher et Freddy[1]. Basil Dufferin m'a volé mon taxi et m'a fait rater mon train pour Chagford. De retour au White – plus de porto. Ed Stanley est arrivé. Nous sommes allés au Waterloo hébétés par l'alcool, avons pris le train pour Exeter et dormi pendant la majeure partie du voyage. Arrivés en piteux état au Rougemont où j'ai été bien reçu et ai mal dormi. Il me faut ajouter que j'ai vu Brian qui m'accorde une permission pour terminer mon livre[2].

1. Christopher Sykes et Lord Birkenhead.
2. « Le colonel Frank perçut encore mieux que son prédécesseur combien il serait indésirable d'avoir Evelyn comme officier régimentaire », Sykes, p. 201.

Chagford, vendredi 2 juin 1944

Suis retourné à Chagford toujours dans un piteux état. Ai dormi dans l'après-midi. Ai bu un triple somnifère et me suis couché tôt.

Samedi 3 juin 1944

Me suis remis au travail, retardé de deux semaines par mes visites à Pixton et Londres, et ai terminé de réarranger le livre II, l'ai apporté à la poste, et me suis penché une nouvelle fois sur le chapitre que j'étais en train d'écrire quand on m'a convoqué à Londres. Maltby, le relieur d'Oxford avec qui je fais affaire depuis que je suis étudiant, il y a plus de vingt ans maintenant, écrit qu'il est trop occupé par les « tâches du gouvernement local » pour s'occuper de mes commandes.

Lundi 5 juin 1944

Hier suis allé à la messe à pied. Un couple de l'Air Force en lune de miel au-dessus de ma tête m'a empêché de travailler toute la journée. Aujourd'hui je me suis arrangé pour que le couple change de chambre. J'ai maintenant mis de l'ordre dans toutes les interpolations et j'arrive à la fin, au dernier chapitre. Espère l'avoir terminé pour la Fête-Dieu.

Jeudi 6 juin 1944

Ce matin au petit-déjeuner le serveur m'a dit que le front de l'Ouest avait été ouvert. Je me suis mis au travail tôt et ai écrit un beau passage sur l'agonie finale de Lord Marchmain. Carolyn est venue me dire que le front populaire était ouvert. J'ai envoyé chercher le prêtre pour qu'il donne à Lord Marchmain les derniers sacrements. J'ai travaillé jusqu'à 16 heures et terminé le dernier chapitre – le dernier dialogue est médiocre – l'ai apporté à la poste, suis rentré à la maison à pied en passant par la route du haut. Il ne me reste maintenant plus que l'épilogue, et cette partie-là est du gâteau. Ma seule peur est que l'invasion bouleverse mon dactylographe à St Leonard, ou qu'elle perturbe la livraison du courrier et donc que mon manuscrit ne lui parvienne pas.

Ardchullery Lodge, Strathyre, Perthshire, samedi 24 juin 1944

Le jour de la Fête-Dieu 1944, ayant été communier à Gidleigh, j'ai terminé la version finale de *Retour à Brideshead* et ai envoyé le manuscrit pour qu'il soit dactylographié. Le lendemain Laura est arrivée de Pixton et a passé une semaine avec moi, pendant laquelle j'ai corrigé le tapuscrit que McLachlan a réalisé à une vitesse extraordinaire. Le vendredi 16 juin, je suis venu à Londres. La veille, bien que les journaux n'aient rien publié à ce sujet, le bombardement des « avions sans pilotes » avait commencé. Je suis resté à Londres jusqu'au mercredi 21 juin. Il y avait sans cesse des « alertes » et parfois des explosions. Cela était surtout dérangeant lorsque la nuit, on se retrouvait à écouter sans le vouloir les sons des avions qui sont impossibles à distinguer, pour une oreille comme la mienne, du bruit d'une automobile. Il était donc très difficile de dormir et j'ai été contraint de fermer les fenêtres de l'hôtel et de prendre des somnifères. Vers 1 h 30 pendant la nuit du lundi 19 au 20 juin j'en ai entendu un qui volait tout près et très bas et pour la première et j'espère la dernière de ma vie j'ai eu peur. En repensant à cette désagréable expérience, je pense que celle-ci était due à mes nerfs fragilisés par l'alcool (je buvais beaucoup pendant ces quelques jours à Londres) et je me suis donc résolu aujourd'hui à ne plus jamais être soûl.

Le mercredi soir j'ai voyagé jusqu'en Écosse avec Basil pour rejoindre le 2e régiment SAS maintenant sous les ordres de Brian. J'ai commencé en piteux état et je retrouve maintenant mon sang-froid dans un cadre d'une grande beauté – le pavillon de chasse de Bill Stirling, au bord d'un loch écossais entouré de forêts regorgeant de cerfs et une lande pleine de grouses, dépeuplée et démilitarisée. Le QG se compose de nous, Christopher, un jeune licencieux qui nous a dit « mon vieux père est un martyr de sa propre queue » et de fréquents invités. Phil est parti, laissant son ordonnance qui a déclaré : « J'ai décidé que je n'étais pas un combattant. » La caractéristique la plus curieuse du QG est cette paire d'Italiens qui sont devenus les esclaves personnels du régiment après avoir été capturés en Afrique du Nord et amenés ici avec de faux carnets AB64 en tenue de campagne, n'ayant jamais été recensés comme prisonniers de guerre. Ils s'occupent de la cuisine (l'un d'eux a un restaurant à Milan).

Pixton, dimanche 2 juillet 1944

Le travail à Ardchullery était reposant mais pas tout à fait agréable, puisque la maison était fréquemment envahie par de jeunes philistins et Brian était tellement timide à l'idée de m'avoir sous ses ordres qu'il en devenait presque hostile. Il n'avait pas de travail à me proposer dans son régiment et voulait se débarrasser de moi. Je commençais à douter de mon avenir quand, le 28 juin, j'ai reçu une série de messages qui m'apprenaient que Randolph se trouvait à Londres et me cherchait. Je suis reparti pour Londres, suis arrivé le matin de la St Peter et Paul et après être allé à la messe à Brompton Oratory je l'ai retrouvé au Dorchester. Il m'a demandé de partir avec lui en Croatie, persuadé que je pourrais guérir le Grand Schisme entre les Églises catholiques et orthodoxes – une crise qu'il vient tout juste de découvrir et qui s'avère être un obstacle à sa politique de guerre. J'ai accepté avec enthousiasme mais, jusqu'à hier, je ne pensais pas que cette discussion aboutirait à quoi que ce soit. J'ai connu tant de revers au cours de ces trois dernières années. Mais cette fois-ci j'ai reçu un télégramme m'assurant que tout était arrangé. Nous prenons l'avion mardi. Je suis ici pour dire au revoir à ma famille et pars à Londres demain, lundi.

> *[Le général Fitzroy Maclean, alors à la tête de l'aide britannique apportée à Tito et ses Partisans, avait demandé à Randolph Churchill de mener une mission militaire en Croatie.*
>
> *La Yougoslavie en 1944 avait été occupée par les forces de l'Axe pendant trois ans. Après l'invasion des Allemands et des Italiens en 1941, il n'y avait d'abord eu qu'un seul mouvement de résistance : les Četniks – les royalistes serbes – menés par un ancien colonel de l'état-major serbe, Draža Mihailović. L'Angleterre lui a envoyé une mission militaire et toute l'aide qu'ils pouvaient apporter. Après l'invasion de la Russie par les Allemands, une seconde – et, comme il s'avérerait vite, rivale – organisation de guérilla apparut : les Partisans menés par Josip Broz (Tito), le secrétaire général du petit et depuis longtemps proscrit, parti communiste yougoslave. Pendant de nombreux mois le monde ne sut presque rien de Tito, jusqu'à ce qu'en 1943, deux officiers britanniques soient parachutés à son quartier général : d'abord F. W. (Bill) Deakin, professeur à Oxford, et plus tard Fitzroy Maclean, un ancien diplomate. Leurs rapports*

témoignant du zèle anti-allemand dont faisait preuve Tito, et de la cruauté de ses guérilleros, étaient enthousiastes. Mihailović, par contre, semblait moins intéressé par l'idée de combattre les Allemands que par celle de saisir sa chance de restaurer les fortunes de Serbie. Les Britanniques abandonnèrent donc Mihailović et apportèrent tout leur soutien à Tito ; plus prudemment, les Américains suivirent leur exemple. Maclean rattacha une série de missions militaires aux commandants locaux des Partisans ; et une unité spéciale de la RAF, nommée Balkan Air Force, fut créée sur le continent italien à Bari – où Maclean établit son quartier général arrière – pour fournir aux Partisans du matériel et un soutien aérien. Chacune de ses missions comprenait généralement un Américain.

En Croatie, la situation était particulièrement complexe. La Yougoslavie, créée en 1918 sur les ruines de l'Empire austro-hongrois et ses États voisins, était divisée religieusement entre les Églises orientales et occidentales ; les chrétiens orthodoxes se trouvaient majoritairement en Serbie, les chrétiens catholiques en Croatie. Les Allemands démembrèrent en 1941 tout le pays, instaurant en Croatie un état fasciste indépendant sous les ordres d'Ante Pavelić, un terroriste qui avait été étroitement lié à l'assassinat du roi serbe Alexandre de Yougoslavie en 1934. Les forces de Pavelić – le sanguinaire Ustashe – étaient aussi bien hostiles aux Četniks de Mihailović qu'aux Partisans de Tito. Les Allemands étaient puissants sur le terrain en Croatie, et contrôlaient en effet toujours de vastes étendues du pays à la fin de la guerre.

Après avoir quitté Londres, Churchill et Waugh se rendirent d'abord à Bari. De là, ils devaient partir pour Vis, une île au large de la côte dalmate dont s'était emparée la Royal Navy en 1943 et qui était fermement tenue par une garnison composée de Britanniques et de Partisans. Tito lui-même se trouvait temporairement sur l'île ; il y avait été évacué en toute hâte à la suite d'une offensive aérienne des Allemands, couronnée de succès, sur sa base de Dvrar, en Bosnie. Les négociations entre Tito et le Chef suprême des forces alliées en Méditerranée, le général Maitland (Jumbo) Wilson étaient sur le point de commencer ; il devenait clair que la Yougoslavie reviendrait, une fois la guerre finie, non pas aux Royalistes et au jeune roi Peter (le fils d'Alexandre) à qui les Britanniques avaient d'abord apporté leur soutien, mais à Tito et ses Partisans.]

Mardi 4 juillet 1944

Ai quitté l'hôtel Hyde Park au milieu des alertes à la bombe, ce qui, en écrivant ceci neuf jours[1] plus tard, semble étrange. Ai apporté mes bagages à l'hôtel de Randolph. Ai déjeuné au Beefsteak, dit à Harold Nicolson que je partais, et vu combien il aurait lui aussi aimé venir. Suis allé en voiture avec Randolph à Hendon, ai pris l'avion jusqu'à Swindon, longue attente dans une auberge confortable, suis parti à bord d'un Avro 685 York, sièges rembourrés et tasses de thé, à minuit.

Mercredi 5 juillet 1944

Arrivé à Gibraltar pour le petit-déjeuner, et dans l'avion un déjeuner composé de raisins secs, sandwichs et chocolat ; arrivée à Alger en début d'après-midi. Ville tout à fait américaine. Hôtel réservé aux officiers ayant un grade supérieur à celui de colonel. En route pour l'ambassade, une villa mauresque charmante, en partie ancienne. Duff, Diana, Bloggs Baldwin, un irritable attaché [?] de mon régiment, Virginia, Mme Hemingway, Victor Rothschild, séjournant tous dans la maison[2]. Bon dîner. Randy chez Jumbo[3]. On m'a demandé d'y aller mais j'ai préféré rester à la maison.

---

1. Waugh écrivit son voyage en Italie après être arrivé, en partant du 13 juillet et en remontant jusqu'au 4 juillet. Afin de ne pas prêter à confusion, ces entrées apparaissent ici dans l'ordre chronologique.

2. Duff et Lady Diana Cooper (Duff Cooper était le représentant britannique, en fait ambassadeur, auprès du Comité de libération nationale du général de Gaulle) ; Bloggs Baldwin, fils cadet de Stanley Baldwin, l'ancien Premier Ministre ; Virginia Cowles, correspondante de guerre ; Mme Hemingway – Martha Gellhorn, correspondante de guerre ; le 3e baron Rothschild, anciennement Fellow of Trinity College, à Cambridge.

3. La visite de Randolph Churchill au général Wilson.

Jeudi 6 juillet 1944

Ai déjeuné avec Bloggs en ville dans un bistro du marché noir où un homme mystérieux écoutait notre conversation. Grand dîner à l'ambassade. Vice-maréchal de l'Air implacable. Fêtes dans nos chambres en peignoir.

Vendredi 7 juillet 1944

Diana et Bloggs sont sortis pour la journée. J'ai déjeuné avec Hermione Ranfurly[1] chez elle. Ce soir-là, expédition pour aller voir des ruines à une heure de trajet en bateau. Un vaste groupe anglo-américano-français, chansons au clair de lune dans les ruines. De retour à la maison à 2 h 30.

Bari, samedi 8 juillet 1944

Ai quitté l'ambassade d'Alger à 7 heures, me suis envolé pour Catane, avion miteux, pas de déjeuner, mais en route pour Naples, par chance, ce qui n'était pas synonyme de chance pour tout le monde, ai eu une place dans l'avion pour Bari, arrivée à 19 heures. Randolph avait prévu de sortir dîner me laissant dîner seul, sans chambre, à la table d'une Néo-Zélandaise lascive, un bras levé au-dessus de sa tête, et d'une infirmière. Ai bu de la strega, un somnifère et bien dormi.

---

1. Secrétaire personnelle du général Wilson et épouse du 6ᵉ Earl de Ranfurly.

Dimanche 9 juillet 1944

Me suis réveillé allongé sur le sol de la salle de bains de Randolph, ai trouvé une église, suis rentré et ai trouvé un message me disant de rejoindre Randolph à l'appartement de Philip Broad[1]. Un luxe fasciste digne d'une compagnie d'aqueduc de l'Appuléia[2]. Nous devions partir ce matin-là pour Vis, mais temps peu clément. Pique-nique au déjeuner avec Broad, un débauché du Foreign Office[3], secrétaire, Bill Deakin (jambes d'hindou, visage ascétique). Je pense qu'enthousiasme de Tito sincère. Cocktail ce soir-là. Vice-maréchal de l'Air, etc.

Vis, lundi 10 juillet 1944

Attente au bureau de Broad, puis vol pour Vis. De nombreux Yougos dans l'avion et un danseur hongrois. Un grand banquet donné pour Tito au QG (une villa moderne équipée de toutes les commodités sauf l'eau courante), un groupe de musique jouant de la cornemuse, beaucoup de gin, de vin et de kümmel. Tito et état-major une heure et demie en retard pour le déjeuner. Lui portant un calot tout neuf et un uniforme de maréchal russe[4] avec un insigne yougo. Marteaux, faucilles et slogans communistes partout. Tito a surpris tout le monde en revenant sur son accord de rencontrer Jumbo Wilson à Caserta. Randolph très soûl ; en train de se baigner. Tout le monde un

---

1. Directeur d'un petit avant-poste du Foreign Office à Bari qui gérait les affaires yougoslaves.
2. La gens Appuleia était une famille plébéienne de la Rome antique (*NdlT*).
3. Ministère des Affaires étrangères et du Commonwealth (*NdlT*).
4. Tito portait un uniforme de maréchal yougoslave et non russe ; il avait été spécialement conçu pour l'occasion.

peu atteint par le vin dans la soirée. Maclean[1] renfrogné, sans scrupules, ambitieux, probablement très méchant ; tête rasée et oreilles de démon. J'ai lu ses rapports et dans l'un d'entre eux, il cite Lawrence d'Arabie qui disait que de faire souffrir une province au nom de la liberté était une victoire. Trop tôt pour en juger mais je n'ai jusqu'ici rien vu qui puisse justifier ce que Randolph a affirmé au pape, à savoir que « la tendance générale » était contre le communisme. Des conversations ultérieures n'ont fait que renforcer mon scepticisme[2]. Orphelins chantant et faisant rouler des boîtes de conserve. Filles du parti Partisan. Omladinas[3]. Maclean jaloux d'éléments étrangers sur « son » territoire. L'Air Commodore Carter un homme enjoué aimant boire. Mild Ranfurly. Gordon Alston. Deux hommes mornes du SOE. Tom Churchill[4] pressé d'être courtois et de nous montrer les antiquités de l'île. Tito comme une lesbienne. Randolph grotesque et attachant [?]. QG dans une magnifique baie – lauriers-roses et vignes, terre rouge, arbustes aromatiques ; aucune route menant à la villa ; marche à travers des vignobles minés. Jack Churchill[5] criant : « Vous ne reviendrez plus ? » à des marines qui s'enfuyaient.

1. Le général Fitzroy Maclean prit la tête de la mission militaire britannique auprès de Tito, succédant à Deakin, en septembre 1943.

2. Dans une lettre à l'éditeur (janvier 1976), Fitzroy Maclean commente : « Cette entrée montre bien que l'auteur, bien qu'il ait prétendu le contraire, avait rejoint ma mission avec des idées bien arrêtées sur un certain nombre de sujets. »

3. Pluriel anglicisé du mot serbo-croate *omladina* : jeunes gens.

4. Le général commandant la brigade des Commandos du 2nd Royal Marine.

5. Le colonel Jack Churchill, DSO and bar (c'est-à-dire attribuée deux fois [*NdlT*]), Military Cross. Avait été fait prisonnier alors qu'il menait un raid depuis Vis sur l'île voisine de Brač ; vu pour la dernière fois jouant de sa cornemuse au combat, en première ligne. Frère aîné de Tom Churchill.

Mardi 11 juillet 1944

Vis. Le général Maclean saturnin et nazi. Une journée de réunions à demi-voix, les hommes faisant de menus travaux sur la terrasse par groupe de deux. L'eau tellement sale que seul le vin était buvable. Ai mal dormi parce que Randolph a parlé jusqu'à 3 heures du matin et les mouches se sont réveillées à 4 heures. Orage.

Mercredi 12 juillet 1944

Vis. Changements de plans ont abouti à ce que le général et Randolph ne déjeunent pas avec Tito et à ce que le général se rende seul à Caserte pour expliquer à Jumbo Wilson le comportement impoli de son protégé. Je suis allé à l'aérodrome pour dire au revoir aux délégués yougos qui partaient pour Londres. Il manquait un de leurs hommes quand ils sont arrivés et comme le *Baltimore* n'avait de place que pour cinq personnes et ne pouvait faire que deux voyages je m'y suis glissé avec eux. Un vol rapide et une longue attente à l'aérodrome de Bari. Trop tard pour déjeuner ; suis allé rendre visite au QG et ai visité des monuments : la tombe de St Nicola, puis dîner avec P. Jordan[1] et Brooke-Hunt qui viennent tous les deux avec nous. Jordan ayant du mal à expliquer sa toute nouvelle détestation des communistes.

---

1. Philip Jordan, correspondant de guerre.

Bari, Italie, jeudi 13 juillet 1944

Randolph est rentré ; inoculations ; visite au QG 399 où nous sommes allés voir le matériel ; plein de vieux gadgets.

Notre voyage repoussé à dimanche. Ai dîné avec Jordan qui veut que le pape mène une croisade anticommuniste en Europe.

Vendredi 14 juillet 1944

Dernier cigare. En conséquence de quoi je suis consumé par la faim et je me retrouve à me servir furtivement dans le snack-bar et à manger des roulés à la saucisse à toute heure. Nous nous sommes rendus en voiture jusqu'à une ville dont le nom commence par un P pour déjeuner dans un restaurant du marché noir installé dans ce qui semblait être une maison privée. Des *tagliatelles* dures, de délicieux petits poissons, du *zabaglione* écœurant qui était je pense fait avec de la poudre de crème glacée américaine volée. Visite touristique ensuite – une belle église ancienne, San Vito ; un minuscule séminariste nous servait de guide ; peut-être futur pape. Ai dormi. Charlie Brocklebank est arrivé. Nous avons dîné dans un club d'officiers avec Bill Deakin. Randolph est parti pour Caserte. Winston nous a envoyé un message furieux au sujet du fiasco Tito. Les Russes semblent être derrière tout cela. Quand Tito est parti faire une croisière d'une heure à bord d'un destroyer ils ont essayé de venir avec lui, et, s'étant heurté à un refus, ont pressé Ronnie Tod de leur dire s'il avait rencontré le roi Peter en mer.

Samedi 15 juillet 1944

Bari, visites au bureau des transmissions du QG, etc. Dîner au club. Randolph est rentré.

Croatie, dimanche 16 juillet 1944

Bari. Communion à 7 h 30 ; occupé à faire mes bagages.

En partant, je n'avais pas le moral à cause d'une indigestion. Nous sommes montés à bord de l'avion – un grand avion de transport Dakota – à la tombée de la nuit. Randolph, Philip, Jordan, moi, l'Air Commodore Carter, quelques partisans yougoslaves (une fille), deux ou trois Russes qui sont venus s'ajouter au dernier moment et à cause desquels on a dû décharger la plupart de nos réserves. En conséquence de quoi Randolph était furieux. Nous nous sommes assis où nous pouvions, y compris sur nos bagages. Les Russes avaient un grand panier rempli de pêches, de raisins et d'oranges qu'ils ont fait passer. Dès que nous sommes arrivés au-dessus de la mer, on a éteint les lumières et nous avons continué le voyage dans l'obscurité, le bruit, inconfortablement installés, somnolant parfois. Après quelques heures j'ai senti dans mes oreilles que nous étions en train de descendre et de tourner au-dessus de l'aérodrome, nous sommes soudain violemment remontés et je me suis tout à coup retrouvé à marcher dans un champ de maïs à la lumière de l'avion en flammes parlant sur un ton détaché à un étrange officier britannique du déroulement de la guerre, et qui me disait : « Vous feriez mieux de vous asseoir un peu, skipper. » Je n'avais aucun souvenir du crash ni, à ce moment-là, la moindre idée d'où je me trouvais ni pourquoi, mais je me souvenais vaguement d'un atterrissage forcé pendant une certaine retraite. Je me suis ensuite retrouvé assis sur une civière dans une cabane. Randolph en larmes parce que son ordonnance avait été tué. Beaucoup de conversations confuses sur qui en avait réchappé et qui avait brûlé. Je ne souffrais pas beaucoup bien que mes mains, ma tête et mes jambes aient été brûlées. Randolph boitant des deux jambes, Philip Jordan avec des côtes fêlées, un Yougoslave gravement brûlé et un bras cassé à deux endroits. Je n'arrêtais pas de répéter : « Ne les laissez pas mettre de la margarine sur mes brûlures, c'est ce qu'il y a de pire. » Randolph hurlant pour qu'on lui donne de la morphine.

Lundi 17 juillet 1944

À l'aube on nous a amenés en ambulance dans un village nommé Topusko[1] et allongé sur des lits. Une Yougoslave sauvage a tenté de me faire une injection contre le tétanos. Le barbier du village a tenté de me faire boire du brandy. Une autre jeune femme en pantalon a tenté de me faire manger de l'agneau rôti. Toute la matinée des gens sont venus me scruter du regard. Un garde armé se tenait dehors. Philip Jordan et moi étions dans des chambres qui devaient appartenir à une ancienne auberge, un seul étage, avec une véranda construite autour d'une cour de ferme ; toilettes extérieures d'une terrible saleté. Quelques heures plus tard, Philip Jordan et moi avons testé nos jambes et sommes allés rendre visite à Randolph dans une maison voisine, où il était allongé à côté d'un commissaire du peuple aux traits asiatiques gravement blessé. Il protestait, furieux qu'on nous ait déplacés de l'aérodrome. Il avait envoyé un signal pour demander un vol de jour escorté par des chasseurs. Un Juif

1. Une petite station thermale qui servait de quartier général politique et militaire aux Partisans pour leur zone « libérée » de Croatie.

hongrois de Cricklewood est apparu et m'a dit qu'il avait été un « fin marchand d'art » à Bond Street et m'a demandé de l'aide pour s'échapper du pays. L'endroit était embrumé, un paysage rappelant étrangement la banlieue et la campagne. Un établissement de bains détruit par une bombe. Pendant tout ce temps-là, aucune douleur[1] mais épuisé et incapable de dormir. Plus tard dans la journée nous sommes retournés en ambulance à l'aérodrome ; visibilité n'était pas assez bonne pour atterrir. L'Air Commodore mourant en train de ronfler et de grogner. Un Américain responsable de l'aérodrome. Randolph l'a réprimandé pour nous avoir déplacés. « C'est la règle d'or, etc. » Nous avons fini par nous coucher dans un tas de paille dehors et nous sommes réveillés le lendemain, entièrement courbatus, surtout dans le cou, sans appétit ou énergie, aucune douleur.

Bari, mardi 18 juillet 1944

Un médecin écossais est arrivé en moto et a pansé mes blessures. De longues conversations médicales, dominées par Randolph, pour décider s'il fallait essayer d'opérer l'Air Commodore Carter qui était maintenant en train de devenir paralysé, ou l'emmener à Foggia. Randolph buvant beaucoup de brandy. Un avion allemand passant au-dessus de nous. Randolph hurlant des ordres à tout le monde. Finalement des Spitfires et un avion de transport Dakota et nous étions de retour à Bari avant la tombée de la nuit. Emmené à l'hôpital général 98.

Suis resté à l'hôpital jusqu'au 2 août, raisonnablement heureux ; sans appétit. Nourriture adaptée à des troupes en plein

---

1. Dans le manuscrit, on lit « douleur » ; mais le contexte suggère que l'auteur voulait dire « aucune douleur ».

entraînement dans les Highlands d'Écosse. Dîner à 18 heures sous une chaleur accablante. À part au petit-déjeuner, n'ai presque rien mangé pendant tout le temps que j'ai passé là-bas, mais n'ai souffert de rien jusqu'aux deux derniers jours, quand un furoncle est apparu sur ma nuque. Randolph à l'hôpital comme « l'homme qui venait dîner », buvant, agressant l'infirmière de nuit, voulant les médicaments de tout le monde et l'intégralité des traitements, dictant des lettres, recouvrant les murs de l'hôpital avec des photographies de propagande américaine accompagnées de légendes écrites en serbo-croate. Il est ensuite reparti à Alger et le calme est revenu. La force 399 complètement inutile lorsqu'il s'agissait de nous aider ; Air Force excellente ; Foreign Office (Philiph Broad) excellent.

Rome, mercredi 2 août 1944

Me suis envolé pour Rome à cause de mon furoncle au cou. Mondi Howard[1] avait pris des dispositions pour que je séjourne avec John Rayner[2] que je connaissais à peine dans un appartement charmant, 5 via Gregoriana.

J'ai passé deux jours à Rome pendant lesquels j'ai vu Mondi, Philip Jordan, Virginia[3], l'état de mon cou empirant. L'ai montré à Castellani[4] qui a dit que c'était un furoncle et qu'il fallait m'opérer.

1. L'Honorable Edmund Howard ; entre 1944 et 1945 rattaché à la section de renseignement du Psychological Warfare Branch du Quartier général des forces alliées.
2. Directeur de l'une des sections du Psychological Warfare Branch du Quartier général des forces alliées.
3. Virginia Cowles.
4. Sir Aldo Castellani, le conseiller médical de Mussolini pendant la guerre. Avant la guerre, il avait été directeur du Ross Institute à Londres.

Suis donc allé à l'hôpital général infesté de punaises où les traitements M et B m'ont plongé dans le désespoir. La douleur était intense et continue. Au bout de quatre jours je me suis plaint et j'ai essayé de changer de médecin. Au lieu de quoi ils ont changé le traitement et commencé à m'injecter de la pénicilline toutes les trois heures. Ceci a fonctionné et le 15 août j'ai pu partir. Coote[1] m'a rendu visite à Bari et a passé sa permission à Rome avec moi.

Rome, mardi 22 août 1944

Une semaine reposante, passée à reprendre des forces et à mieux manger. Rome à court d'eau, de lumière et de moyens de transport. Les quelques restaurants sont incroyablement chers. Ranieri ouvert au déjeuner seulement. La plupart des hôtels réquisitionnés pour servir de mess. Jusqu'ici j'ai eu pour habitude, en général, de me réveiller à 7 heures au son de la cloche de San Andrea del Frate, de prendre le thé avec John Rayner en pyjama, lire les nouvelles diffusées par l'ennemi, m'habiller lentement et sortir, soit à pied soit en empruntant une voiture pour aller voir l'une des églises ; déjeuner soit à Ranieri soit seul à l'Eden, maintenant devenu un hôtel accueillant les officiers en permission. Puis de retour au lit et le soir, un peu de lecture avant que les lumières nous fassent défaut. Habituellement dîner dans la maison de la via Gregoriana, lumière électrique tous les quatre jours, les autres soirs une seule bougie ou une lampe à pétrole. Souvent des invités officiels de John.

---

1. Lady Dorothy Lygon, en Italie avec la WAAF (la Women's Auxiliary Air Force, Force féminine auxiliaire de l'aviation de la Royal Air Force). (*NdlT.*)

La perte de mes bagages dans l'incendie m'a dépourvu de nombreuses choses qui sont maintenant irremplaçables. En ce moment je regrette surtout la perte de mes chaussures et me promène en « chaussons ». Quand je retournerai sur le terrain, mon lit Dunlopillo me manquera sans aucun doute.

Les nouvelles de France continuent d'être invariablement bonnes ; les Américains travaillant apparemment de manière efficace et courageuse. Russes se sont comportés de manière affligeante vis-à-vis des rebelles de Varsovie. Tito a rencontré Churchill[1].

Le 20 août, dimanche, Randolph est arrivé en boitant toujours. Il est beaucoup plus calme, parle d'aller en Corse avant de retourner au combat. De nombreuses rencontres fortuites à Rome – Jimmy Reynolds, Hermione Ranfurly, Ian Campbell-Gray. Aucun signe de Chris que j'espérais voir. Une boîte de cinquante cigares de la part de Bloggs.

Samedi 26 août 1944

Une semaine bien remplie, un temps chaud. Rome envahie par de gros bonnets pour une série de conférences et le Grand Hôtel ressemblant au Kremlin avec des gardes partout. Grand déjeuner avec Alice di Robilant, cosmopolite, polyglotte, se plaignant des petits inconforts de la guerre. Mardi Diana est arrivée avec Bloggs. Sa visite a été un échec. La chaleur a eu raison d'elle, elle a d'abord abandonné Bloggs, il a riposté en tombant malade, ne lui laissant d'autre choix que de s'occuper de lui. Randolph l'a quittée pour aller dans le nord avec son père, Virginia était déjà partie, on m'a choisi pour écrire un

---

1. Tito et Churchill se rencontrèrent pour la première fois le 12 août 1944 dans la villa du général Wilson qui surplombait la baie de Naples.

compte rendu sur les conditions alimentaires à Rome ce qui a occupé une majeure partie de mon temps et, à part lors d'un déjeuner organisé par Randolph (qu'il a essayé de donner dans la salle à manger privée de Jumbo Wilson) et deux heures de visite de la ville entre 7 h 30 et 9 h 30, je l'ai à peine vue. Le compte rendu, pour lequel Mondi Howard m'a énormément aidé, m'a amené à être témoin, dans les quartiers pauvres, de scènes d'une pitoyable détresse qui diminuent le plaisir que j'ai à manger mes propres repas.

J'ai déjeuné avec la princesse Bandini[1] – une maison moderne d'une grande splendeur. Nous avons déjeuné au milieu de tapisseries, d'un mobilier Empire[2] et de valets de pied portant des gants blancs et avons mangé des saucisses de rations américaines. Ses deux fils sont morts durant la guerre et sa famille est éteinte. Tous les Romains de la haute société vivent dans la crainte du communisme. Il y a quelques signes qui prouvent que cette peur est fondée. Hier, ayant demandé quelques jours plus tôt à ce que mes lettres arrivées à Bari me soient renvoyées, j'ai reçu une réponse inquiétante, m'annonçant que j'y étais attendu le 25 et que mes lettres seraient donc retenues. Non seulement j'étais agacé de ne pas recevoir son courrier, mais j'étais aussi terrifié à l'idée que Randolph ait omis de prendre les dispositions nécessaires pour que je lui sois rattaché pendant le reste de son congé maladie. Cela était en effet le cas mais j'ai remis de l'ordre dans tout cela aujourd'hui. Entre-temps, nous aurions dû partir pour la Corse mais il n'est pas réapparu.

---

1. Peut-être la cousine d'Edmund Howard, Maria Sofia, la comtesse Gravina, qui avant son mariage était de la famille princière de Bandini (plus exactement les Giustiniana-Bandini).
2. Les murs de la salle à manger de la maison de la comtesse Gravina étaient couverts de damas et non de tapisserie et le mobilier n'était pas de style Empire mais italien *settecento* et *ottocento*.

Ai déjeuné aujourd'hui avec William Rospigliosi qui, après avoir fait de la prison dans un camp de « concentration », est pour la première fois de sa vie *bien-vu* par tout le monde. Il était habillé comme un correspondant de guerre américain et ne montrait aucun signe de nostalgie pour Helen et l'Angleterre.

Lundi 28 août 1944

Les intentions hospitalières d'Alice di Robilant m'ont grandement ennuyé. Vendredi, j'ai accepté une invitation à dîner à sa ferme, laissant la question du transport en suspens jusqu'à ce que je sache si Randolph viendrait. À 20 heures, à un cocktail, j'ai passé un coup de téléphone chez Mme Murphey et appris que ni l'hôte ni l'hôtesse n'étaient chez eux. Puis la chaleur du soir et une invitation à dîner de la part d'Eric Linklater m'ont fait abandonner cette idée. J'ai plus tard appris qu'une voiture pleine de jeunes demoiselles était passée me prendre, qu'elles m'avaient cherché et je me suis senti mal. Puis on m'a proposé de venir dîner samedi soir quand il n'y aurait aucun moyen de transport disponible. Puis à nouveau hier soir. J'étais décidé à ne leur faire défaut sous aucun prétexte cette fois-ci. Comme nos appels téléphoniques sont limités à quatre par jour j'ai dû préparer mon voyage avec un diplomate. Il s'était absenté pour la journée mais devait bientôt rentrer. Je suis resté chez moi à la lumière de la bougie jusqu'à 21 h 15 quand Andy di Robilant a téléphoné pour me dire que tous ses invités étaient arrivés – qu'il n'avait reçu aucun de mes messages. Il allait m'envoyer une voiture. J'ai attendu et enfin, affamé, suis arrivé chez eux à 21 h 45 pour me retrouver à un dîner où l'on ne parlait qu'italien. Je suis rentré épuisé à 2 heures mais j'ai mieux dormi. Mon cou me fait mal et je suis terrifié à l'idée que mon furoncle réapparaisse.

Hier après-midi Randolph a appelé de Naples pour faire savoir qu'il rentrerait aujourd'hui, lundi ou mardi. Si j'avais su que j'aurais ces quelque quatre ou cinq jours de plus, j'aurais pu être un meilleur compagnon pour Diana et écrire un meilleur rapport. Ai dîné samedi avec Hugh Montgomary[1], devenu maladivement anti-italien et anticlérical après son confinement au Vatican. Samedi communion à S. Andrea delle Frate. Hier messe à San Maria del Popolo.

Île Rousse, Corse, vendredi 1er septembre 1944

Mardi 29 août, après un déjeuner au Vatican avec d'Arcy Osborne, je suis parti avec Randolph en jeep pour Naples à travers des campagnes ravagées. À Cassino, il y avait partout des affiches qui interdisaient aux voitures de s'arrêter. Nous nous sommes arrêtés là pendant que Randolph urinait devant un groupe de femmes. Quand on lui a demandé pourquoi il avait choisi cet endroit, il a répondu : « Parce que je suis un membre du Parlement. » Nous avons passé cette nuit et la suivante (parce que nous n'avions pas réservé nos billets d'avion) dans la villa d'Harold Macmillan, une maison à la conception particulièrement vicieuse. Le Ministre n'était pas là la première nuit et de sortie la seconde. Roger Makins et un fonctionnaire de la Trésorerie étaient notre seule compagnie.

Hier Randolph s'est réveillé soûl et d'humeur batailleuse. Nous sommes arrivés à l'aérodrome deux heures trop tôt où nous avons appris que l'appareil passait par Rome de toute façon et que nous aurions pu éviter de venir à Naples. Nos seuls liens

---

1. Premier secrétaire de la légation britannique auprès du Vatican sous Sir D'Arcy Osborne, le ministre. Après la guerre, il quitta les services diplomatiques et devint prêtre.

avec la Corse étaient le fait que Randolph y ait vécu dans le péché il y a huit ans, et une lettre d'introduction d'un homme de l'état-major de Wilson à un général américain portant un nom hongrois. À Bastia nous nous sommes retrouvés à trois ou quatre cents kilomètres du QG du général à Ajaccio. Un capitaine anglais à l'aéroport avait malheureusement rencontré Randolph lorsqu'il était sergent au début de la guerre et s'est fait un plaisir de refuser de nous aider. Au bout d'une demi-heure nous sommes parvenus à nous rendre en ville, sommes passés par le quartier général américain où nous avons réussi à obtenir un déjeuner répugnant et le prêt d'une voiture. Nous avons conduit jusqu'à l'île Rousse pour apprendre que tous les logements avaient été réquisitionnés par les USA[1]. Randolph s'obstinait à croire que l'île regorgeait de homards et d'hôtels de luxe. Nous avons continué jusqu'à Calvi où nous nous sommes retrouvés confrontés à la même situation. Ni chambres, ni restaurants. Nous avons fini par trouver un officier de la RAF qui mangeait au mess avec des sergents au Bishop's Palace. Il nous a donné du gin et laissé utiliser son téléphone. Randolph a passé un coup de fil au général américain à Ajaccio pour apprendre qu'il était en France mais que son état-major avait été « prévenu ». Un colonel des plus excentriques portant un nom polonais est venu nous chercher, nous a conduits à son camp où nous avons bu du whisky dans sa chambre. Il avait un coffre rempli de bonnes choses qu'il voulait absolument nous offrir. « Dites-moi juste ce que vous voulez. Comment vous vous en tirez du côté des sous-vêtements ? Voilà un chewing-gum. Prenez donc une poignée de cigares. » Il s'est emparé du téléphone et nous a réservé des chambres à l'île Rousse, « ce que la maison fait de mieux », « le meilleur dîner – allez donc tuer une dinde ». Nous sommes ensuite repartis en voiture par une

1. Dans le manuscrit, le mot « ennemi » est barré et remplacé par « USA ».

dangereuse route en corniche, précédés par deux policiers en moto. Nul doute que d'amères expériences passées avaient poussé le colonel à envoyer ces hommes devant nous, mais ils ne rendaient pas la route plus sûre puisque les voitures qu'ils dépassaient revenaient toutes se placer au milieu de la voie après leur passage, manquant heurter la jeep du colonel, et nous l'avons échappé belle plusieurs fois.

À l'île Rousse, on nous installa dans une suite de plusieurs pièces comportant chacune un salon, dans l'hôtel réquisitionné par les Américains comme camp de repos. La nourriture est du genre de celle que l'on voit en photo dans les magazines américains. Nous avons été rejoints à notre table par une fille de la Croix-Rouge américaine désespérément suffisante et un gros major envoyé pour s'occuper de nous. Il s'appelle Martin. Nous avons parlé des relations anglo-américaines *ad nauseam*. L'excentricité du colonel est devenue moins prononcée. Ni lui ni aucun de ses compatriotes n'était capable de comprendre la moindre expression d'opinion qu'ils n'avaient pas précédemment lue dans un digest, et partaient du principe qu'ils avaient mal entendu dès lors qu'on leur parlait de quelque chose qu'ils ne connaissaient pas.

Topusko, Croatie, samedi 16 septembre 1944

Notre voyage en Croatie était très différent du dernier. Nous sommes partis sous un soleil éclatant après un déjeuner chez Elliot[1]. Bloggs nous a fait ses adieux. G-Selwyg, un capitaine américain, nous a rejoints. Il y avait un rassemblement de jeunes

---

1. Vice-maréchal de l'Air William Elliot, commandant en chef de la Balkan Air Force.

gens près de l'aérodrome[1] et en hauteur, une ancienne voie ferrée, comme une digue néerlandaise, était bordée de filles habillées en paysannes que Randolph crut tout d'abord être venues nous accueillir. Nous avons fait environ vingt-quatre kilomètres en jeep sur de mauvaises routes en terre jusqu'à notre camp, en passant en chemin par Topusko qui m'a semblé assez différente du souvenir que j'en avais gardé. Le camp était situé dans une forêt de châtaigniers à flanc de coteau et une magnifique vallée s'étendait à nos pieds. Randolph et moi avions une cabane en bois qui venait d'être construite. John Brooke-Hunt, un médecin, et Selwyg, bivouaquaient. Nous avons mangé un délicieux plat à base d'œufs sous un abri qui était aussi la cuisine. Il faisait frais et j'ai très bien dormi. Le QG yougoslave de Croatie se trouvait hors de vue dans cette même forêt. Le général très allemand ; pas de poing levé ni de symboles communistes. Nous avons passé trois nuits dans les bois. Puis Randolph et moi, à notre retour d'un déjeuner à Topusko avec des politiciens – les leaders paysans communistes et croates entretenant des relations amicales qui frôlent parfois la séduction ; un monsignor[2] âgé de Zagreb qui, bien que faible, a défendu son archevêque ; un élève sculpteur de Meštrović – avons appris qu'un déplacement soudain avait été ordonné et que nous devions nous installer dans une ferme en périphérie de la ville. Quatre pièces, une petite véranda, une cour de ferme, deux tentes dans un verger pour les hommes, un grenier pour les gardes yougoslaves et les ordonnances. Tout le travail de la ferme semblait essentiellement reposer sur les épaules d'une petite fille de cinq ou six ans. Notre travail – petit-déjeuner, moi à 8 heures, les autres entre 9 heures et 10 h 30, se rendre au GQ et demander s'il y a des nouvelles ; parfois rédiger un

---

1. *i. e.* le terrain d'aviation desservant Topusko.
2. Monsignor Svetozar Rittig ; mentionné ci-dessous.

message qui sera ensuite encodé. Déjeuner copieux. Randolph dort. Je lis. Nous avons une grande bibliothèque offerte par le British Council – dîner à 20 heures. Éclairage des lampes à pétrole trop faible pour lire ou écrire. Nouvelles à la radio toutes les heures. Randolph soûl et rhétorique. Je me couche à 22 h 30 et dors très bien.

Topusko est une ville faite pour se divertir et convient à nos habitudes. On peut faire dans les bois de très belles marches, il y a un joli petit jardin assez bien entretenu, où l'on trouve l'arche d'une abbaye en ruines et un petit abri, un autre jardin avec un saule pleureur et des chemins envahis par les mauvaises herbes près des bains. Beaucoup de bâtiments sont en ruines et les magasins sont tous détruits et utilisés à d'autres fins. Aucun habitant si ce n'est des soldats et des Juifs attendant d'être évacués qui nous font le salut communiste et écrivent à Randolph des demandes pleines de fautes d'orthographe. Nous avons reçu l'autorisation de les emmener à Bari. Platanes dans la rue, jolis pavés dans le centre, socle sans statue (roi ?). Bains tout neufs, propres et toujours en état de marche. Nous nous y baignons presque tous les jours, gratuitement. Indices d'une machinerie thérapeutique élaborée dans les bâtiments alentour. Quelques visiteurs – des communistes locaux que Randolph salue avec des taquineries. Il est absorbé par les prévisions électorales et ne se laisse pas décourager par la barrière de la langue. Il les fait taire en criant plus fort qu'eux.

Note sur les soldats yougoslaves : d'innocents yeux bleus, cheveux blonds, joyeux et respectueux, passant leur temps à chanter et à plaisanter. Après l'humeur boudeuse des troupes britanniques, il est extraordinaire de voir le zèle qu'ils mettent à porter leurs treillis.

Note sur la politique yougoslave : combattre les Allemands ne les intéresse nullement mais ils sont captivés par leur guerre civile. Tous leurs désirs de vengeance se concentrent sur les

Oustachis[1] que l'on dit être sanguinaires. Ils tentent parfois de façon assez ingénieuse de nous faire croire que leur motivation pour mener telle ou telle campagne est de couper les couloirs de repli des Allemands. Ils veulent se débarrasser des Allemands pour pouvoir mener leur guerre civile. Tous les leaders communistes sont en faveur du Front unique. « Le peuple votera pour les communistes et non pour le communisme. » Les deux chefs locaux, Gregorić[2] et Hebrang[3], ont passé les années d'avant guerre en prison. Gregorić dégage une certaine sainteté ; ce n'est pas le cas d'Hebrang.

Une action typique des Partisans. Avant-hier, 5 000 Partisans ont attaqué 500 Oustachis à Cazin (près de Bihac) en disant que leur but était de prendre le contrôle de la ville afin d'attaquer les axes de communication allemands. Liquidation des Oustachis réussie. Hier le même détachement a lancé une attaque timide contre un village oustachi voisin mais a pris la fuite avant l'arrivée des renforts. Aujourd'hui, ils évacuent Cazin.

---

1. Croates alliés aux Allemands.
2. Pavle Gregorić ; médecin et chef communiste de Zagreb.
3. Andrija Hebrang ; chef communiste croate borgne issu d'un milieu ouvrier ; ami puis rival de Tito. Aurait travaillé pour les services secrets russes. Alors qu'il faisait de la résistance à Zagreb, arrêté par les Oustachis et ensuite échangé contre des Oustachis et des Allemands capturés par les Partisans. Devint secrétaire général du Parti communiste croate, et la figure politique la plus importante à Topusko. Après la guerre, il se rangea du côté des Russes au moment de leur conflit de 1948 avec Tito, et devint leur candidat pour lui succéder. Arrêté puis se serait ensuite « suicidé » en prison.

Dimanche 17 septembre 1944

Messe à 9 heures à l'église de Topusko ; une demi-douzaine de *bourgeois*, dont deux politiciens du parti paysan croate et un certain Dr Snoj du parti clérical slovène, et deux soldats. Les quelque quarante autres personnes étaient de vieilles paysannes dévotes. Randolph m'a ensuite emmené en voiture étudier d'autres pratiques religieuses – Glina, une église comme celle de Topusko mais dotée d'un autel se voulant baroque, où la messe était terminée mais où avait lieu un baptême, et un village où la messe rassemblant un public rural était sur le point de commencer. Quatre prêtres dans un rayon de dix kilomètres ; personne ne s'oppose à la pratique du culte si ce n'est les organisations rivales de l'État pour la jeunesse et l'armée. John Brooke-Hunt est parti à bord d'un avion russe. Gregorić et Mondić [?] nous ont rendu visite et Randolph leur a parlé de communisme en leur hurlant dessus.

Lundi 18 septembre 1944

Trois avions sont arrivés. Nous les avons accueillis à l'aérodrome par un froid mordant, dans l'obscurité ; légère brume de temps à autre ; rangée de fûts d'huile brûlant ; blessés gémissant. Trente Juifs qui ont accaparé l'attention de Randolph. Randolph ivre mort après le dîner communiste.

Mardi 19 septembre 1944

Ai décidé de me rendre en Slovénie avec le Dr Snoj du clergé. Ai vu des sculptures [?] d'église réalisées par un sculpteur croate.

Dimanche 24 septembre 1944

Aucune sortie aérienne avant le mois prochain et donc pas de courrier. On m'a dissuadé d'aller en Slovénie sous prétexte que la traversée en territoire ennemi serait difficile mais je pense qu'on voulait surtout m'empêcher de voyager avec Snoj. L'état-major a manifesté ses craintes concernant nos activités, s'inquiétant surtout, je pense, des conversations politiques que Randolph a quand il est éméché, et de notre rencontre avec Košutić et le jeune Radić[1] qui sont arrivés de Zagreb pour négocier, comme ils le pensent, une coalition avec les communistes. Ils semblent tout ignorer de la domination communiste.

Le temps passe lentement. Ces deux semaines semblent très longues. J'attends la fin de la guerre et me lasse des nouvelles du front. Mais je dors comme jamais. Je n'ai ni cigares ni vin et donc rien à fumer ou à boire, et c'est peut-être à cela que je dois mon bon sommeil. George Selwyg a fui la conversation de Randolph et visite la base aérienne. Expressions de l'interprète. « Le commissaire du peuple veut dire » pour « dit ». « Ça ne fait rien » pour « pas du tout », *i. e. prego.* Notre nourriture est insipide ; viande cuisinée dans de la graisse et des sardines. Aucun fruit ni légumes mais nous prenons des pilules censées compenser ces carences.

Tous les matins au lit, en admirant la quantité de vigne qui tombe dehors le long de ma fenêtre et la lumière transperçant ses feuilles, je me suis mis à penser à Midsomer Norton. Pendant

1. Fils du fondateur assassiné du Parti paysan. Le Parti paysan croate était le parti politique le plus important dans la Yougoslavie d'avant guerre. Certains de ses membres collaborèrent avec le régime Pavelić. Macek, son leader, demeura passif. August Košutić, qui était venu à Topusko proposer une coalition politique entre le Parti paysan et les Partisans, était son envoyé. Comme Waugh s'y attendait, les leaders communistes des Partisans n'avaient aucune envie d'affaiblir leur autorité et rejetèrent les propositions.

deux semaines je l'ai comparée à la bordure le long d'un texte, à l'illumination autour de ma grand-mère, aux tons de chromos. Je viens de me rendre compte qu'il s'agit tout simplement de la lumière passant à travers la vigne qui descendait le long de la véranda du fumoir et toutes ces autres associations sont écartées [?] au profit de celle, directe, de la mémoire immédiate.

Dimanche 1er octobre 1944

La semaine est passée un peu plus vite mais toujours très très lentement. Il a plu sans cesse ces derniers jours. Lundi dernier nous avons été invités le matin pour un banquet donné le soir même, afin de célébrer un échange de décorations entre l'état-major général et la mission russe. Nous sommes arrivés à 21 heures et avons trouvé des tables à la décoration très élaborée et le couvert dressé pour au moins cent personnes. J'étais assis entre le commissaire du peuple monolingue et un journaliste communiste ennuyeux qui parlait anglais. Le dîner, très bon, a duré trois heures ; il y a ensuite eu des discours puis un spectacle théâtral profondément repoussant. Nous sommes rentrés à 4 heures du matin. Le spectacle consistait en une série de chœurs passionnés en russe, yougoslave, et une langue qui se voulait être de l'anglais ; une saynète de propagande des Russes racontant l'histoire d'un garçon obtenant une médaille à l'école publique ; un dialogue entre Hitler et Réaction, jouée par une sorte de sorcière ; et une pièce au sujet d'un soldat lâche devenu brave après avoir tué un Allemand. Mon voisin communiste m'a dit : « Vous voyez, malgré la guerre, nous avons les arts. »

Le lendemain, une splendide journée d'automne au soleil éclatant, nous sommes partis en voiture à Sunja pour voir une bataille, Randolph malmenant le chauffeur et le guide pendant tout le trajet, à l'aller comme au retour. Nous nous sommes arrêtés à un peu moins de deux kilomètres de Sunja et avons pique-niqué, avec des paysannes semblables aux illustrations de contes de fées qui s'affairaient nu-pieds dans les cours de leurs fermes, et une bataille décousue et peu concluante qui faisait rage juste en dessous de nous. À notre retour nous avons trouvé le télégraphiste, ivre mort, qui se promenait sans pantalon et qui a fini par s'écrouler. Pas d'avions et après ce mardi-là pas de soleil. George Selwyg s'est enfui et a été ramené. L'ordonnance de Randolph, qui a dû subir bien des choses, a demandé hier à être renvoyé dans son régiment et était aujourd'hui soûl toute la journée.

Nous avons eu Monsignore Rittig à déjeuner aujourd'hui. Il est moins courageux que ce que je croyais. Il s'est d'abord réfugié chez les Italiens pour échapper aux Oustachis, et n'a rejoint les Partisans qu'une fois l'Italie tombée. Mais les Partisans lui témoignent tous les honneurs, il dit la messe avec grand respect, et s'avère être un lien précieux entre eux et la décence. Aussi présent au déjeuner, invité au dernier moment, August Košutić, chef du Parti paysan au parti de Maček qui est venu de Zagreb pour discuter d'une alliance avec les communistes. Au moment où il quittait notre déjeuner, il s'est fait enlever par la police secrète. Randolph, à moitié ivre, s'est précipité pour trouver Hebrang, le chef communiste, et n'a depuis cessé de taper des messages sans fin. Je vais me promener dans la boue et envisage de commencer à écrire une nouvelle policière pour passer le temps. Comme nous sommes au début du mois, on peut espérer bientôt recevoir du courrier.

Dimanche 8 octobre 1944

La semaine dernière est passée aussi vite que quinze jours – une nette amélioration. Il a plu jusqu'à mercredi, la pluie s'est arrêtée pendant trois jours puis a repris. Aucun avion n'a atterri, bien que certains aient largué du matériel aux Partisans. L'avancée des Russes a atténué notre prestige. De nombreux petits signes témoignent de la détérioration de nos relations avec les Yougos. L'ordonnance de Randolph s'est mis à boire et a été envoyé à la base aérienne pour attendre son renvoi. G. Selwyg a reçu l'ordre de partir. Les Yougos considèrent notre attaque à la roquette sur Sunja (prévue à la première opportunité quand la météo le permettra) futile. Nous avons reçu deux chaises en toile réalisées par un menuisier local. Bancales mais plus confortables que celles que nous avions. Je souhaiterais commencer à écrire un roman mais n'en ai pas l'occasion à moins de parvenir à convaincre Randolph de se rendre à Belgrade quand la ville tombera. Les érables de la seule rue sont devenus jaune pâle et le crépuscule dure une heure.

Lundi 9 octobre 1944

Randolph convoqué au QG et réprimandé pour diverses fautes mineures commises par des hommes sous ses ordres. Fait partie de la politique de ces gens qui cherchent la petite bête. La nuit dernière un avion a volé bas et est reparti sans atterrir.

Vendredi 13 octobre 1944

Au dîner avec Randolph – moi, me demandant combien de temps je parviendrai à supporter sa compagnie, et même lui, je pense, vaguement conscient d'une certaine tension – un appel téléphonique de l'aérodrome : les majors Clissold et Birkenhead sont arrivés. Freddy n'aurait pas pu être plus inattendu si son arrivée n'avait jamais été mentionnée. Nous avions tous deux perdu espoir en lui. L'euphorie de Randolph était extravagante ; il bondissait de-ci de-là en gloussant et en se frappant, révélant combien ma compagnie lui était agaçante. Le major Clissold (un homme doux, ancien instituteur de Zagreb, conseiller politique de Maclean) était sans aucun doute relégué au second plan. Seul, il aurait été traité comme invité d'honneur, chaleureusement accueilli ; pour l'heure, il gênait. Pas tant que cela aux yeux de Randolph, qui ne perdit pas une minute pour s'enivrer bruyamment. Freddy semblait, et était, très malade, venant de vivre deux semaines de dysenterie à Bari.

Samedi 14 octobre 1944

Je me suis occupé du doux Clissold. Freddy avait apporté des cigares et deux lettres de Laura, des chaussures, des brosses à cheveux, et tout cela m'a réchauffé le cœur ; il manquait toujours un mois de courrier. Pendant et après le déjeuner Randolph et Freddy ont bu et terminé ivres morts, exhibé leur état devant tout le monde et sont partis se coucher. Je me suis excusé au nom de Randolph qui était attendu pour dîner ce soir-là avec le général commandant « Croatie ».

Dimanche 15 octobre 1944

Messe, promenade, heureux avec mes cigares. Freddy est resté au lit toute la journée.

Lundi 16 octobre 1944

Clissold et moi nous sommes rendus en voiture à un hôpital dans la forêt de Petrova Gora pour rendre visite à des pilotes américains. Ils sont maintenant nombreux à passer entre nos mains. Byrd est arrivé avec le reste du courrier.

Mardi 17 octobre 1944

J'avais prévu de passer une agréable journée avec mes lettres seul à la mission puisque tous les autres devaient aller visiter un QG dans les bois mais ils sont revenus, l'expédition annulée. Mais j'ai écrit six ou sept lettres en espérant que Clissold veuille bien les emmener avec lui quand il quittera le pays. Le soir nous sommes allés à la projection des films que nous avions apportés à Glina ; échec après quatre ennuyeux films d'actualités. Souper avec le chef d'escadrille Ruffle [?]. Les hôtes et les invités avaient tous déjà dîné avant si bien que personne ne toucha aux fins mets qui avaient été préparés. Aucun avion.

Mercredi 18 octobre 1944

Une autre déception. J'avais attendu avec impatience le moment où l'on me laisserait seul toute la journée pendant que les autres partiraient visiter un lac dans le sud. Cette expédition aussi a été annulée. Mais Freddy me dispense largement de la compagnie de Randolph. Ai conçu l'idée de garder la maison de ma tante à Midsomer Norton comme studio de travail.

Lundi 23 octobre 1944

Tous les soirs de la semaine dernière le major Clissold a attendu l'arrivée d'un avion mais ses espoirs ont été déçus, parfois même à l'aérodrome. Vendredi nous avons fait venir cinquante-six Juifs par un froid mordant et les avons renvoyés à leur paille après deux heures d'attente. Il y a aussi cinquante pilotes américains, dont trois blessés après avoir sauté, qui attendent de partir. Randolph envoie des messages acerbes « Personnel, à l'attention du vice-maréchal de l'Air » persuadés que ceux-ci causeront la consternation de tous à Bari.

Vendredi Belgrade est tombée, célébrée par un formidable concert de tirs de fusils. Samedi les célébrations étaient plus formelles. Un service religieux de sept popes[1] orthodoxes récemment arrivés de Dalmatie, un autel temporaire dans un salon de thé orné de fresques, vêtements sacerdotaux en lambeaux, encens, quelques chants puis un sermon purement politique et patriotique. Le général présent, tous les chefs et éditeurs communistes, Clissold et moi par hasard. Puis tout le groupe, prêtres inclus, s'est rendu à l'église catholique. Les troupes du QG se sont alignées dehors. Monsignore Rittig prêchait, introduisant, comme me l'expliquait Clissold, un élément de religion, puis un *Te Deum* dans l'église. Aucun membre de la congrégation ne semblait familier avec les usages du lieu. On dit que les prêtres se sont rassemblés pour débattre. Il me

---

1. Dans le texte, *popes* mais comprendre prêtres. *Pop* signifie prêtre en serbo-croate (*NdlT*).

semble concevable que Broz[1] ait l'intention d'établir une église nationale sécularisée.

Randolph s'est enivré au début de l'après-midi et a eu un débat sans fin avec Mates[2], tournant en boucle de façon pesante, se contredisant, plaisantant lourdement, condescendant, affligeant. Mates était encore pire, faisant preuve d'un patriotisme fougueux et dément en parallèle de son communisme. Il a évoqué Istria en utilisant les mêmes termes que ceux employés par les jeunesses hitlériennes à propos des Allemands des Sudètes ; il portait le même intérêt mystique au « sang », le considérant aussi bien comme un lien racial que comme un sacrifice ; il témoignait d'un sens de la dignité plus-qu'allemand (et une estime vulgaire pour la force physique). Et c'est un jeune homme sympathique, typique de ce qu'on fait de mieux chez les Partisans. Plus tard il y a eu des processions éclairées à la lumière de lampe de poche, encore des oraisons, un avion russe, attendu, qui n'est jamais venu.

Hier nous avons été réveillés par un raid aérien – six ou sept machines lentes larguant de petites bombes et mitraillant le village sans se heurter à la moindre opposition. Randolph est devenu complètement surexcité. Comme ça, m'a-t-il dit, c'est exactement comme ça que l'attaque en parachute[3] de Dvrar avait commencé, et le raid en lui-même semblait si vain

---

1. Tito.

2. Leo Mates : jeune communiste de Zagreb rattaché à la mission britannique comme officier de liaison parlant anglais. Plus tard, ambassadeur yougoslave aux USA et vice-ministre des Affaires étrangères.

3. À la fin du mois de mai 1944, le quartier général de Tito à Dvrar en Bosnie fut lourdement attaqué par une unité allemande de parachutistes et de planeurs, après avoir été bombardé par l'aviation. Échappant à l'encerclement, Tito, certains membres de son état-major, et une poignée d'officiers britanniques construisirent une piste d'atterrissage qui leur permit d'être évacués en avion, d'abord vers Bari puis à Vis.

que j'accordais un peu de crédit à ce qu'il disait. Mais ils sont repartis et je suis allé avec Clissold constater les dégâts et nous en avons trouvé peu. Le salon de thé avait été touché par un coup au but et la fresque antifasciste était intacte. À l'église à 11 heures un avion bourdonnait au-dessus de nous et il y eut plusieurs salves de mitraillettes. Les fidèles étaient d'abord un peu inquiets mais le prêtre s'est montré admirablement maître de lui et à partir du moment où le canon de la messe a commencé, plus personne n'a quitté l'autel des yeux. Je m'imaginais à moitié qu'il y aurait peut-être une attaque oustachie et qu'en sortant nous découvririons qu'ils avaient pris le contrôle du village, ou que des Croates sanguinaires envahiraient tout à coup l'église. Freddy, que je trouvais seul et morose à la mission, était convaincu que nous allions nous faire attaquer par des parachutistes d'un moment à l'autre. J'ai fait mon sac à dos et ma musette mais nous n'avons pas eu à bouger. Il n'a pas cessé de pleuvoir de tout l'après-midi et de la soirée ; les lumières sont tombées en panne ; Randolph et Freddy étaient au lit ; je m'abîmais les yeux en relisant *À la recherche du baron Corvo*. Ce matin j'étais réveillé de bonne heure et je me suis habillé, voulant éviter d'être à nouveau surpris au lit par les raids aériens, mais tout est plongé dans une épaisse brume et j'écris donc ces lignes dans le salon qui empeste le *rakija*.

Randolph s'est réveillé très agité à 8 heures, pris par une peur soudaine qu'une attaque aérienne puisse avoir lieu, si bien qu'il s'est mis à parler, téléphoner, taper et caqueter comme une vieille poule en lisant les messages deux heures plus tôt que d'habitude, et que j'ai perdu la partie de la journée que je prise le plus. Clissold et moi avons appelé le QG et reçu des informations concernant une raffinerie de pétrole attaquée par les Partisans près de Zagreb. Puis en route pour Glina en jeep, prenant des cigarettes et de vieux magazines aux pilotes américains. Les trois blessés, surtout celui qui avait auparavant de l'humour et dont la blessure est interne, étaient déprimés et désespéraient d'être jamais évacués. Il a plu à torrent toute la journée et on a déclaré l'aérodrome inutilisable jusqu'à ce que le temps soit sec pendant au moins trois jours.

Au déjeuner Randolph et Freddy étaient enjoués. Ils n'inventent pas de nouvelles plaisanteries ou même ne répètent pas les leurs. De la conversation comme je l'aime – l'imagination se développant à partir d'un récit, une répartie pertinente, un débat fondé sur des postulats admis, des réminiscences et des citations spontanées – ils ne savent rien. Ils s'esclaffent et rient qu'en se racontant encore et encore les dictons mémorables de leurs pères respectifs ou d'autres figures publiques ; même avec ce vaste répertoire ils se répètent d'un jour à l'autre – parfois même dans la même heure. Ils récitent aussi avec un formidable enthousiasme les passages les plus galvaudés de Macaulay, les poèmes de John Betjeman, Belloc, et autres classiques. J'ai remarqué combien il est ennuyeux de devoir tout répéter deux fois à Randolph – une fois quand il est soûl, une autre quand il est sobre. Deux heures plus tard, éméché, un verre de *rakija* à la main, il est venu dans ma chambre se plaindre de ma méchanceté. Ensuite il a cuisiné des rognons pour Zora[1] en faisant de bruyants baisers et sifflements admiratifs quand le plat est apparu – tout cela, son argot américain, sa toux et ses pets font de lui un compagnon médiocre par temps de pluie. Au moins je n'ai plus à supporter ses ronflements comme Freddy doit maintenant le faire. Ai terminé *À la recherche du baron Corvo*.

---

1. La cuisinière.

Mardi 24 octobre 1944

Suis allé avec Clissold rendre visite à Monsignore Rittig dans la maison du prêtre de la paroisse. Une petite maison spacieuse dotée des décorations et meubles que l'on trouve toujours dans un presbytère – une salle de réception avec d'affreux meubles de salle à manger, des chromos historiques, des cartes postales pieuses affichées ici et là, une encyclopédie. La maison ressemblait aussi curieusement à un musée, car le prêtre de la paroisse avait réuni et disposé avec amour un certain nombre de pierres taillées et gravées – romaines et médiévales – qu'il avait trouvées en ville. J'ai posé à Rittig de nombreuses questions sur la position de l'église. Les prêtres en territoires libérés reconnaissent-ils l'autorité de leurs évêques ? Oui, etc. Les évêques n'ont rien fait pour les empêcher de faire leur travail. Combien de prêtres comptait-on ? Il ne savait pas. Y avait-il en effet vraiment des aumôniers ? Oui, assez peu. Combien ? Aucune idée. Et ainsi de suite. Je lui ai demandé ce qu'il comptait faire en termes d'éducation ; permettrait-on aux ordres religieux qui enseignent de revenir ? Les Franciscains s'étaient mal conduits, encourageant les Oustachis. Rien de tout cela n'était bien satisfaisant et je commençais à penser que Monsignor faisait passer la politique, ou, comme il l'appelait, le patriotisme, avant sa religion. Je lui ai ensuite posé des questions sur les pratiques religieuses des soldats partisans. Il s'est mis à louer leur sérieux, leur pureté, leur courage. Je lui ai dit : « Vaut-il mieux être un païen courageux ou un chrétien lâche ? » À partir de là il a tout à fait changé, a ravalé ses discours patriotiques, cité la 9e béatitude, remarqué que c'était aujourd'hui la Saint-Raphaël et que nous devrions tous suivre l'exemple de saint Raphaël, et humainement ajouté que le devoir du prêtre était de rester auprès de son peuple quelles que soient les difficultés, et que nous serions alors assurés que le mal ne l'emporterait pas sur le bien. En partant, j'étais convaincu qu'il était un prêtre sincère. Le prêtre de la paroisse nous a ensuite montré ses pierres.

La pluie s'est arrêtée et il y a bon espoir que le terrain soit utilisable sous quarante-huit heures. Clissold a, de façon assez présomptueuse, invité le capitaine Byrd à déjeuner. Un jeune homme ennuyeux ayant peu de grâce en société. Les Juifs ont appelé pour se plaindre en disant qu'ils étaient prioritaires ainsi que leurs bagages. Ils ont dit qu'un Juif avait été tué pendant le bombardement et que son corps avait été immédiatement volé et dépouillé par les Partisans. Ceci ne correspond pas à ce que nous savons d'eux. Gêné par des hémorroïdes.

Mercredi 25 octobre 1944

Suis allé à Glina avec Clissold, avons récupéré le chef d'escadrille Ruffle et visité des aérodromes imbibés d'eau. Puis en route pour le QG du IVe Corps pour voir le commandant que la perte de son matériel avait, disait-on, rendu fou de rage mais qui, à notre arrivée, s'est avéré résigné et plein d'humour, un état d'esprit remarquable pour son extrême jeunesse. Les chiffres qu'il nous a donnés montraient clairement que le matériel est envoyé de façon désordonnée en fonction de sa disponibilité, sans que quiconque se réfère aux tableaux de priorité laborieusement établis. Pas de pluie et le sol est en train de sécher. Ai passé l'après-midi et la soirée à l'intérieur. Randolph et Freddy sont partis superviser la réception de matériel de parachutisme à Gajevi [?] mais sont aussitôt rentrés quand ils ont constaté que tout était en ordre. Clissold prédit que ce pays sera fermé aux voyageurs après la guerre. Amerloques en pleine bataille navale dans le Pacifique. Partout ailleurs la guerre semble être entrée en hibernation.

Jeudi 26 octobre 1944

La bruine a commencé vers midi et s'est transformée en fortes averses dans l'après-midi. Il a plu toute la nuit. Tout espoir qu'un avion puisse atterrir a donc une fois de plus été abandonné et il faut à nouveau attendre. Entre-temps trente-trois pilotes sont arrivés à l'aérodrome. Spoleto est tombée – il sera peut-être bientôt possible de partir en bateau. Caporal Jasper à nouveau ivre.

Vendredi 27 octobre 1944

Une journée de pluie ininterrompue. Nous ne sommes pas sortis de la maison. Encore des « prises de bec » avec Randolph qui l'ont poussé une nouvelle fois à me demander d'être plus aimable avec lui. Sa requête m'a laissé indifférent car dans ce domaine il n'est rien d'autre qu'une brute molle qui prend plaisir à tempêter et hurler pour faire taire toute personne plus faible que lui et qui se met à pousser des cris perçants dès qu'il se heurte à son égal. Pour utiliser des mots qu'il arriverait à comprendre, il est capable de s'en prendre aux autres mais pas d'encaisser. Cependant, dans la mesure où nous sommes obligés de vivre ensemble je dois m'efforcer de me maîtriser et lui témoigner les honneurs que son grade de commandant mérite, même s'il fuit ses responsabilités. Je suis moins enclin à dissimuler mon mépris depuis qu'il a perdu son sang-froid pendant le raid aérien de dimanche. Pour tout dire, il est assommant – dépourvu d'imagination ou d'agilité intellectuelle. Comme les enfants, il retient facilement les choses et la répétition remplace la pensée. Il s'est fixé des objectifs très bas et n'a pas le sang-froid nécessaire pour s'y tenir avec fermeté. Il n'est absolument pas de caractère indépendant et son attachante affection vient de là. Ce n'est pas un bon compagnon sur le long terme, mais la conclusion est toujours la même – personne d'autre ne m'aurait choisi, et personne d'autre ne l'accepterait. Nous sommes tous les deux à bout en ce qui concerne nos tâches militaires et devons faire de notre mieux pour terminer ce que nous sommes venus faire.

Hier la « Brigade » musulmane a marché dans Topusko, l'équivalent d'un bataillon, la plupart des hommes sans bottes ni bagages, en haillons, avec quelques chanteurs essayant de les pousser à chanter des chansons sur la jeunesse. Ils étaient très jeunes et minces. S'ils avaient eu les longues moustaches à la gauloise et les vêtements étranges de leurs pères et porté des armes de style byzantin ils se seraient fondus dans ce paisible paysage. Mais ils nous ressemblaient trop – leurs armes et uniformes en lambeaux étaient les nôtres ou ceux des Italiens ; ils avaient vécu la même sorte d'action que nous à Cazin – une attaque en majorité écrasante, leur butin était pareil au nôtre – un équipement de radiographie et une table d'opération – leur échec aussi, ils n'avaient pas réussi à faire face à la contre-attaque. C'était des traîtres, aussi, qui avaient suivi leur chef à travers trois changements d'allégeance et l'avaient ensuite assassiné pour de l'argent. Voilà à quoi ressemble l'Europe, me suis-je dit.

Samedi 28 octobre 1944

Mon quarante-et-unième anniversaire et le plus morose des onze dernières années. Il a bruiné toute la journée et je ne suis sorti de la maison qu'une fois – une excursion aux bains qu'on disait être, à tort comme nous l'avons découvert, à nouveau ouverts. C'était une bonne année – une fille née, un livre écrit, j'ai échappé de peu à la mort une fois. Je prie Dieu pour être l'année prochaine chez moi, me dédiant à mon propre travail, et en paix.

Dimanche 29 octobre 1944

Boue sous les pieds, ciel gris au-dessus de nos têtes, pluie intermittente, crachin, brume. À la messe à 9 heures, aux bains à 11 heures, où l'eau n'était ni aussi profonde ni aussi chaude que je l'aurais voulu, où il y avait une forte odeur de gaz des marais ou pire, et où des femmes antifascistes tapaient contre les fenêtres et criaient : « *Avion !*[1] » Après cela, toute la journée à l'intérieur à m'abîmer les yeux sur une mauvaise impression moderne sous un éclairage défaillant et une lampe électrique qui vacillait.

Lundi 30 octobre 1944

Un message pour nous annoncer qu'il n'y aurait aucune opération « ramassage[2] » dans les dix prochains jours.

Mardi 31 octobre 1944

Nous avons remarqué au moment où nous avons reçu le message ci-dessus que la pluie était sur le point de s'arrêter ; ce qui s'est passé ; une journée ensoleillée et une nuit éclairée par la lune. Clissold et Freddy ont proposé de se rendre par la route à Split, se sont vus répondre que cela était faisable, et une heure plus tard que cela était impossible. Randolph a préparé un dîner qui consistait en une énorme pomme de terre crue pour chaque personne, avec un œuf dur au milieu – immangeable. Réponse confuse au message concernant les journalistes ; discussion confuse au sujet de la loi sur la diffamation.

---

1. En français dans le texte (*NdlT*).
2. En anglais, opération « pick-up » (*NdlT*).

La Toussaint

Bien. Un grand nombre de paysannes vêtues de leurs plus belles robes. Messe à 10 h 30. Courrier attendu dans la soirée mais n'est jamais arrivé.

Jeudi 2 novembre 1944

Il a commencé à pleuvoir à 4 heures du matin et la pluie ne s'est pas arrêtée de la journée, reportant tout espoir d'un quelconque atterrissage. Byrd est venu déjeuner en voiture pour nous dire que le IVe Corps se plaignait à nouveau du sergent Pavelič, cette fois-ci apparemment parce qu'il a demandé au maire du village de rencontrer un cochon[1] pour le thé et a demandé qu'il soit déporté ; ils se plaignent aussi du manque de matériel. Les Yougoslaves ne nous témoignent pas le moindre signe de gratitude, ni ne devraient le faire, car nous ne faisons preuve d'aucune générosité à leur égard. Nous menons une politique qui nourrit, de façon mesquine et myope, nos propres intérêts et venons pleurer quand nous ne réussissons pas à assurer un monde où régneraient l'amour et l'estime de tout un chacun pour son prochain.

Randolph se tracassant et fulminant au-dessus de ses messages ; se précipitant dehors pour demander au télégraphiste s'il y a du nouveau, déclarant, « Peut-être que j'en saurai plus lors du prochain contact ». « À quel sujet ? » « Si le caporal Crooke (qui devait être parachuté la nuit dernière) est sain et sauf. » « Mais vous en doutez ? » « Non, bien sûr que non. Mais

---

1. Le manuscrit est clair ; le sens ne l'est pas.

pourquoi est-ce qu'ils ne me le disent pas[1] *?* » Il a l'intention d'aller à Belgrade, ce qui me fera aussi des vacances bien méritées.

Vendredi 3 novembre 1944

Un certain nombre de messages contradictoires nous ont fait craindre que notre courrier aurait peut-être été largué dans la nature il y a quelques nuits, volé, et perdu. Cela me serait insupportable. Dans la soirée, Mates est venu à la demande de Randolph. Randolph était déjà soûl et a continué de s'enivrer – une conversation honteuse quand Randolph s'est mis à haranguer Mates et à demander à tout le monde de se taire. Mates gardant ses traits d'esprit et sa dignité. Randolph est parti se coucher sans dîner. Mates était assez explicite quand il parlait des objectifs des communistes ici, discutant des différences entre le mouvement ici et celui en Grèce où ils avaient d'abord essayé de s'emparer du pouvoir puis de battre les Allemands ; ici ils ont combattu les Allemands en premier et sont maintenant préparés à prendre le pouvoir. « Le temps est venu où nous pouvons commencer à demander à ceux qui ont combattu à nos côtés quels sont leurs objectifs après la guerre. » Randolph était trop soûl et impatient de parler de lui-même pour apprécier cette conversation. Freddy, plus sobre, se répétant sans arrêt, est resté à se plaindre du fait qu'il devait partager une chambre, et à raconter en boucle une dispute de la nuit dernière.

---

1. Italique choisi par l'auteur (*NdlT*).

Samedi 4 novembre 1944

Randolph, aussi ingénieux qu'une autruche, est resté couché en espérant nous faire croire qu'il était malade, et non ivre, hier soir. La journée n'a cependant pas été aussi reposante que ce que j'espérais. Byrd est arrivé en voiture et il est resté cinq heures en faisant preuve d'une gaucherie inepte, ni suffisamment à l'aise, ni suffisamment mal à l'aise pour s'en aller. J'ai été terriblement impoli à son égard, ai eu honte puis me suis rendu compte qu'il n'avait rien remarqué. Un message est ensuite arrivé annonçant que quarante-huit avions étaient en train de larguer leur chargement à Kladusha et Randolph était tellement excité qu'il a bondi de son lit. Puis Mates a appelé. Ensuite il y a eu un autre message donnant une heure différente pour l'opération aérienne et n'annulant pas le dernier message. Donc Randolph, qui avait décidé de se rendre sur la zone de largage, était encore plus excité et a passé des heures au téléphone, en s'agitant comme une poule autour des télégraphistes. Je suis allé me coucher à la même heure que d'habitude mais n'ai pas réussi à dormir jusqu'à ce qu'ils finissent par partir. Freddy m'a réveillé pour avoir ma clé de la boîte mais j'ai découvert ce matin qu'il ne l'avait pas refermée à clé.

Dimanche 5 novembre 1944

Le largage à Kladusha a réussi ; l'événement le plus important à mes yeux était le petit largage à Glina qui nous a amené notre courrier, intact, et non pas perdu comme nous le pensions, une pile d'aérogrammes de Laura, des livres de Nancy, un vaste assortiment de matériel de PWB[1], que Randolph a éparpillé dans le salon, le rendant inhabitable. Il fait toujours aussi beau et nous avons toutes les raisons d'espérer que Clissold puisse bientôt partir avec notre courrier. Messe à 9 heures. Randolph est rentré de Kladusha à 11 h 30 ; courrier à 13 heures ; oie à 20 heures. L'apparition de cet oiseau a quelque peu galvanisé mes compagnons. J'aurais préféré avoir au dîner notre repas habituel. Pluie.

Lundi 6 novembre 1944

Ai conduit jusqu'à Kladusha avec Randolph qui ramassait toutes les miettes afin de s'attribuer tous les honneurs de ce largage majeur. Kladusha est un village musulman – en l'espace d'un ou deux kilomètres nous sommes passés de l'Europe centrale aux Balkans – une collection de maisons pauvres à moitié en ruine autour d'un large gazon, des rangées de marronniers, feuilles jaune pâle, une colline en forme de cône surmontée d'un château en ruine, dominant la ville et le soleil se couchant derrière. Des hommes aux barbes rebelles portant des fez, en âge de servir dans l'armée, à l'attitude renfrognée et suspecte. Une mosquée et une chapelle en ruine. Deux magasins avec du matériel militaire détrempé qui venait d'être livré. Sommes repartis en voiture alors que le soleil se couchait derrière nous sur la vallée de Glina, les feuilles d'automne conférant aux collines alentour une teinte rouille. Une autre lettre.

---

1. PWB désigne sans doute la Psychological Warfare Division, le département chargé de la propagande de guerre (*NdlT*).

Mardi 7 novembre 1944

Célébrations de la révolution russe. De nombreux soldats portant de nouvelles médailles dorées faites par les Russes. Le soir, Stari[1] s'est battu, ivre. Une journée sans pluie mais nuageuse. Promesse d'un atterrissage de Dakotas demain. Commentaires ironiques quant à d'éventuelles averses.

Mercredi 8 novembre 1944

Me suis réveillé à 4 heures. Forte pluie. Stari en pleurs. « M. Le Capitaine je recommencerai plus jamais. J'ai retapé les chambres de ces types » – indiquant les quartiers des sous-officiers – « ils disent que vous allez voir M. le Capitaine, il va tout arranger. » Il a plus tard dit à Randolph que s'il était renvoyé à son unité en état d'arrestation, il serait fusillé. Averses presque toute la journée et aucun vol. Bakarić[2], le nouveau chef communiste de Croatie, est venu déjeuner. Un clerc de notaire à l'attitude convenablement réservée – tout à fait évasif. Randolph et Freddy se sont enivrés. Je suis parti quand Randolph a commencé à expliquer ce qu'était le Foreign Office britannique. Deux heures plus tard, Freddy se parlait à lui-même, un véritable charabia, dans les latrines sèches. Randolph s'est lancé dans une série de reproches larmoyants, me blâmant de ne pas lui avoir offert mon amitié et d'être cruel avec lui. « Ça ne peut plus continuer. Ça ne peut plus continuer. » « Très bien, dans

---

1. Un paysan rattaché à la mission comme homme à tout faire. En serbo-croate, *stari* signifie « vieil homme ».
2. Le docteur Vladimir Bakarić ; leader croate communiste à Zagreb, un proche collègue de Tito, et, trois décennies après la guerre, le principal politicien en Croatie.

ce cas-là je retournerai à Ban. » « Je vous apprécie toujours. En dépit de votre animosité à mon égard. Je suis blessé et peiné… » Je n'ai pas ressenti le moindre sentiment de scrupule. Randolph et Freddy sont partis se coucher avant le dîner et ne sont pas réapparus. Soirée paisible avec Clissold.

Jeudi 9 novembre 1944

Mates est passé avec deux jeunes rustres en uniforme. « Voici » – pointant le plus rustre et tavelé des deux – « le commandant du QG du bataillon. Voilà » – le mufle le plus propre – « le commissaire du peuple. Nous venons au sujet de l'incident du sergent Stari ». Ils se sont ensuite mis à m'expliquer, avec la plus grande solennité, qu'ils avaient mené une enquête et conclu qu'un incident avait bien eu lieu, qui affectait non seulement la discipline de l'armée mais aussi leurs relations avec leurs alliés. Avant de renvoyer l'affaire en cour martiale, auquel cas Stari serait fusillé, ils aimeraient connaître le souhait du major Churchill à ce sujet. Randolph a dit que Stari avait peur et qu'il était prêt à fermer les yeux sur cette affaire. Les Partisans voulaient clairement souligner le contraste entre notre armée soûle et leurs hommes sobres et disciplinés. Ils ont dit qu'ils envisageraient une sanction plus indulgente au vu de la grande clémence de Randolph, et qu'ils enverraient Stari en prison. Stari en apprenant la nouvelle était fou de joie et de reconnaissance. Après le dîner il s'est mis à neiger.

Vendredi 10 novembre 1944

Neige et dégel.

Samedi 11 novembre 1944

Je suis allé faire une longue marche avec Clissold, avançant d'abord sur un sol craquant, gelé et pataugeant au retour, une fois le soleil apparu, dans une boue épaisse. Dans l'après-midi un bain. Pensant que ce serait de l'argent bien dépensé si celui-ci pouvait nous acheter le silence de Randolph, Freddy et moi lui avons parié 10 £ chacun qu'il n'arriverait pas à lire toute la Bible en deux semaines. Il s'est mis au travail mais pas aussi silencieusement que nous l'espérions. Il s'assied en se balançant sur sa chaise, en gloussant et en demandant : « Mais vraiment, saviez-vous que ça venait de la Bible "vous ferez descendre mes cheveux blancs avec douleur au sépulcre" ? » Ou tout simplement, déclarant : « Mon Dieu, Dieu n'est-il pas une merde. »

Les premiers d'un large groupe de prisonniers de guerre[1] en fuite viennent d'arriver.

Dimanche 12 novembre 1944

Une requête du QG. Pourrions-nous s'il vous plaît leur communiquer les dates des fêtes britanniques nationales ? Que pouvions-nous dire ? St George, l'anniversaire du roi ?

---

1. Topusko était un ultime maillon de la dangereuse voie d'évacuation des Alliés qui traversait les Balkans. Certains prisonniers de guerre alliés qui avaient réussi à s'échapper, et à qui on avait dit qu'ils trouveraient à Topusko une mission militaire britannique commandée par le fils du Premier Ministre, restèrent perplexes devant le spectacle qu'ils trouvèrent à leur arrivée : Randolph Churchill au lit, un cigare dans une main et un verre de *rakija* dans l'autre, en train de lire l'énorme Bible familiale de Lord Birkenhead.

L'Empire day[1] ? Nous avons dû leur dire que nous n'avions pas de fêtes si ce n'est celles de l'église.

Lundi 13 novembre 1944

De nouveaux prisonniers en fuite sont arrivés. Temps dégagé mais sol toujours mou.

Mardi 14 novembre 1944

Me suis réveillé une première fois dans la nuit au son de la pluie, et plus tard pour découvrir qu'il neigeait abondamment. Je pense qu'il est purement et simplement de mon devoir de m'installer à Glina et de servir de commandant du camp auprès des prisonniers dont le nombre grossit chaque jour, mais arrivé à la sixième année de guerre, j'attends de recevoir l'ordre de m'y rendre.

Mercredi et jeudi 15-16 novembre 1944

Ne suis pas sorti de la maison jusqu'à jeudi soir quand nous nous sommes rendus à un spectacle donné pour les anciens prisonniers à Glina. Un film américain patriotique révoltant, quelques danses folkloriques, des chœurs, et des chansons patriotiques. « C'est une chanson d'amour qu'un soldat partisan a composé pour son Bren. » Un projet de voyage par voie terrestre pour rejoindre la côte.

---

1. Littéralement « Journée de l'Empire », aujourd'hui connue sous le nom de Commonwealth Day, « Journée du Commonwealth » et célébrée le second lundi de mars (*NdlT*).

Vendredi 17 novembre 1944

Une large force allemande mécanisée remontant par Bihać a été signalée ; possible *pokret*[1].

Samedi 18 novembre 1944

Freddy, ayant doublé sa mise, est maintenant impatient de gagner le pari, si bien qu'au lieu d'avoir acheté quelques heures de silence avec mes 10 £ je dois maintenant endurer une interminable campagne d'interruptions et de plaisanteries, lecteur et chahuteur étant plus soûls l'un que l'autre. Plus de lumière à cause d'une pénurie d'essence.

Dimanche 19 novembre 1944

En rentrant de la messe, j'ai trouvé la mission plongée dans la frénésie après avoir reçu l'ordre de déplacer tous les prisonniers de guerre et les pilotes à Udbina où l'aérodrome était à nouveau opérationnel. Randolph s'est mis à boire, était éméché et a tenté de diriger l'opération. Après de nombreuses heures de confusion, il a fini par partir en jeep avec Freddy, Clissold, et un colonel yougoslave, suivi par trois camions transportant chacun environ soixante passagers, et voués à tomber en panne. Il leur restait alors une heure avant le coucher du soleil et cent dix kilomètres à parcourir sur des routes de campagne accidentées, dont certaines parties étaient précairement tenues. J'étais ravi d'enfin voir partir mes lettres pour l'Angleterre. Voir mes lettres partir me fait davantage plaisir que de recevoir celles

---

1. Une expression partisane désignant un « mouvement militaire. »

qu'on m'envoie. Je m'installe maintenant pour vingt heures de tranquillité. Clissold a fini par perdre patience et il a refusé de se mêler, en servant d'interprète, aux négociations d'ivrogne entreprises par Randolph. Lui et Freddy ont tous deux promis d'obtenir mon rappel et je considère l'ultime accès de colère de Clissold comme une caution de ses bons offices à Bari.

Lundi 20 novembre 1944

Un avion ennemi à 6 heures et de nouveau à 8 heures. Les Partisans ont tiré toutes les cartouches qu'ils avaient, y compris notre sentinelle qui a tiré de son Tommy Gun sous ma fenêtre en visant une cible à mille six cents mètres de hauteur ; ils se sont montrés très nerveux toute la matinée, venant ainsi perturber mon seul jour de repos avec leurs fusillades ininterrompues. Randolph est rentré à 16 heures rapportant avec lui un récit confus de l'échec à Udbina et quatre officiers américains. Mes épreuves de B.R[1] sont arrivées.

Mardi 21 novembre 1944

Américains allant et venant dans la maison toute la journée. J'ai corrigé les épreuves dans le froid de ma chambre.

---

1. *Retour à Brideshead.*

Mercredi 22 novembre 1944

Les Américains sont toujours avec nous. Randolph s'est enivré à midi et a abandonné sa lecture de la Bible. Les Américains se sont enivrés pendant le cocktail avec les Russes et l'un d'entre eux a été malade par terre pendant le dîner.

Jeudi 23 novembre 1944

Les Américains ont fait semblant de partir mais sont rentrés au grand complet à la tombée de la nuit.

Vendredi 24 novembre 1944

Les Américains sont enfin partis. Occupé à corriger les épreuves aux rares moments où Randolph s'absente de la chambre.

Samedi 25 novembre 1944

Correction des épreuves. Randolph biberonnant tout l'après-midi et s'essayant à la composition de vers. Il est resté assis avec un verre de *rakija* empestant à côté de lui, à grogner, comptant les syllabes sur ses doigts et a fini par écrire la phrase suivante : « Nostalgie pour les limbes de l'oubli de ton amour. » Il est ensuite devenu violent, et plus tard comateux.

Dimanche 26 novembre 1944

Freddy et Clissold sont arrivés à Bari le 20. J'étais ravi de savoir mes lettres en route pour l'Angleterre. Ai terminé les dernières corrections des épreuves à 18 heures pendant que Randolph était parti assister à la projection d'un film à Glina qui n'a jamais eu lieu.

Lundi 27 novembre 1944

Importante chute de neige ; un camion plein de pilotes et de prisonniers évadés est parti pour Lika. Randolph ivre.

Mardi 28 novembre 1944

Beaucoup de neige, dégel ; autorisation de partir reçue ; route fermée ; jubilé des Partisans.

Mercredi 29 novembre 1944

Neige et dégel ; le groupe parti lundi est coincé à Slunj. Le soir, dîner du Zavnoh[1] pour commémorer l'anniversaire de sa création. Entre 18 h 30 et minuit nous étions dans une petite pièce illuminée par des lampes, avec des décorations de Noël et de colossaux dessins au fusain de Tito accrochés aux murs. Un excellent dîner que l'on n'essayait pas de servir à toute vitesse ; de jolies filles chargées de nous servir. Une femme

---

1. Conseil territorial antifasciste du mouvement de libération nationale de la Croatie.

(l'hôte), la présidente monolingue des Femmes antifascistes qui était assise à ma droite ; à ma gauche, un docteur istrien à la fine beauté italienne qui peinait à apprendre le serbo-croate ; lui et moi avons parlé en un italien hésitant ; en face, Mgr Rittig qui s'adressait à moi en marmonnant dans un Français à peine audible et tout juste intelligible ; la plupart des gens ont fait des discours, beaucoup ont parlé deux fois. Une horrible soirée et ce soir une autre de la même sorte en compagnie des Américains, qui fêtent Thanksgiving avec une semaine de retard.

Jeudi 30 novembre 1944

Dîner américain reporté parce que le colonel Huntingdon est rentré de Slovénie éreinté. Le message annonçant que je serai affecté à Raguse est arrivé – tout à fait acceptable mais l'état-major signale maintenant que les Allemands ont coupé la route au sud de Korenica.

Vendredi 1er décembre 1944

État-major annonce maintenant route coupée entre Slunj et Korenica et entre Korenica et la côte. Les Américains ont fait leur dîner – plein de plats tièdes dans une salle glaciale. Discours.

Samedi 2 décembre 1944

Ai trouvé les colonels américains en train de terminer les restes du gâteau au chocolat d'hier soir au petit-déjeuner. Dégel presque terminé mais des chutes de neige nous menacent à nouveau. Impatient de réussir à envoyer mes épreuves en Angleterre – sinon, devrait me résigner à une longue attente.

Bari, lundi 11 décembre 1944

Le soir du samedi 2, le QG nous a fait savoir que la route vers Split était à nouveau ouverte. J'ai donc pris la jeep à 10 heures le dimanche, après la messe, avec un chauffeur et un major partisan. Les Américains étaient en plein déplacement, pas très sûrs de leur destination mais certains de vouloir s'activer. Je les ai croisés à Slunj où la neige ne révélait pas sous son meilleur jour ce qui dans d'autres conditions aurait été une impressionnante série de cascades. Après Slunj, la route menait aux lacs Plitvice en passant par des forêts, de la neige épaisse et une multitude de mines. Nous sommes restés coincés une ou deux fois et étions heureux de pouvoir recevoir l'aide des Américains pour nous tirer de là. Après Plitvice nous nous sommes enfoncés dans le Lika, une région tout à fait désolée, une vallée large et plate sous la neige, des collines dénudées tout autour de nous, villages en ruine, aucun civil si ce n'est quelques créatures à peine humaines qui ont silencieusement émergé des maisons pour nous fixer du regard. Nous sommes arrivés à Korenica à 15 h 30, un grand village avec quelques bâtiments robustes, tous en ruine à l'exception de deux ou trois maisons au bout d'une rue. Là, dans deux petites pièces se trouvait une mission conjointe, des officiers et des hommes, des Américains, des Anglais, des Crypto-Croates, une femme âgée et une jeune fille vivant tous ensemble et dormant par terre. Il n'y avait pas d'officiers britanniques. Les Américains m'ont trouvé un peu de foin et de place pour mon sac de couchage dans un dortoir communal de l'autre côté de la rue. Fortes gelées cette nuit-là. Les femmes debout avant l'aube faisant un petit feu et cuisinant une sorte de porridge.

J'ai pris la route à 9 heures lundi matin et conduit à travers le Lika en passant par Udbina, entièrement détruite, jusqu'au pied du col qui traverse les Alpes dinariques. Là, on nous a avertis que Cazin avait été évacuée par les Allemands et qu'une importante colonne d'Allemands avançait sur la route qui descendait vers nous. Nous avons continué de monter en passant par une forêt prise par le givre d'une beauté saisissante et atteint à 11 h 30 le sommet et la pierre marquant la frontière avec la Dalmatie. Le changement était abrupt. La neige et le verglas ont soudainement disparu, la roche a pris une teinte fauve, plantes vertes dans les fissures, arbres le long de la route en dessous de nous toujours recouverts de leur feuillage d'automne – des vignes rouges, chênes jaunes, oliviers verts et loin devant une tache bleue et dorée et le soleil sur l'Adriatique. Nous sommes descendus et avons rejoint Obrovac à 12 h 15, une jolie petite ville colorée aux rues propres, toits rouges, stuc aux couleurs vives. J'ai enfin commencé à croire que nous arriverions sains et saufs. Le pont était impraticable mais une embarcation de débarquement servait de ferry. Nous avons pris du retard, faisant des histoires au sujet d'une roue défectueuse, et avons repris la route jusqu'à Benkova où nous avons attendu une heure et troqué notre major, qui allait à Zara, contre deux autres qui disaient être à destination de Šibenik mais qui étaient en fait là pour le plaisir de rouler en voiture. Aucun des deux ne connaissait le chemin et il s'est ensuivi une heure pénible au cours de laquelle nous avons conduit à travers la plaine côtière en empruntant des routes qui se sont avérées être bloquées. Nous avons enfin rejoint la mer à Biograd et au crépuscule, étions en train de longer la côte en direction de Šibenik. Les lampadaires de la ville se sont allumés alors que nous attendions le ferry. À Šibenik nous avons une fois encore changé de passagers et sommes descendus sur une route exécrable – une nouvelle voie encore inachevée – jusqu'à Trogir puis très vite en direction de Split, arrivant à 8 h 30. Là j'imaginais que nous étions arrivés à bout de nos difficultés mais au bureau du major de la ville personne ne savait où la mission se trouvait, on nous a envoyés à de mauvaises adresses jusqu'à ce que nous arrivions enfin à un hôtel réquisitionné où nous avons rencontré un lieutenant de la Royal Naval Reserve qui nous a dit : « Vous allez jusqu'au bout de la promenade. Continuez tout droit jusqu'à ce que vous voyiez les premières sentinelles yougos, prenez à droite, c'est un cul-de-sac, vous ne pouvez pas le rater. » Ces instructions, à la lumière du jour, se sont avérées être tout à fait trompeuses. Cette nuit-là, nous avons conduit ici et là pendant une demi-heure, revenant deux fois voir le marin. Puis nous avons téléphoné et l'officier de liaison britannique (Scott) nous a envoyé une jeep pour nous guider. C'était un type accueillant qui vivait dans une villa décente un peu en dehors de la ville. Il m'a donné un repas et un lit.

C'est là-bas que j'ai entendu pour la première fois un discours qui n'a depuis plus jamais cessé – des gens se plaignant de l'impolitesse délibérée des Partisans locaux. Ils sont mal à l'aise en Dalmatie, où les citadins cultivés les ont en horreur. Les Partisans réagissent en installant un régime de suspicion, en multipliant les arrestations par la police secrète, et en se montrant impolis envers les BLO. Un croiseur britannique est amarré au port, le *Delhi*, et sa présence suscite de vifs ressentiments.

Le lendemain matin, le 6 décembre, je voulais aller en ville et raviver mes souvenirs du palais de Dioclétien, au lieu de quoi j'ai dû faire le pied de grue en attendant de remplacer Wintour, dont je prends la place à Dubrovnik. Il était lui aussi plein de rancœur quant à la façon dont il avait été traité, mais m'a assuré qu'il me laissait la meilleure maison – une villa où j'étais déjà allé avec l'Infanta Beatrice. À 13 heures j'ai embarqué à bord du *Hai Lee* [?], un navire aménagé en transport de troupes arborant le drapeau norvégien, qui était utilisé pour ramener à la côte, où on mourait de faim, les enfants et vieillards qui avaient été envoyés comme réfugiés en Italie. Il y avait un avis de tempête mais aucun accroc pendant notre traversée, rendue encore plus plaisante par l'hospitalité du docteur qui m'a laissé utiliser sa cabine.

Mercredi 6 décembre 1944

À 7 heures du matin nous avons accosté à Brindisi. Il a fallu attendre jusqu'à 15 heures avant qu'une voiture vienne me chercher. Nous sommes arrivés à Bari dans le noir et dans un noir des plus complets puisque l'éclairage était tombé en panne, et j'ai trouvé l'Imperiale[1] illuminé par quelques bougies et aucune réservation pour moi. Je me suis rendu à la BAF[2], là aussi éclairé à la bougie, et j'ai vu John Clarke[3] qui m'a dit qu'aussitôt Wintour parti, les Partisans avaient confisqué la villa à Dubrovnik. Je me suis senti un peu déprimé quand George Jellicoe est arrivé un peu ivre, une bougie à la main. Puis la lumière est revenue, lui et moi sommes allés à l'Imperiale et avons ensuite dîné ensemble au Club.

---

1. Nom d'un hôtel (*NdlT*).
2. Force aérienne de la Balkan Air Force.
3. Soldat d'active et l'un des officiers supérieurs de Waugh au QG des forces alliées à Bari.

Jeudi 7 décembre 1944

Une journée bien remplie passée à aller voir des officiers, barbiers, prêtres, magasins. Britanniques en guerre avec les Partisans à Athènes.

Vendredi 8 décembre 1944

Autre journée remplie. Ai déjeuné avec Constant Lambert ; ai dîné, un excellent repas, avec Jonathan Blow.

Samedi 9 décembre 1944

Occupé et plutôt las. Ai envoyé un message à Fitzroy Maclean pour demander l'autorisation de faire une enquête et un rapport sur la situation religieuse. Il me semble fort probable que la mission Maclean soit bientôt dissoute. Le refus des Partisans d'accepter l'aide de l'Unrra ou de l'AML[1], si celle-ci est distribuée par nos observateurs, provoque une crise, et les combats à Athènes en créent une seconde. L'avancée des Russes vers Zagreb nous fait de l'ombre. J'ai dîné avec Clarke et demandé qu'un banquet soit organisé pour Coote Lygon le lendemain.

Dimanche 10 décembre 1944

Communion dans une petite église des bas quartiers. Déjeuner avec John Clarke et divers officiers de la mission. Me suis allongé tout à fait épuisé mais Coote est arrivée, de façon assez

1. Mission militaire de liaison des puissances alliées.

inopportune, à 15 h 30. J'ai passé quelques heures moites avec elle jusqu'à 18 heures, n'ai pas pu prendre de bain, ai avalé deux comprimés de Benzedrine, me suis rendu compte que l'épuisement m'avait ôté tout appétit et ai à peine pu toucher à l'excellent festin que nous avions organisé. J'ai personnellement trouvé la soirée ennuyeuse et me suis demandé si Coote pensait que ce dîner valait une si longue route en stop.

J'avais prévu d'aller à Dubrovnik demain mais j'ai pris du retard et n'ai aucune raison de me presser. On dit que Bob, Phil et Harry Stavordale arriveront bientôt.

Mercredi 13 décembre 1944

Je suis resté à Bari pour voir des gens en lien avec ma mission à Dubrovnik et récupérer du matériel. Je n'arrête pas de rencontrer de vieux amis – hier le père Basil, qui vient de prendre sa retraite des Commandos, ce matin Taffy Rodd[1], tout juste rentré d'Athènes. Il m'a raconté que là-bas notre force est assiégée dans un petit quartier de la ville, qu'on occupe tant bien que mal un aérodrome et que les communications avec la côte sont coupées. Hier les communistes ont coupé l'alimentation en eau de Marathon. L'*Union Jack* laisse entendre que la crise grecque est en train de diviser le Parti travailliste en Angleterre. Ici, la Grèce inquiète tout le monde. Ce n'est pas le moment de s'embarquer dans une opération de grande envergure, et une telle opération ne pourrait de toute façon qu'échouer sur le long terme. Le mieux que nous puissions faire serait d'imiter les Allemands en Yougoslavie – occuper les villes et les routes et laisser les communistes attendre dans les collines et se venger sur nos amis quand nous nous retirerons. Cette faille

1. Frère cadet de l'Honorable Peter Rodd.

est apparue dans les journaux et les politiciens en Angleterre refusent de reconnaître que les Partisans forment partout une armée révolutionnaire homogène – au lieu de quoi nous les avons appelés « patriotes » et « groupes de résistance » ou « armées de libération » et avons employé le mot communiste, quand nous l'employions, entre guillemets inversés comme s'il s'agissait d'un mensonge de propagande allemand. En Angleterre, on considère apparemment cette affaire comme une de nos tentatives d'imposer un gouvernement royaliste inopportun à une nation démocratique. Seule une écrasante manifestation de force pourrait maintenant nous réussir et nous n'avons pas les hommes nécessaires pour une telle mission, quand bien même le pays viendrait à la soutenir.

De quoi d'autre ai-je donc parlé ? Surtout des mauvais traitements infligés de toutes parts aux Partisans yougoslaves, des prophéties selon lesquelles le gouvernement italien deviendrait communiste sitôt les Allemands partis, et un peu d'architecture. Voir et écouter autant de gens m'épuise après ces mois passés à Topusko.

Jeudi 14 décembre 1944

Freddy Birkenhead, Bill Deakin, John Clarke et moi plongés dans un sombre désespoir – la guerre prend une mauvaise tournure, la situation en Grèce insoluble, les victimes en Italie presque aussi nombreuses que lors de la dernière guerre, les Américains de moins en moins amicaux, les Italiens guettant leur chance de se retourner contre nous, pas d'avenir personnel pour aucun d'entre nous. Ai dîné seul à l'Imperiale et me suis mis à discuter avec trois policiers qui m'ont dit qu'il y avait en Italie 2 000 déserteurs armés en liberté rien qu'en comptant ceux des forces britanniques.

[En décembre 1944, quand Waugh quitta Bari pour Dubrovnik, l'armée allemande se retirait rapidement de Yougoslavie, de Grèce et d'Albanie. Pour aider les Partisans à couper la route aux Allemands en repli, les Britanniques avaient à la fin de l'année 1944 mis en place « Floydforce » – une unité de la taille d'une brigade composée du Commando 43 (des Royal Marine), d'un détachement du régiment de la RAF, d'un régiment de la Royal Artillery et d'une compagnie de transport de la RASC[1] – l'avait envoyée sur le continent, en établissant son quartier général arrière à Dubrovnik. Waugh, toujours rattaché à la mission militaire du général Maclean, fut affecté à Dubrovnik en tant que représentant de la mission, avec pour tâche d'exhorter les Partisans à se battre contre les Allemands. Maclean lui-même se trouvait pendant ce temps-là à Belgrade, la capitale yougoslave, qui était tombée aux mains des Russes et des Partisans en octobre ; Maclean avait rouvert l'ambassade britannique et tentait de réguler les négociations entre la Grande-Bretagne et Tito, maintenant installé au Palais blanc. Incontestablement avec Tito, l'héritier de facto *de la Yougoslavie, les Partisans à Dubrovnik, comme partout, commencèrent dès lors à traiter leurs alliés britanniques de façon de plus en plus péremptoire[2].]*

Dubrovnik, vendredi 22 décembre 1944

Pour les trois dernières nuits à Bari, je me suis installé dans la villa de John Clarke à San Spirito où les avions ne m'ont pas laissé une minute de répit. Je suis allé à Bari pendant la journée prendre les dernières dispositions pour Dubrovnik et voir Bill Deakin, sa femme répondant de manière embarrassante au nom de « Pussy », et Michael Trappes-Lomax qui n'a pas changé et semble un peu futile comme président permanent de cour martiale.

1. Royal Army Service Corps (*NdlT*).
2. Voir Donald Hamilton-Hill, *S.O.E. Assignment*, Londres 1973, p. 171-9.

Le lundi 18 décembre je suis parti en bateau, emmenant avec moi un sergent-major du Commando 12, au sein duquel les hommes portent toujours illégalement leurs insignes, et un caporal des Scots Guards, l'ordonnance de John Clarke, qui me sera temporairement rattaché le temps que Gourdie obtienne son laissez-passer pour venir. On nous avait avertis que nous jetterions l'ancre à 10 heures mais il était 18 heures quand nous sommes partis. Notre navire est un TLC[1] avec une petite cargaison de sacs à l'odeur infernale et quelques hommes du RASC à l'apparence miteuse. On m'avait prévenu de ne m'attendre à aucun signe d'hospitalité de la part de la Navy mais j'ai trouvé les jeunes enseignes du RNVR[2] (le supérieur appelant l'autre « N° 1 ») tout à fait accueillants. Leur logement était petit – une couchette dans un couloir, une minuscule cabine avec une autre couchette. Leur cabine servait aussi de timonerie et de carré des officiers. Ils firent pour nous tout ce qui était en leur pouvoir. Le caporal Pearson, l'ordonnance de Clarke, a commencé à se dissocier de notre groupe et à se comporter comme s'il voyageait en tant que passager civil. Quand, à 22 heures, je me suis frayé un chemin dans l'obscurité jusqu'au trou où je devais dormir, j'ai trouvé deux hommes affalés sur mes bagages et aucun lit arrangé pour moi, et suis donc retourné m'installer sur une chaise de la timonerie où le timonier a passé la nuit à parler de manière ininterrompue, liturgique, dans le tube acoustique, et où j'ai peu dormi. Nos hôtes (il y avait deux autres officiers qui voyageaient) se sont une fois encore montrés extrêmement attentionnés, mais rien de ce que je pouvais leur dire n'était intelligible, pas plus que leurs réponses, et le bruit des moteurs rendait fastidieuse toute tentative de bavardage.

1. Tank Landing Craft (Type de barge de débarquement [*NdlT*]).
2. Royal Naval Volunteer Reserve.

Nous sommes entrés dans le port de Dubrovnik le lendemain à 10 heures, en suivant le long de la côte un étroit chenal qui avait été déminé, et avons accosté dans le port où j'ai été accueilli par un jeune capitaine de la Rifle Brigade, nommé Earle, et conduit à la maison de la mission. Il s'agissait d'un tout petit hôtel dans une allée étroite, comprenant une salle à manger et quelques chambres, sans baignoire ni chauffage. L'inconfort majeur venait du fait qu'il n'y avait pas de mess des officiers. À Bari, Randolph et la mission du VIIIe Corps m'avaient assuré que des ordres avaient été donnés pour qu'on me fournisse une maison appropriée sur-le-champ, mais on passa les vingt-quatre heures suivantes à me convaincre qu'ici, on n'avait jamais reçu aucun ordre de la sorte.

Le jour de mon arrivée j'ai déjeuné avec le major Hamilton-Hill, le DAQMG, un type élégant, plutôt commun, dans une villa glaciale de Lapad ; un mauvais déjeuner composé de rations de l'armée en compagnie de l'aumônier du RC et d'un trésorier-payeur silencieux ; mauvais vin. Ce soir-là nous avons dîné à la maison ; excellents poisson et poulet frits, des légumes très bien cuisinés, du bon vin – tout était exquis à part le caporal Pearson, dont le comportement laissait non seulement deviner un caractère indépendant mais aussi une mission indépendante ; ses outrages ont atteint leur apogée quand il a nonchalamment dit à Earle, « Je viendrai avec vous à Nikšic quand vous vous y rendrez ». « Vraiment, caporal », lui ai-je dit, « et pour quelle raison ? » « Je suis à la recherche de certaines choses pour le colonel Clarke. C'est la véritable raison de ma venue. » Et donc le matin suivant, après avoir fait une visite des églises à l'aube, qui étaient toutes remplies, j'ai fait monter Peason dans ma chambre et lui ai parlé brièvement et sévèrement, lui expliquant que puisqu'il était sous mes ordres, il fallait qu'il écoute attentivement ce que j'allais lui dire ou alors qu'il pourrait se retrouver à avoir l'air bien bête ; qu'il était ici à ma convenance, aussi longtemps que je souhaiterai le garder ; qu'il se trouvait au plus bas de l'échelle hiérarchique au sein de la mission et devait se comporter en conséquence ; qu'il ne devait jamais quitter la maison sans l'autorisation du sergent-major, s'habiller convenablement et ainsi de suite. Depuis, il est intimidé, docile et assez utile.

Ma tâche suivante consistait à faire enlever les lits de la chambre principale et d'y faire mettre quelques meubles si bien que j'ai maintenant mon propre salon où je travaille et mange. Le mien, en effet, seulement depuis ce matin, puisque dans l'après-midi du 20 nous avons rencontré un officier au physique étrange, un Arménien édenté qui s'appelle le major Karmel[1] du 60ᵉ. J'ai d'abord nourri à son égard ma répugnance habituelle mais pendant les deux jours où il a séjourné avec nous, je me suis pris d'amitié pour lui. Il est vif d'esprit, drôle, aime le vin et les cigares, et fort de l'adaptabilité de sa race, a bientôt abandonné la cordialité de régiment de ligne qu'il avait d'abord affectée pour se montrer humain et civilisé. Il m'a rendu service de maintes façons, notamment en m'emmenant dans une cave où j'ai acheté une grande quantité d'excellent vin pour 10 lires (6 pennies) le litre. Earle est parti hier et Karmel est resté.

Hier soir Hamilton-Hill et le général ont dîné avec nous. Le général, un Irlandais au nom singulier qui se prononce Twigg, donne l'impression de l'artificialité la plus complète car il a les yeux et le front d'un orang-outan, une moustache à la Osbert Lancaster, et une voix qui mêle des accents d'Aldershot et d'Irlande d'une telle façon que je ne cessais de me demander s'il le faisait exprès pour plaisanter, avant de sentir mon sourire geler sur mes lèvres sous la lueur de ses petits yeux de singe. Portant le béret et la plume de son régiment, il avait

1. Avocat avant la guerre ; avocat et juge à la Cour de la Couronne, 1972.

l'air parfaitement ridicule, mais il a une rangée de bonnes médailles et toutes les histoires que j'ai entendues à son sujet font de lui un soldat de première classe. Comme tous les gens que je rencontre ces derniers temps, il prévoit dans un futur proche une guerre inévitable et imminente contre la Russie. La soirée m'a paru ennuyeuse. J'ai de plus eu l'impression d'avoir contrarié mon invité en le corrigeant alors qu'il venait à peine de commencer à raconter son histoire. Karmel, cependant, a prétendu trouver que la soirée était une réussite.

La ville de Dubrovnik a été entièrement épargnée par la guerre mais l'atmosphère y est déprimante ; les magasins sont vides, le marché rempli de petits groupes troquant des bibelots domestiques contre des pommes de terre et du savon fait maison, les gens pâles et effrayés. Ils sont affamés et maussades. Les Partisans ont l'air dégoûtant – des personnages qui semblaient assez convaincants dans le Lika paraissent absurdes dans ces rues, et l'architecture raffinée ne porte pas facilement son fardeau d'étoiles rouges et d'inscriptions partisanes « *Živio Tito*[1] », « *Živio Staline* ». Tout le monde s'accorde pour dire que le débarquement des Anglais[2] a été accueilli avec joie ; les gens sont aujourd'hui amèrement déçus depuis qu'ils ont découvert qu'il s'agit seulement d'une petite force militaire aux fonctions limitées, qui n'a en aucun cas l'intention [?] de « reprendre la ville en main » et de nourrir ses habitants. Les Partisans ont réussi à plonger l'état-major britannique dans un état d'impuissance nerveuse et ils font complètement la loi. Les soldats britanniques arrivent à garder leur bonne humeur, et ont récemment désarmé de force un officier Partisan qui frappait un Allemand blessé. La mission semble ici principalement servir d'intermédiaire entre Floydforce et les autorités partisanes ; tout le travail que

1. Longue vie à Tito.
2. De Floydforce.

j'ai fait jusqu'à présent consiste à m'occuper d'affaires de cantonnement, d'aide sociale, et d'écouter les plaintes des deux partis (et de ce côté-là, il n'y a guère de différences).

Aujourd'hui : petit-déjeuner à 8 heures – œuf au plat, bacon et saucisses. À 9 h 30 suis allé avec Karmel au QG de la brigade pour le rendez-vous avec le général et le commandant de la ville. Un rendez-vous cordial : le général prenant un ton d'urgence pour expliquer les ordres de son unité ; le commandant de la ville, yeux insolents, grosse moustache claire, teint clair, souriant de reconnaissance ; un idiot massif pour interprète, ancien commandant de navire de Vancouver. L'entretien s'est terminé avec du thé sucré généreusement arrosé de whisky. Puis en route pour retrouver l'enseigne « Tony », l'interprète, et lui faire installer le téléphone dans son bureau, se plaindre qu'un navire a levé l'ancre sans en avertir l'officier de liaison du port, convenir d'un moment dans l'après-midi pour s'occuper du cantonnement ; lui ai offert vingt-cinq tonnes de gazole pour la centrale électrique, lui donnant l'impression que j'avais moi-même réglé cette affaire ; de retour à la mission pour dire au revoir à Karmel ; puis une visite d'une dame anglaise d'âge moyen, en larmes, mariée à un Yougoslave, qui veut être évacuée ; n'ai pu lui offrir pour la réconforter qu'un paquet de cigarettes, une brique de savon, un numéro du *Times* ; elle n'arrêtait pas de répéter : « J'ai tellement peur qu'il y ait une révolte. » Me suis aperçu que mon téléphone était en panne. Au déjeuner sardines fraîches frites, tarte aux raisins secs, vin blanc.

14 h 30 au bureau de Tony qui est arrivé en retard et surexcité après avoir bu du champagne avec un garçon et une fille leaders de la jeunesse communiste de Moscou qui viennent d'arriver en automobile du Congrès monténégrin pour la jeunesse. Nous sommes allés avec l'officier de l'unité chargé du cantonnement, Nairn, vérifier les réserves. Je suis ensuite parti à la recherche d'un camion allemand démonté qui se trouvait

dans notre atelier et que les Partisans veulent continuer de démonter et l'ai trouvé démonté en tant de pièces qu'il avait presque disparu. J'ai ensuite discuté de la fête de Noël que les troupes britanniques souhaitent organiser pour les enfants locaux ; les Partisans veulent la donner eux-mêmes pour leur propre ligue de la jeunesse communiste. Je leur ai dit : « Les hommes sont loin de chez eux et pensent à leurs jeunes enfants. Ils renoncent à leurs propres rations pour divertir les enfants de Dubrovnik. » J'ai essayé de leur expliquer que des rangées de petits enfants en uniforme chantant « *Zivjela Britanija* » ne correspondaient pas à leur idée de Noël. Je suis ensuite allé au magasin partisan du quartier pour marchander le prix du vin qui serait servi aux soldats à Noël. Hamilton-Hill, qui a tendance à être tatillon, voulait le faire baisser. Il a proposé 50 gallons d'essence[1] et 50 kilos de farine contre 800 litres de vin et 25 litres de spiritueux. Le commissaire du peuple a commencé par dire que nous n'aurions rien à payer mais que si nous voulions donner quelque chose, cela serait acceptable. Je lui ai fait part de notre offre et il a répondu que ce prix ne couvrirait que le vin. Je lui ai alors dit que notre marché ne tenait plus. Il m'a ensuite répondu qu'il nous offrirait le *rakija* et je suis donc parti en pressentant le pire pour ce marchandage. J'ai appris à ce moment-là qu'alors que le général avait ce matin promis 25 tonnes de gazole, nous ne pouvions en fournir que 17. Je suis allé voir Hamilton-Hill, lui ai expliqué combien cela était fâcheux et lui ai dit qu'il faudrait en informer le général. Il était d'accord avec moi et m'a téléphoné une demi-heure plus tard pour me dire qu'il essaierait d'obtenir 20 tonnes, espérant ainsi éviter de devoir prévenir le général. J'ai par conséquent adressé un message à Karmel laissant à sa discrétion de faire

---

1. Soit environ 230 litres (*NdlT*).

remonter cette affaire à Nikšic[1]. Ai trouvé à mon retour un message incompréhensible au sujet d'un Canadien qui veut quitter le pays et un autre concernant un officier qui veut aller faire un tour en voiture. Ai dîné seul et veillé avec un pardessus sur les genoux jusqu'à 22 heures puis me suis couché.

Samedi 23 décembre 1944

Me suis réveillé à 3 heures et me suis mis à penser au major Hamilton-Hill et à éprouver à son égard une aversion grandissante. Me suis rendu au bureau de liaison et ai eu un entretien houleux avec Tony. Les Partisans ont posé leurs conditions concernant la fête de Noël et exigent que les communistes soient les hôtes et qu'ils diront que l'approvisionnement vient d'Angleterre, qu'un homme anglais peut aussi venir. Nos hommes avaient attendu avec impatience cet après-midi de divertissement et sont déçus ; ils avaient renoncé à leurs propres rations de la NAAFI[2] à cette occasion. La fête n'aura donc pas lieu à moins que le message que j'ai envoyé au quartier général du VIIIe Corps produise des résultats.

Encore des différends concernant les patrouilles dans la ville ; j'ai dit que nous renoncerions peut-être aux patrouilles mais pas à notre droit d'en faire. Pendant ce temps-là, les nouvelles du monde extérieur sont déprimantes – l'avancée des Allemands en Belgique, des combats de rue à Athènes, un nouvel appel important pour recruter davantage de soldats. Ce ne sera pas un Noël joyeux. Il neigeait quand je me suis réveillé ce matin et il semblait qu'il allait neiger toute la journée. J'ai demandé

---

1. QG avancé de Floydforce, à cent cinquante kilomètres de Dubrovnik.
2. Navy, Army and Air Force Institutes, chargé de la construction des infrastructures de l'armée britannique (*NdlT*).

au chef d'escadrille qui commande le régiment de la RAF de venir déjeuner ici. Il était sans intérêt et ne m'a rien raconté de bien intéressant si ce n'est que ses hommes étaient de plus en plus pro-Allemands. Il faisait un froid mordant cet après-midi et je suis resté enveloppé dans des pardessus jusqu'à 16 h 30 quand un poêle à mazout est arrivé que j'avais passé des jours à essayer d'obtenir d'Hamilton-Hill et que j'ai réussi à avoir assez facilement en son absence. Il est rentré à 17 heures et je suis allé lui exposer la situation du détachement. Suis ensuite rentré passer la soirée dans une maison légèrement mieux chauffée, interrompu par un appel téléphonique d'Hamiton-Hill – pouvait-il envoyer son officier de service et son sergent patrouiller dans la ville – et quelques messages sans intérêt.

Dimanche 24 décembre 1944

Convoqué par Hamilton-Hill. Il souhaite maintenant non seulement délivrer 5 tonnes de diesel de moins que les 25 promises pour la centrale électrique mais aussi récupérer 2 500 gallons, environ 10 tonnes, de ce qui a déjà été remis, puisque la quantité qu'il a donnée est supérieure à celle à laquelle nous pouvions consentir. Il souhaite aussi revenir sur son marchandage d'alcool – refuser le *rakija* ou le payer, à cause d'un problème de conscience lié au fait que celui-ci sera vendu aux officiers – un problème de conscience qui sera tout à fait inintelligible pour les Partisans, puisqu'il l'est déjà pour moi. Très belle messe dans une église franciscaine. Earle est arrivé à l'heure du déjeuner, envoyé d'urgence après avoir reçu mon message concernant les patrouilles. Après le déjeuner une visite de villas vides avec l'officier responsable du cantonnement, puis un entretien avec le commandant de la ville qui a bien pris la perte de tout ce diesel. Pendant cet entretien, Hamilton-Hill s'est montré curieusement ambigu, augmentant à nouveau la quantité requise à 3 000 gallons et éludant le sujet de leur remise. À 18 heures, première messe de Noël à la cathédrale, à laquelle assistaient les bourgeois – moult changements de tenues de l'évêque et musique d'opéra. Tirs au pistolet et au fusil dans toute la ville, les cloches qui sonnaient. Dîner avec Earle.

Noël 1994

Messe à l'église franciscaine à 8 heures et communion ; une journée ensoleillée et froide. La femme tchèque qui affirmait que Wintour lui devait 39 $ s'est révélée être un imposteur. J'ai dit à Tony : « Il faut qu'elle soit prise en charge par un médecin ou par la police. » « Je pense que ce sera la police. » Cocktails avec un groupe d'officiers prolétariens au QG. Déjeuner seul. Après le déjeuner, le fils de Rolf Elwes m'a rendu visite. Dormi. Dîner seul. Une lettre de Nancy[1] et un chèque à l'apparence douteuse envoyé par Randolph pour son pari de lecture de Bible. Pas de courrier d'Angleterre. Dîner seul et me suis couché.

Mardi 26 décembre 1944

Une journée de soleil éclatant. Je suis allé à pied à Lapad ce matin pour enquêter sur une famille du nom de Mustapić qui affirme être des sujets britanniques. J'ai emmené avec moi l'interprète du QG. Nous avons traversé toute la péninsule avant de trouver la maison, une petite villa plutôt miteuse. J'ai alors renvoyé l'interprète et suis entré. Au début j'ai cru

---

1. L'Honorable Nancy (née Mitford) Rodd.

que j'étais arrivé dans une maison malfamée ; le sombre hall semblait rempli d'avenantes jeunes femmes, certaines vêtues de déshabillés. On m'a guidé jusqu'à un petit salon austère avec un sapin de Noël dans un coin, et la foule de filles s'est muée en quatre femmes – les dames Mustapić – qui m'ont reçu avec une grâce charmante jusqu'à l'arrivée de leur père. Réflexion faite, je ne suis toujours pas certain que ma première impression n'ait pas été la bonne. L'entrevue était empreinte d'une atmosphère extrêmement sexuelle. Cette famille était en cela particulière que les seuls membres qui étaient incontestablement yougoslaves parlaient bien anglais, tandis que ceux qui étaient incontestablement britanniques ne le parlaient pas du tout. Passer leurs affaires au crible prit du temps. Mustapić père était né autrichien, avait émigré en Nouvelle-Zélande où il avait modestement prospéré en tant que producteur laitier. Il disait avoir été naturalisé en 1903. Il avait épousé une Yougoslave en Nouvelle-Zélande nommée Bulog qui avait trois frères – Tom, Joe et Steve – quelque part dans les Antipodes[1]. Les filles étaient indubitablement nées en Nouvelle-Zélande. À elles quatre, elles avaient deux actes de naissance et un passeport (délivré par le consulat de Sarajevo en 1937). La fille ayant les meilleurs papiers, acte de naissance et passeport, avait récemment épousé un tapissier orthodoxe, qui avait été embauché par la 29e division des Partisans pour chanter[2]. Sa sœur aînée était elle aussi mariée, à un installateur de chauffage. Elles ont joliment fait la moue en apprenant qu'elles n'étaient plus britanniques, et demandé à divorcer. Les deux filles les plus jeunes étaient sans aucun doute britanniques mais ne parlaient pas un mot d'anglais. En dépit de cela, l'une d'entre elles, m'a confié le

---

1. L'Australie et la Nouvelle-Zélande (*NdlT*).
2. À la lecture du manuscrit, le mot semble clair ; l'occupation, elle, peu vraisemblable.

père, espérait se marier avec un soldat anglais. Ces deux filles avaient peur d'être embrigadées dans l'armée des Partisans. La famille avait une idée palmerstonienne de la valeur de la citoyenneté britannique et pensait qu'une fois qu'ils auraient leurs « papiers », ils seraient exemptés de tout tracas et fraude. J'ai fait un rapport complet sur leurs affaires pour que celles-ci soient revues à Bari. Ils m'ont servi du *rakija* et des gâteaux et m'ont dit au revoir avec de grands sourires. Je me demande s'il s'agissait d'un bordel.

Jeremy Elwes a dîné avec moi – un jeune aux manières charmantes et au gros appétit qui avait un physique de mulâtre. Il aspire à mener une action catholique secrète et à faire de la propagande violente en faveur d'une augmentation du taux de natalité.

Mercredi 27 décembre 1944

Le général Taowig[1] est revenu. Il porte un monocle que je ne me souviens pas lui avoir vu et était plus simiesque que jamais. J'ai pris un bain chaud. Un jeune de Nikšic est venu pour la nuit.

---

1. *Sic*. Ici et ailleurs dans le manuscrit, Waugh semble avoir délibérément mal orthographié le nom du général.

Jeudi 28 décembre 1944

Le général Davy[1] est arrivé de Bari. J'avais un rendez-vous avec le commandant de la ville et un officier du service de renseignements, auquel ce dernier a manqué d'assister. Le major Wintour et un journaliste, Harrison, sont arrivés. Wintour avait une indigestion, Harrison avait des sympathies pro-Partisan. Un petit cocktail militaire ennuyeux organisé pour les deux généraux de brigade.

Vendredi 29 décembre 1944

Discussion avec l'interprète de Wintour qui m'a dit que toutes les écoles de Dubrovnik avaient été fermées par les Partisans pendant que les professeurs suivaient une formation de deux mois pour se familiariser avec les nouveaux objectifs pédagogiques aux côtés d'enseignants communistes. Partisans se plaignent qu'hier soir dans un café quatre sous-officiers britanniques ont été vus en train de discuter avec un Allemand vêtu d'un uniforme partisan, qui, avec leur assentiment, a traité les Partisans de bandits et craché sur son étoile rouge. La police des Partisans a tenté d'interroger l'Allemand qui s'est enfui avec l'aide des Britanniques. Je soupçonne des *agents provocateurs*.

---

1. Le général George Davy : aux commandes des Land Forces Adriatic (commandement des forces armées terrestres britanniques en Adriatique [*NdE*]) ; ancien général de la célèbre 7ᵉ division blindée de la 8ᵉ armée pendant la guerre du Désert.

Samedi 30 décembre 1944

Wintour est parti à l'aube, me laissant avec un rendez-vous pour aller faire du tourisme accompagné d'un guide. Il s'est avéré être sourd et presque stupide, à moitié affamé, hébété. Il insistait pour avoir l'autorisation de la police avant de venir avec moi ; la police nous a envoyés chez le commandant de la ville où le guide nous a expliqué qu'il avait été un ami des ducs de Windsor et de Westminster et de Lord Dudley ; qu'il avait récemment eu de mauvaises expériences. Pas plus tard que l'autre jour le commandant de la ville, italien, lui avait demandé de faire visiter la ville à un général allemand, ce qu'il avait fait avec un grand savoir-faire. « Comme vous le savez ils sont tous pro-allemands dans cette ville » et donc tous les cris d'enthousiasme pendant leur visite avaient été des « Heil Hitler » et non « Heil Mussolini » ; le général allemand avait été ravi mais le commandant italien l'avait envoyé lui, le guide, en prison pendant une semaine. Cela ne l'a pas rendu très sympathique aux yeux du simple major Bodgan qui a dit que nous pouvions partir ensemble ce matin mais qu'à l'avenir, je devrais soumettre une demande afin d'obtenir un guide dont les tendances politiques sont plus proches de la ligne du parti. Nous sommes ensuite allés faire notre visite, chancelant dans les rues balayées par le vent ; à certains moments, le pauvre vieux se souvenait de bribes de sa récitation, à d'autres il ne se rappelait rien ; il était de toute évidence très inquiet à l'idée que le commandant de la ville refuse de lui donner une licence générale. Nous n'avons pas pu accéder au reliquaire à la cathédrale ; en fait nous avons vu peu de choses qui ne m'étaient pas déjà familières. On aurait pu penser que le vieil homme avait déjà assez d'ennuis pour ne pas avoir à s'occuper de sa mère ; mais non, il en avait une de quatre-vingt-dix ans, affamée et priant pour le « major Winterbottom » qui lui avait donné un peu de nourriture. Je lui ai donc fait faire un petit colis et l'ai renvoyé, les joues rougies par une pathétique excitation.

Autres tâches d'aujourd'hui : pourrais-je donner au président du Monténégro une paire de pneus ; pourrais-je prendre les dispositions nécessaires à l'organisation des funérailles d'un prisonnier allemand, mort à l'hôpital ; pourrais-je trouver du matériel pour le LRDG ; pourrais-je dîner avec le général O'Brien Twoigg.

J'ai oublié hier de mentionner un long appel téléphonique du général (sur le point d'être promu) Davy ; son plan stratégique était de retarder la retraite des Allemands en tirant sur leur arrière-garde. Cela les a retardés, m'a-t-il dit, parce qu'ils se sont arrêtés pour ramasser leurs blessés. Ayant poussé les Allemands hors de Podgorica, il va maintenant les pousser hors de Mostar. Il m'a dit : « Je ne pense pas que les Partisans aient la moindre intention de jouer un rôle important dans la guerre une fois leur pays libéré. Ils veulent continuer à s'occuper de politique. »

Écrit le mardi 2 janvier 1945

Harrison reste avec moi, retenu par la tempête, et il est tout à fait assommant. Hier communion, aujourd'hui messe à l'église franciscaine. Temps très froid et beaucoup de vent. Rien pour me déranger. Pas de courrier de Bari. Les Dominicains affirment que les Partisans ont fusillé quatorze prêtres ici.

Typique de mes journées. Un homme se nommant Preticic, prétendant tour à tour être président du Monténégro ou d'Herzégovine du Sud, a ces derniers temps importunément exigé des pneus d'automobile. J'ai appelé Tony pour connaître sa véritable identité. Après s'être renseigné, Tony me dit qu'il ne trouve rien à son sujet. « Mais il a une voiture ? Alors ça *doit* être un gros bonnet. »

Vendredi 5 janvier 1945

Harrison est enfin parti hier soir. Je n'ai réussi à éviter de me disputer avec lui qu'en me résolvant à ce qu'il m'ennuie toute la journée avec son orgueil et ses mauvais conseils acrimonieux. C'est un soulagement de ne plus jamais le revoir. Le seul service qu'il m'ait rendu était de me présenter à un sculpteur âgé nommé Paravicini – un mauvais sculpteur à en juger par les seules œuvres qu'on pouvait voir de lui, deux bas-reliefs à la banque – qui en tant que directeur local des Beaux-Arts pouvait me montrer des choses qui sont autrement inaccessibles : le musée, une collection agréablement quelconque que Paravicini a l'intention de réduire à un musée de province lambda ; et les archives, gardées par un raciste assommant tellement occupé à expliquer que tous ses documents sont en italien qu'il n'a plus d'yeux pour la beauté du bâtiment dans lequel il travaille.

Hier soir j'ai dîné à l'hôpital – un amas d'immondices fait maison et une mauvaise compagnie. Le général O'Brien Twoigg, après avoir détalé de Split, est rentré sans avoir rien accompli ; le VIIIe Corps refuse de voir la moindre personne liée à son unité. Le général Davy s'est installé à Split pour qu'un sculpteur local taille son buste. À moins que ces soldats ne manigancent quelque chose, ils se comportent de façon particulièrement futile. Je pense personnellement qu'ils sont eux-mêmes persuadés, à tort, d'être en train de manigancer quelque chose – un fragment oublié du plan stratégique général qui aurait dû être appliqué en cas de faiblesse militaire lors de la campagne du nord de l'Italie.

21 heures. J'ai dîné seul et gaiement d'un plat de sardines frites fraîchement pêchées ; le vent hurle dehors. Une journée infructueuse. Suis tout d'abord allé voir le trésor de la cathédrale avec Paravicini ; le garde civil est arrivé avec sa clé et ses trois élèves, mais le garde ecclésiastique n'est jamais venu.

Des prêtres bénissant les maisons aujourd'hui. Après le déjeuner une querelle avec le secteur V du QG partisan au sujet du gazole pour la centrale électrique. Je leur ai dit que l'accueil que nous avions reçu dans la ville ne nous avait pas donné envie de l'illuminer mais l'eau aussi menace de nous manquer et le général Twoigg refuse d'en discuter. L'arrivée de trois officiers de liaison anglo-américains demain est menacée ; peut-être que leur arrivée sera opportune ; pendant ce temps-là on décharge leur schooner et, il semblerait que l'armée des Partisans soit en train de s'emparer de leur matériel, à leur insu me semble-t-il.

Samedi 6 janvier 1945

Communion à l'église franciscaine. Je ne m'étais auparavant jamais rendu compte à quel point l'Épiphanie est une fête qui célèbre tout particulièrement les artistes – en retard de douze jours, venant après saint Joseph, les anges, les bergers et même l'âne et le bœuf, la caravane exotique arrive avec ses pages noirs et ses plumes d'autruche, guidés jusque-là par leur étude des livres et leurs spéculations ; ils ont fait un long voyage à travers le désert ; les splendides offrandes ont été abîmées par la route et ne semblent plus aussi splendides qu'elles l'étaient lorsqu'on les emballait à Babylone ; ils ont commis les erreurs les plus désastreuses – ils ont même demandé leur chemin à Hérode et provoqué le massacre des Innocents – mais ils finissent par arriver à Bethléem et leurs offrandes sont acceptées, des offrandes prophétiques qui marqueront la langue de l'Église à divers endroits. C'est une allégorie très complète.

Une journée de tempêtes déchaînées et d'indécision officielle.

J'ai d'abord écrit un message puis une lettre pour protester contre un impertinent message confidentiel concernant du savon ; ai détruit les deux ; il y a six mois je les aurais envoyés.

Une réunion à 12 h 30 avec Bodgan, le général O'Brien Twoig et divers muets. Une atmosphère de camaraderie régnait entre les soldats – « Les types au-dessus décident de tout ça sans se soucier de nous. Nous autres simples soldats nous débrouillons tant bien que mal pour nous traîner derrière » – il y avait à boire, et tout le monde était impatient d'aller déjeuner, ce que nous n'avons pas réussi à faire avant 14 heures passées. Je considère cette réunion comme un nouveau jalon sur la route de la détérioration des relations anglo-partisanes. Un certain nombre de reproches ont été faits aux troupes britanniques – cris de « Fuck Tito » dans un café et ainsi de suite, y compris des histoires assez invraisemblables de jeeps remplies de soldats anglais passant à tabac des officiers yougoslaves – suivies de revendications (1) que toutes les troupes britanniques soient passibles de voir leurs papiers contrôlés par une force partisane « spécialement choisie » (2) qu'elles ne puissent venir en ville et utiliser ses installations que trois jours par semaine. Le général O. Twoig, avec un pacifisme militaire, a consenti aux deux. Le processus touche à sa fin – on nous demande d'abord de retirer notre patrouille et donc de renoncer au droit de superviser notre propre discipline, en nous expliquant que ceci n'est plus nécessaire et que les Partisans retirent les leurs ; puis on signale des incidents (peut-être inventés) ; et nous renonçons définitivement au droit de venir en ville et d'utiliser ses installations si ce n'est, par la grâce des Partisans, trois jours par semaine, ce qui pourra sûrement être revu à la baisse quand bon leur semblera une fois qu'ils auront mis en place les incidents appropriés ; pendant ce temps-là, l'OZNA[1] prend le contrôle. Aucune question n'a été soulevée par nos soldats apaisés et je suis parti en laissant le général O. Twoig rayonnant

---

1. La police secrète.

d'autosatisfaction et visiblement convaincu que les relations s'étaient substantiellement améliorées.

Il est intéressant d'observer les rouages de l'esprit militaire. À 13 heures aujourd'hui le général O. Twoig a demandé à Bodgan s'il pouvait trouver une maison pour installer le réfectoire. À 15 heures le DAQMG a téléphoné pour demander si la maison pouvait être ouverte demain après-midi.

Il a continué d'appeler toute la soirée et n'a finalement obtenu aucune maison.

Dimanche 7 janvier 1945

Noël orthodoxe ; des tirs spasmodiques, un orage ; mon téléphone laissant échapper des craquements, des croassements et remplissant la pièce d'un feu bleu à chaque coup de tonnerre. Un navire vient d'arriver avec du savon, une lettre ennuyeuse de Laura et une lettre enthousiaste de Nancy Rodd, la première pour le moment concernant *Retour à Brideshead*. Le IIe Corps m'a proposé de venir prendre le thé à 15 heures. On ne sait jamais à quoi s'attendre dans ce pays. Je m'imaginais une foule, une scène, un concert. Au lieu de quoi, une petite pièce, des tables sur trois côtés, peut-être quarante personnes dont trente-cinq étaient des invités, des civils anglais et américains. Il y a d'abord eu de la chartreuse verte et des sandwichs au jambon, suivis de thé et de gâteaux, enfin du cherry brandy et des cigarettes, puis deux discours sur la liberté monténégrine et l'impression que l'événement touchait à sa fin. Pas du tout. Sont ensuite apparus du mouton froid, du vin rouge et un semblant de conversation générale jusqu'à 18 h 30.

Lundi 8 janvier 1945

Le général O. Twig a envoyé David Karmel voir Bogdan pour tenter de se défiler et ne pas participer à la capitulation de samedi ; en vain. Une lettre amèrement décevante de Laura.

Mardi 9 janvier 1945

Conformément à une lettre reçue de Bari je suis parti à la recherche d'une femme néerlandaise, jusqu'à une maison portant bien son nom de « Solitudina » au bout de la péninsule de Lapad, avec un hangar à bateaux et un embarcadère, à laquelle ne menait aucune route, juste un sentier entre des palmiers – une belle vieille maison avec de vieux meubles, le tout délabré et ravagé par l'occupation militaire. J'y ai trouvé deux femmes d'âge mûr, l'une allemande, l'autre néerlandaise, et une petite fille qui vivaient seules. La Néerlandaise, que j'étais venu voir pour un renouvellement de passeport, aurait pu réclamer l'extradition mais refusait d'abandonner l'Allemande. Elles ont suffisamment de nourriture, relativement, mais se sentent seules et sont inquiètes. L'Allemande a dit qu'elle préférerait être internée dans un camp de concentration anglais plutôt que de connaître ce que les Partisans appellent liberté. « Cela fait deux ans que nous répétons : "Si seulement les Anglais pouvaient venir !" Les voilà maintenant arrivés mais nous n'avons pas le droit de leur parler. » Je ne pouvais rien faire si ce n'est leur promettre de l'aide avec leur courrier et quelques douceurs pour la petite fille. Cet après-midi j'ai apporté un colis de nourriture à un vieux prêtre affamé. Deux petits paquets de livres de Nancy dont une véritable bouffée d'air de Bloomsbury – *Le Tombeau de Palinure* de Cyril. Une lettre de Nancy proclamant *Retour à Brideshead* un classique.

Le slogan du privilège : « Liberté. Loisir. Intimité. »

Mardi 9 janvier – Mercredi 10 janvier 1945

Deux jours d'orage qui se sont soldés hier soir par des heures d'insomnie sous des coups de tonnerre aussi bruyants qu'un raid aérien et de la grêle pareille à du verre qui se brise ; on aurait dit qu'il pleuvait à torrent à l'intérieur de la chambre. J'ai lu *Le Tombeau de Palinure* de Connolly, à moitié un livre banal composé de maximes françaises, à moitié une lamentation sur sa vie. Pauvre Lys ; il la considère comme l'incarnation du black-out, des raids aériens, du rationnement, du service obligatoire et voit Jean comme l'âge d'or et le temps des plages, des pêches et des lémuriens. Certains passages sont mal écrits, empreints d'un pénible jargon psychologique qu'il essaye d'utiliser pour expliquer des problèmes téléologiques. J'ai aussi lu un ennuyeux « thriller » américain, sadique, plein d'yeux qui « clignent » et « papillonnent, » estampillé de manière absurde « Divertissement ». Il est triste qu'au cours de la dernière décennie la pornographie ait cessé d'en appeler au plaisir et n'utilise plus que la cruauté pour dresser le pénis. J'ai écrit un certain nombre de notes acerbes à Bari et fait quelque chose pour subvertir Karmel.

Jeudi 11 janvier 1945

J'ai passé toute la journée dans l'odeur du poêle à mazout et le bruit de la tempête.

Vendredi 12 janvier 1945

J'ai engagé Paravicini pour qu'il fasse mon buste, lui qui a davantage besoin de nourriture que d'argent, pour 50 livres et quelques rations pendant qu'il y travaille. Je doute qu'il n'obtienne jamais la pierre nécessaire ou qu'il le finisse ; s'il y parvient, ce sera la seconde meilleure alternative à me faire empailler. Je lui ai dit que j'avais les mêmes goûts que le prince Paul. Quelques officiers de liaison sont arrivés ; le colonel a déjeuné avec moi ; un homme affable du Kenya. Ils ont 40 tonnes de nourriture à répartir entre 20 000 personnes, et peu d'espoir d'obtenir un accord pour en envoyer davantage. Une femme bohémienne apeurée est venue, tout droit de prison, demandant d'être libérée. Je lui ai donné un bout de savon.

Samedi 13 janvier 1945

Une citoyenne sud-africaine qui était déjà passée et à qui on avait donné de la nourriture est arrivée avec son fils ; je les ai renvoyés brutalement et regretté mon comportement dix minutes à peine après leur départ. Plus tard dans la journée, une Yougoslave terrorisée est arrivée ; je l'ai renvoyée poliment ; un peu plus tard un colonel partisan, plein de bonne volonté professionnelle. Je dors mal depuis plusieurs jours et suis donc allé faire une longue promenade à Lapad qui m'a permis de mieux dormir.

Dimanche 14 janvier 1945

J'ai omis de mentionner que j'ai hier réussi à faire ouvrir la salle du trésor de la cathédrale – une entreprise difficile nécessitant trois clés, l'une détenue par l'évêque, l'autre par les chanoines, la dernière par le maire. Il faisait sombre dans la pièce et les trésors étaient très sales mais il y avait une belle collection de pièces de ferronnerie médiévales et de la Renaissance. J'ai dit à Paravicini : *« J'ai le goût de prince Paul. Faites-moi comme un œuvre de Roubillac. » « Mais mon capitain, vous manquez le perruque*[1]. » Messe aux Franciscains. Karmel à déjeuner. Une autre promenade soporifique, un bain tiède dans une maison qui sentait mauvais.

Lundi 15 janvier 1945

M. Paravicini est venu, revigoré par deux jours à manger des repas complets. Difficile de suivre sa conversation dans un français guttural. Il a installé un support en bois grossier surmonté d'attaches en fil de fer ressemblant aux feuilles d'un palmier, s'est mis à piocher des poignées de boue grise dans un sac à dos, et en une heure il avait fait une tête. J'étais fasciné en le regardant travailler et émerveillé par le résultat.

---

1. *En français dans le texte (NdlT)*. Le prince Paul était régent de Yougoslavie, le roi Peter étant mineur. 1934-1941. Roubillac, sculpteur français, 1695-1762. Waugh écrit « un œuvre » au lieu d'« une œuvre, » et « capitain » au lieu de « capitaine » ; s'il a écrit « perruque » (une autre interprétation/lecture serait « personnage »), il s'est là aussi trompé de genre.

Mardi 16 janvier 1945

Gourdie est arrivé ; Pearson s'en va. J'ai cherché la femme que j'ai insultée samedi et lui ai promis des rations régulières ; lui ai conseillé de se tirer au plus vite d'ici avec son fils. J'annote les lamentations de Cyril. Deuxième séance de pose pour Paravicini ; la tête commence à me ressembler. Dîner avec O. Twigg.

Mercredi 17 janvier 1945

En repensant à ces deux derniers jours, je me suis aperçu que tout ce que j'avais fait, c'est-à-dire bien peu, avait été bienveillant – donner du travail aux nécessiteux, de la nourriture aux affamés, prendre les dispositions nécessaires pour permettre à un Canadien de se mettre en route pour le Canada, aider un prêtre dominicain à troquer du vin contre de la farine. Peu de gens dans l'armée peuvent en dire autant tout en déclarant avoir vécu de manière solitaire et confortable. Le buste de Paravicini prend la forme d'un prêtre théologien anglican de l'époque de Matthew Arnold.

Jeudi 18 janvier 1945

Communion à l'église franciscaine. Message annonçant que Floydforce rentre en Italie sur-le-champ. Le buste du pauvre M. Paravicini me ressemble de moins en moins. Je suis maintenant responsable d'un interprète juif qui ne parle pas anglais et pour qui je n'ai pas de travail. Il reste assis en bas toute la journée et j'espère qu'il apprécie la nourriture qu'on lui donne.

Vendredi 19 janvier 1945

Entretien avec Bogdan. On a froidement reçu mon pauvre M. Sen et on l'a menacé de ne pas renouveler son autorisation de travailler pour moi. Je lui ai demandé d'aller parler à la cuisinière et de lui dire que je voulais que tous mes dîners soient composés de trois services. Il lui a dit qu'il faudrait que j'aie trois invités à chaque dîner. C'était un homme qui avait de la fortune à Zagreb et toute sa famille à l'exception de sa fille a été dispersée et probablement assassinée. David Karmel est rentré et a déjeuné avec moi. À la fin de la séance de cet après-midi, M. Paravicini a commencé à travailler à la lumière électrique. Soudainement le buste qui était devenu un morceau d'argile morte s'est mis à me ressembler. Le processus de développement est différent de celui d'une image, qui rappelle la scène de pantomime où l'on soulève des rideaux de gaze, les fées s'éclaircissant et se précisant au fil des couches enlevées ; c'est la scène de transformation lorsque la chose se change en un clin d'œil en son extrême opposé.

Floydforce prévoit d'avoir quitté Raguse dans une semaine, me laissant avec un tas d'équipement et une radio sans fil. J'ai dit au pauvre M. Sen de faire savoir à la cuisinière qu'un toast, dès qu'il est fait, doit être posé sur sa tranche pour ne pas devenir flasque. Ce soir quand mon pain est apparu, son équilibre était précaire.

Samedi 20 janvier 1945

J'ai eu le grand plaisir de prendre les dispositions nécessaires avec le général pour qu'on fasse cadeau de 1 000 rations aux Dominicains affamés. J'ai aussi adopté une veuve maltaise, châtié un Canadien pour avoir tenu son mariage secret, fait la connaissance d'un relieur belge à qui j'ai confié *Le Tombeau de Palinure*, ai appris que Roddy Douglas, le demi-frère de Zena Naylor était responsable du DID, ce qui est pour moi très pratique, et observé mon buste changer de façon à peine perceptible. Une bonne journée.

En choisissant de posséder des objets absurdes, je les garde à distance.

Le pauvre M. Sen est littéralement agoraphobe ; il m'a fait passer par les ruelles pour m'amener jusqu'aux collines, tant il est habitué à avoir peur.

Dimanche 21 janvier 1945

« Thé » d'adieux (chartreuse, mouton, etc., comme au Noël orthodoxe) chez le commandant Grada[1] d'où O. Twigg est parti trop tôt. Le soir au théâtre une performance de danse « mauresque » de Korčula pour le Mouvement de Jeunesse suivi de quelques enfants qui faisaient de la boxe ; saluts communistes depuis la scène ; public composé de jeunes communistes à l'air canaille. Quatorze messes dites pour Twigg. Karmel : « Pourquoi est-ce qu'ils ne prient pas pour moi ? » La nouvelle selon laquelle le pacte des officiers de liaison a été signé est bienvenue.

Lundi 22 janvier 1945

Un Arménien monténégrin analphabète est venu et on lui a donné des vêtements. J'ai rendu visite au prieur des Dominicains, avec des habits. J'ai maintenant toute leur affection depuis que les rations ont été distribuées, et leur ai donné le nom de Karmel pour les prières.

1. Commandant de la ville.

Mardi 23 janvier 1945

Le général O. Twig est parti.

Mercredi 24 janvier 1945

Un agent de change berlinois, une veuve norvégienne ont appelé à l'aide. Cette dernière a épousé un Yougoslave, qui ne parlait aucune langue en commun avec elle si ce n'est un peu d'anglais ; il est mort de tuberculose après une longue agonie, la laissant sans un sou dans un pays étranger en pleine révolution, son pays à elle étant occupé par l'ennemi ; elle s'est allègrement mise à enseigner l'anglais. Un Partisan est venu me dire qu'il avait mal quelque part, pourrais-je lui donner de la confiture pour le guérir. Les nonnes ont reçu une importante livraison de divers aliments et gazouillaient comme des moineaux. Je suis allé au couvent dominicain rencontrer l'évêque de Kotor, un vieux type timide pauvrement vêtu qui me donne un tas d'informations utiles et à l'intention de qui je prépare un questionnaire. Le clergé est indécis quant à la façon de commémorer la Saint-Blaise, le 3 février ; boycotter la ville en mémoire des quatorze prêtres assassinés ou affirmer sa catholicité. Une promenade avec Karmel sur le front de mer sous un vent froid et dans la bruine ; une mauvaise nuit de sommeil en dépit de cette balade.

Jeudi 25 janvier 1945

Communion à l'église franciscaine. Le fait de brûler du café est un des mythes de la décennie. On m'a raconté que tout le monde en ville est persuadé que les troupes britanniques font brûler du café pour cuisiner parce que les Partisans ne leur donnent pas de bois.

Deux cas d'Anglais escroquant des Yougoslaves – l'un d'une clarinette, l'autre d'un roman. J'ai dit à Paravicini que je continuerai à le nourrir une fois que les séances de pose pour mon buste seraient terminées ; cela a eu un effet galvanisant ; les navettes se sont mises à faire des allers et retours à toute vitesse sur son métier de Pénélope et ma tête a soudainement pris forme. Un entretien épuisant avec Miljanić, président du Monténégro, qui est obsédé par la question d'introduire une femme médecin écossaise dans son pays. Visite d'une veuve française communiste à l'apparence antipathique qui veut rentrer chez elle en France. Un cadeau malvenu de M. Albert Bonniz [?], un livre noir en vélin taché avec des lettres dorées et des rubans pour le fermer. L'une de ces choses dont je n'ai ni l'utilité ni l'envie. Je ne savais pas comment le récompenser et je lui ai donc donné une vieille paire de chaussures qu'il a semblé apprécier. J'ai fait un aller et retour à pied jusqu'à Lapad sous la pluie et donné un tas de matériel médical indésirable à la marine yougoslave.

Vendredi 26 janvier 1945

La Partisane est arrivée habillée en femme avec un ruban dans les cheveux et une robe de femme. Je lui ai donné de la soupe, des chocolats, des cigarettes et une carte d'embarquement pour Bari. Elle était toujours aussi hideuse. Une exquise mariée italienne, un poète croate barbu qui était éméché après un verre de *rakija*, un chirurgien de marine sont aussi passés. Le buste est presque fini mais ne me ressemble en rien. Wintour menace de venir. Je lui ai écrit que je ne pouvais pas l'héberger, que son voyage était tout à fait inutile. Tout pour l'en dissuader.

Samedi 27 janvier 1945

Une délicieuse odeur de branches coupées dans le cloître franciscain en préparation pour la Saint-Blaise. Le thé mélangé au café dans notre réserve. Bourrasques. Karmel mal à l'aise.

Dimanche 28 janvier 1945

Embarquement des navires de Floydforce en cours ; tâche difficile ; une proposition encourageante du Foreign Office qui me demande de rédiger un rapport sur les affaires de l'Église. Une séance matinale avec Paravicini, le buste ne me ressemblait pas du tout. Un long après-midi avec l'évêque de Kotor et le Prieur. L'éternelle soif insatisfaite de toutes les petites personnes neutres pour la politique britannique. *« Mais monsieur que voudra faire la Grande Bretagne en Bulgarie*[1] *? »* Avons-nous un plan pour l'Adriatique ? Avons-nous un plan pour le bassin du Danube ? Pourquoi devrions-nous nous mettre un roi Karadjordjević[2] à la tête de la Croatie ? *« Mais monsigneur les Anglais sont un peuple humain et commercial. Nous n'avons aucun plan*[3]. *»* Puis ils ont secoué la tête de manière entendue. Ah, le capitaine ne nous fait pas confiance. J'ai bu presque une bouteille de vin blanc très fort et j'étais un peu éméché en partant. J'ai dîné avec Karmel et continué de boire. Pas soûl mais n'arrivant aujourd'hui pas à me souvenir de ce que j'ai dit hier soir.

---

1. *En français dans le texte (NdlT).*
2. Dynastie royale serbe qui devint la famille royale de Yougoslavie.
3. *En français dans le texte (NdlT).*

Lundi 29 janvier 1945

Une série de problèmes absurdes. Mustapić arrêté. Gjoratović battu. Un personnage entièrement nouveau – un ingénieur chilien distrait dont la fille de dix-sept ans s'était infiltrée à bord d'un navire britannique et avait voyagé clandestinement jusqu'à Bari. Vingt-six déserteurs italiens ont disparu en même temps que Floydforce. J'ai pris quelques notes rapides sur l'Église en Croatie.

Mardi 30 janvier – Mercredi 31 janvier 1945

La situation concernant la nourriture ne fait qu'empirer. J'ai envoyé une série de messages de plus en plus alarmants ; ai finalement demandé l'autorisation de distribuer les réserves du DID.

Jeudi 1ᵉʳ février 1945

Une autre visite de cette Tchèque démente qui affirme avoir perdu 39 dollars.

> *[Les circonstances de l'expulsion de Waugh de Yougoslavie, dont traite la partie suivante du journal, ne sont pas faciles à suivre à partir du texte.*
>
> *Tito n'avait jamais voulu que Floydforce soit déployé sur le continent ; après leur retrait, les Partisans se montrèrent de plus en plus hostiles à toute présence britannique. La dispute avec Waugh s'inscrit dans la détérioration générale des relations anglo-yougoslaves ; mais on peut raisonnablement supposer que les autorités de Dubrovnik voulaient tout particulièrement l'écarter en raison de ses contacts avec les catholiques croates. Waugh refusa de partir et demanda le*

soutien de ses supérieurs à Bari. Ses supérieurs cependant, entièrement occupés par la situation des Balkans qui évoluait très rapidement, avec une guerre civile en Grèce et Tito revendiquant les territoires de la Vénétie julienne et de Trieste, étaient peu enclins à ajouter un nouveau conflit avec les Partisans, même mineur, à une liste qui ne cessait de s'allonger. De plus, certaines de ces personnes à Bari ne partageaient pas ce qu'ils pensaient être les convictions de Waugh, à savoir que tous les catholiques croates méritaient le soutien des Alliés ; au moins quelques-uns de ces catholiques avaient collaboré avec le régime profasciste de Pavelić. Les supérieurs de Waugh étaient dans tous les cas las de son habitude d'envoyer au quartier général des messages relativement triviaux en les précédant de quatre « Q », ce qui signifiait qu'un officier supérieur devait les décoder ; un colonel s'étant couché à 4 heures du matin avait peu de chance d'être amusé quand on le réveillait une heure plus tard pour décoder un message de Waugh traitant, par exemple, du ravitaillement en savon. Ainsi, quand les Partisans firent pression pour que Waugh soit renvoyé, ses supérieurs ne leur résistèrent pas.]

Lundi 12 février 1945

Le dernier soir à la Pension Lovrijenac, toutes les réserves emballées ainsi que quelques-uns de mes effets personnels ; demain aux alentours de 7 heures (Mardi gras) nous partons pour le QG du IIe Corps[1] à Gačko. La journée d'aujourd'hui s'est déroulée de la façon suivante : réveillé depuis 4 heures ; à 6 h 30 je me suis levé et j'ai écrit une lettre au général Maclean pour lui suggérer que je me consacre à la question de l'Église croate et que je les introduise en Angleterre, offrant un compte rendu très modeste du mauvais comportement dont les Partisans ont fait preuve au cours de ces derniers jours. Ai reçu une liasse de messages à 9 heures me faisant savoir que mon voyage

---

1. Un corps partisan.

à Gačko n'était pas nécessaire. Aucun ordre de Macmis[1]. Ai donné des ordres pour qu'on dispose des réserves de la mission et ai obtenu que le RASC nous prête deux camions. Ai dit au revoir à Mme Dezoubovic. Ai vu un officier du RASC au sujet d'une dette d'un demi-million de couronnes due au propriétaire du garage, Roddy Douglas a appelé pour me dire que la fille qu'il avait sauvée de l'OZNA voulait maintenant être rapatriée à Dubrovnik, il a déjeuné avec moi, ai mis une compagnie de Partisans au travail en leur faisant transporter du matériel, reçu une visite de Mme Arena – « J'ai pleuré votre départ toute la nuit dernière. Depuis la mort de mon mari, personne ne s'est occupé de moi. Je vous ai donc apporté le porte-cigarettes de mon mari » – ambre et damasquiné.

Suis allé dire au revoir aux bonnes et dignes dames de la Solitudina, ai fait un saut au bureau des transmissions et y ai trouvé un message[2] m'annonçant : « Rentrez à Bari immédiatement. » Les navires étaient maintenant partis ; tout était terminé [?] ; j'avais envie d'anéantir Amoravic[3]. Je suis allé voir Tony et lui ai demandé d'appeler Antoravic pour lui dire que j'avais été rappelé ; pourrais-je attendre un navire à Dubrovnik. Comme je l'espérais, il a dit non. Ceci est satisfaisant à tout point de vue (1) Antoravic est allé trop loin (2) je peux maintenir mon voyage (3) suis énervé contre Macmis à cause de ce retard. Je me suis ensuite rendu (18 h 30) au prieuré dominicain. Le prieur m'a servi un vin blanc capiteux et m'a dit qu'une lettre avait été envoyée au GSH conseillant l'exécution de tous ceux impliqués dans la fête de la Saint-Blaise parce qu'il s'agissait

---

1. Abréviation de « Maclean mission », la mission Maclean ; *i. e.* le quartier général de la mission militaire du général Maclean auquel Waugh était rattaché.

2. De ses officiers supérieurs à Bari.

3. Partisan qui avait remplacé le major Bogdan comme commandant de la ville à Dubrovnik.

d'un événement religieux. Lui-même n'y croyait qu'à moitié. Il a aussi tenté de mentir en me disant que les prêtres étaient enrôlés à Split. Je l'ai pris sur le fait et il a eu la délicatesse de se montrer confus. En l'espace d'une heure, je me suis d'abord vu jurer puis démentir que la messe était devenue obligatoire pour tous les enfants. Je suis rentré à la mission à 19 h 30 pour y trouver (*a*) Mustapić avec trois cadeaux de ses filles (*b*) la musulmane norvégienne qui était passée pour discuter littérature. Je lui ai donné des livres, du savon, de la nourriture et l'ai renvoyée, souriante mais perplexe (*c*) un Juif fiancé à une cousine de Peter Lunn qui avait une lettre « délicate » à envoyer. J'ai oublié de mentionner la visite d'une fille qui prétendait être australienne et apportait comme seule preuve de ses dires des documents de divorce.

Reprenons. L'origine de mon départ. Le 7 février David Karmel et moi sommes rentrés d'une promenade dans la campagne pour trouver un message écrit du IIe Corps m'ordonnant de me rendre à Trebinje et d'y rester. J'ai répondu que je faisais partie de la mission du VIIIe Corps, et ai contacté Bari. Le 10 ils ont renouvelé leur attaque. J'ai refusé d'y aller, leur disant que si je quittais Dubrovnik, ce serait pour l'Italie. Aucune réponse de Bari. Navires prenant la mer (ou tout du moins comme nous le croyions) à 16 h 00 le 11. À l'heure du déjeuner un message m'ordonnant d'obéir aux ordres du IIe Corps. J'ai immédiatement écrit au commandant Grada, pour lui dire que je capitulais et que j'exigeais qu'on m'envoie des équipes de travail. Pendant ce temps-là, j'avais une lettre hautement confidentielle à l'intention de Mgr Tardini[1] – au Vatican – qu'avait écrite l'évêque d'ici. Je l'ai donnée à un officier de

---

1. Pendant la guerre, sous-secrétaire d'État aux Affaires étrangères du Vatican avec Mgr Montini, qui devint ensuite pape Paul VI. Plus tard cardinal et secrétaire d'État.

liaison nommé Cavan pour qu'il la donne à la Mission M 37[1], qui la donnera à Archie Lyall qui l'enverra à Mondi Howard qui la donnera à Mgr Tardini.

Reprenons encore plus en amont : le 3 février (samedi) était la Saint-Blaise. Les Partisans ont donné l'ordre de la commémorer avec les rituels habituels et le lendemain, ayant obtenu tout ce qu'ils voulaient de l'évêque, ont enrôlé ses séminaristes. La fête était organisée de manière charmante (*a*) lever matinal (*b*) amis se saluant avec courtoisie devant l'entrée (*c*) prière silencieuse (*d*) grande prière (*e*) procession religieuse (*f*) chahuts. Cette année l'Église a joué son rôle, et les dignitaires municipaux ont joué le leur coiffés de hauts chapeaux, et les deux orchestres aussi ont joué le leur, mais les paysans ne sont pas venus nombreux et en dépit du cadre et de cette cérémonie sincère, la commémoration est tombée à plat.

David Karmel a donné un thé où les Partisans ont mangé comme des porcs.

Le médiocre commandant de la ville Bogdan a laissé sa place à un crétin pubère nommé Antoravic.

Le buste de Paravicini, sorti de ma petite pièce où il avait travaillé dans la pénombre le nez contre la sculpture, a été déplacé dans sa villa ensoleillée où il a l'air horrible. Il a recommencé et la chose semblait mieux ; s'est bien déroulé. Depuis qu'il sait que je suis rappelé, il a cessé de bricoler. Je lui ai fait prendre les vêtements au sérieux.

---

1. Un autre nom pour désigner la mission militaire Maclean.

Dimanche 25 février 1945

Rome. Hôtel Continentale (un hôtel récent près de la gare maintenant réquisitionné par l'armée. Bien géré, prix ridiculement bas : 350 lires pour une semaine, pension complète. Vin à 150 lires la bouteille. En comparaison les calèches prises hier quand j'étais à la recherche de la légation du Vatican coûtaient 1 200 lires).

Reprenons. Le 13 j'ai conduit jusqu'à Gačko, une matinée ensoleillée, de la neige sur les quelques derniers kilomètres et des villages détruits. Environ la moitié de Gačko en ruines, QG du IIe Corps. Peu de civils. J'ai passé trois nuits dans la maison de David Karmel, m'aventurant rarement dehors, à lire Trollope. David est allé passer la journée à Sarajevo, tout juste « libérée », y a vu une centaine de cadavres qui avaient tous été exécutés, quarante pour cent de civils, les femmes occupées à piller leurs dépouilles. Le vendredi 16 suis rentré à Dubrovnik espérant y trouver un bateau le lendemain, une arrivée qui a d'abord été reportée par celle de nouvelles embarcations, puis par la météo jusqu'au 20. Le major S — était lui aussi renvoyé, pour fornication. La plupart des filles qui ont couché avec des officiers anglais, et dans un cas la petite sœur d'une de ces filles, ont été raflées par l'OZNA. Nous avons vu des bourgeoises casser des pierres sur la route près de Trebinje. J'ai séjourné à l'hôtel Komodor, maintenant le mess des officiers de liaison. Des officiers tout à fait sordides qui n'avaient pas la moindre intention d'apporter leur aide. Pour l'heure, aucun signe des bateaux chargés de rapporter des vivres. Je me suis promené dans Lapad mais me suis tenu à l'écart de la ville où j'avais fait mes adieux. Cela n'a pas empêché Antoravic de raconter à son personnel, en présence de l'interprète de Wintour, un entretien purement imaginaire au cours duquel il m'aurait réprimandé pour avoir manqué de me présenter tous les jours dans son bureau et où je serais resté muet de honte.

Nous avons enfin pris la mer l'après-midi du 20 dans l'inconfort le plus complet à bord d'un LCI[1] et sommes arrivés le lendemain à Bari. J'ai trouvé le QG de la mission amical et désœuvré. John Clarke a accepté mes propositions d'aller voir le pape à Rome puis d'écrire mon compte rendu sur l'Église et de rentrer en Angleterre. Entre-temps, on a proposé que les officiers de la mission puissent devenir consuls. Revenir en position de force à l'endroit d'où j'ai été renvoyé serait extrêmement gratifiant ; cela me donnerait l'occasion d'aider quelques-uns de ceux qui se trouvent malheureusement bloqués là-bas. J'ai donc soumis ma demande.

J'ai passé trois agréables nuits à Bari. J'y ai trouvé trois boîtes de cigares qui m'attendaient et une merveilleuse pile de lettres. J'ai dîné avec Archie Lyall deux fois et Jonathan Blow, déjeuné avec Bill Deakin (favorable à mes ambitions consulaires) et Peter Lunn. Ai rencontré les représentants de l'Unrra[2], bons à rien.

Hier j'ai quitté l'aérodrome de Bari à 7 h 15. Porte à porte, le voyage jusqu'à Rome a duré six heures, environ deux heures de moins que si j'y avais été en voiture. Mon arrivée immédiate était démoralisante ; un commandant de la ville maussade qui m'a donné une chambre à contrecœur, pas de voiture, j'ai marché en portant mon sac et mon pardessus dans la mauvaise direction. Ensuite à ma plus grande chance Dan Ranfurly est apparu, m'a conduit en voiture à mon hôtel. J'ai déjeuné avec un Juif palestinien et passé l'après-midi en voiture, sous le soleil printanier, sans réussir à trouver Mondi Howard, Hamish

1. Landing Craft Infantery. Une péniche de débarquement (*NdlT*).
2. L'administration des Nations unies pour le secours et la reconstruction (*NdlT*).

Erskine, Hugh Montgomery. J'ai conduit jusqu'à de lointaines banlieues pour me rendre dans la maison d'Arcy Osborne au lieu d'aller à son bureau et lui ai griffonné un mot. Suis ensuite rentré et ai rencontré Adrian Daintrey, dîné avec lui en buvant quantité de vin rouge et en discutant d'esthétique. Rome est toujours remplie d'Américains rustres, les magasins sont plus vides qu'en août, les prix absurdes. Tous les restaurants interdits aux militaires, tous les hôtels convertis en mess, l'armée d'occupation menant une vie de caserne tout à fait dissociée de celle de la ville, les bâtiments splendides sous le soleil printanier. Sujets – banditisme, les 12 000 (nouveau chiffre) déserteurs armés principalement américains, les vols de voiture, les actes de violence, l'incompétence du gouvernement, la certitude du communisme après le départ de nos armées, l'inutilité et l'égoïsme de la haute société italienne. J'ai déjeuné avec Dan Ranfurly aujourd'hui ; dans son petit mess climatisé les Anglais et les Américains s'installent chacun de leur côté dans la salle à manger. Son poste semble lui donner accès à tout le monde à Rome et il promet de m'aider avec mon appel croate.

Lundi 26 février 1945

Messe matinale. Moïse à Saint-Pierre-aux-Liens. À 10 heures chez Dan Ranfurly qui m'a emmené chez d'Arcy Osborne. Il m'avait déjà pris rendez-vous avec Tardini, m'a prêté sa voiture. Utley[1], secrétaire, d'une grande aide. Une heure avec Tardini, gesticulant en napolitain, français et anglais. Il a pris l'affaire au sérieux et m'a prié de revenir. Déjeuner ambassadeurs avec

---

1. James Utley, longtemps attaché à la Légation britannique au Saint-Siège, ayant une connaissance approfondie des personnalités et politiques du Vatican.

John de Salis[1], un sympathique énergumène ; avons ensuite rencontré une femme dans la rue qui nous a dit que Mia Woodruff était arrivée. Sommes allé la voir, avait l'air très jeune, jolie et mince. Puis à la Légation US au Saint-Siège, longue conversation avec Titman[2] et ai convenu d'un entretien avec Myron Taylor demain. Dîner avec Mondi Howard, sommes ensuite allés à son mess rencontrer le ministre des Affaires étrangères qui est aussi le leader des chrétiens-démocrates. Tous occupés au mess d'Howard à dorloter les chrétiens-démocrates et ayant bon espoir que les communistes ne l'emportent pas en Italie.

Mardi 27 février 1945

À la Légation du Vatican à 10 heures où Utley m'a emmené au département de propagande pour m'entretenir avec le cardinal Fumasoni-Biondi, un vieil homme doux dans une pièce remplie de camelote chinoise, de là chez Tardini pour un autre entretien. Déjeuner seul avec Sir d'Arcy Osborne, bon déjeuner, il m'a rappelé Lord Beauchamp dont il partage même le goût pour les images de M. Rankin. À 16 heures chez Myron Taylor, âgé, beau, obtus. Je me suis un peu lassé de mon propre récit sur la question de l'Église croate, puis à un cocktail chez Mme Murchey pour rencontrer John Rayner où j'ai bu un peu trop de gin, de retour au Continentale afin de donner un dîner pour Mia Woodruff et Utley qui l'ont apprécié et Dan Ranfurly qui ne l'a pas aimé.

---

1. Colonel au QG des Forces alliées comme officier de liaison.
2. Harold Titman, assistant de Myron Taylor, le représentant personnel du président Roosevelt au Vatican.

Mercredi 28 février 1945

Alors que je passais devant le Grand Hôtel en route pour visiter Santa Maria della Vittoría, je suis tombé sur un brancard lourdement chargé dans lequel Randolph était allongé et je l'ai accompagné à l'hôpital où il devait se faire opérer le genou d'une blessure datant de l'accident d'avion. Puis au bureau d'Utley pour faire en sorte qu'il m'obtienne des entretiens avec Montini[1] et le pape. Déjeuner avec M. Leigh-Smith premier secrétaire très laid et impopulaire accompagné de sa véhémente épouse slave. Intellectuel rital du nom de Moravia[2]. Je me suis encore davantage lassé de mon récit yougoslave. Chez J. de Salis pour rencontrer Mgr Moscatello, Yougo accrédité par le Vatican, qui était en retard de quarante minutes et tout à fait déprimé, puis chez Bernard Wall, pour rencontrer l'ancien rédacteur en chef de l'*Osservatore* maintenant rédacteur en chef du *Popolo*, parti chrétien-démocrate, lui ai demandé d'écrire un article dans l'*Osservatore* sur la question de l'Église croate, suis arrivé dans ma chambre éreinté et heureux de ne pas avoir d'obligations.

Jeudi 1er mars 1945

Au Vatican pour montrer la lettre du prieur de Raguse à Mgr Cordovani, Maestro di Palazzo, un dominicain courtois. Pendant les deux heures d'attente je suis allé visiter les musées du Vatican mais ai trouvé insupportables les foules de soldats et de guides, surtout dans la chapelle Sixtine où j'ai été surpris de constater que la plupart des peintures étaient invisibles à l'œil nu,

---

1. Monsignor, plus tard cardinal, Giovanni Battista Monrini ; devint ensuite pape Paul VI.
2. Alberto Moravia, le romancier.

ternes et regorgeaient de ces espaces douloureux où la peinture semble avoir été absorbée par le mur et disparu ; le Dernier Jugement infiniment inférieur à ce qu'il est en photographie. J'ai déjeuné avec Bernard Wall et suis resté dans ma chambre, épuisé, jusqu'à ce qu'il soit l'heure d'aller boire des cocktails avec Mgr Hemmick[1], Mia, William Rospigliosi, Dan Ranfurly, Jim Utley, une Américaine et un couple russe. Hemmick nous a raconté que les Dorias[2] refusent d'acheter quoi que ce soit au marché noir et préfèrent aller à l'opéra à pied plutôt que d'utiliser l'essence du gouvernement pour toute activité qui ne serait pas tout à fait officielle. La plupart des Romains trouvent cet édifiant exemple ridicule. Ai dîné chez Valadier, travaillant maintenant pour la NAAFI, avec Mia et William. J'ai reçu cet après-midi mon invitation pour une audience privée.

Vendredi 2 mars 1945

Audience privée à 9 h 30. Ai tout juste eu le temps de rentrer dans Saint-Pierre et de prier pour qu'il me guide. Puis au Cortile Damaso, ascenseur jusqu'au deuxième étage, une série d'antichambres éblouissantes remplies d'hommes qui ressemblaient aux gardes du roi Bomba, puis sans attendre une minute, en présence. Une figure blanche à une table se découpant sur un arrière-plan de splendeur mais j'étais incapable de regarder autour de moi. Ai fait trois génuflexions et me suis assis à côté de lui. On m'avait averti que son anglais consistait surtout à répéter comme un perroquet et je lui ai donc demandé d'une

1. Américain sociable, un chanoine de Saint-Pierre.
2. Prince Filippo et princesse Gesina Doria-Pimphilj ; l'un des éminents antifascistes de la noblesse romaine qui devint premier maire de Rome après la libération des Alliés en juin 1944. Elle était écossaise. Tous deux se sont cachés pendant la guerre, prenant des risques considérables pour la cause des Alliés.

voix forte de parler en français. Ai immédiatement abordé le sujet de la question de l'Église yougoslave, lui ai fait un bref résumé de la situation, ai mentionné Rittig. Il m'a écouté avec attention, m'a dit « *Ça n'est pas la liberté* »[1], puis il m'a tenu son discours de perroquet, me demandant combien d'enfants j'avais et expliquant qu'il avait assisté à la revue navale à Portsmouth. M'a donné des rosaires pour mes enfants et une bénédiction « spéciale ». Mais je l'ai quitté convaincu qu'il avait compris ce pourquoi j'étais venu. C'était tout ce que je demandais. J'ai vu Tardini qui m'a donné deux lettres à faire entrer clandestinement en Yougoslavie. Lui et le pape ont dit des choses polies au sujet de mon travail pour « l'Église et la civilisation » : « *continuez* »[2]. J'ai déjeuné au Grande avec Bridget Vesey[3], un type nommé Wren, John de Salis, Jim Utley, puis ai rendu visite à la duchesse de Sermoneta au palais Orsini – elle voulait quelques centimètres de sparadrap pour une vaccination. John de Salis a dîné avec moi et au cours de cette dernière soirée, j'ai découvert que j'aurais pu boire pendant tout ce temps-là du très bon bordeaux qui était vendu au bar. John et moi en avons bu trois bouteilles.

Naples, samedi 3 mars 1945

En avion jusqu'à Naples où on nous a appris qu'il n'y aurait pas de vol pour Bari aujourd'hui. Ai téléphoné à Bloggs Baldwin et passé la nuit chez lui dans un appartement au sommet

---

1. *En français dans le texte (NdlT)*.
2. *En français dans le texte (NdlT)*.
3. Cousine issue de germain de Laura Waugh ; mariée au lieutenant-général Sir Terence Airey, commandant suprême par intérim en Italie, 1946, et ensuite gouverneur militaire de Trieste.

de quelques centaines de marches, partagé par deux aviateurs ennuyeux et un Grenadier acteur.

Bari, dimanche 4 mars 1945

Bloggs s'est très gentiment occupé de moi. J'ai pris un avion dans l'après-midi et après un vol froid et éprouvant durant lequel j'étais abattu et nerveux, suis arrivé à Bari. Tout s'est déroulé sans le moindre accroc ici. Chambre dans un hôtel, bon courrier, compte rendu de l'évêque de Šibenik. Mauvaises nouvelles de Yougoslavie. Quarante-cinq prêtres assassinés à Mostar. Partisans ont fait preuve d'une odieuse discrimination en matière de distribution de nourriture ; présumée collaboration britannique dans l'attaque de Trieste et d'Istria[1].

Lundi 5 mars 1945

Matinée infructueuse passée à rendre visite à des gens qui s'étaient absentés.

Vendredi 9 mars 1945

Après cinq jours à l'Impériale, pendant lesquels j'ai attrapé un violent rhume à la tête, je me suis rendu en voiture à la villa de San Spirito laissant mon bagage à l'arrière d'un camion. J'ai demandé au chauffeur s'il était sûr que ce n'était pas dangereux et j'ai paresseusement accepté sa garantie qu'il ne

1. En réalité, les Britanniques se sont fortement opposés aux tentatives de Tito d'imposer les revendications territoriales yougoslaves.

pourrait rien lui arriver avec les ridelles fermées. Quand nous sommes arrivés à San Spirito, mon sac avait disparu ; c'était en soi un objet auquel j'étais très attaché, puisqu'il s'agissait du sac que j'avais initialement acheté pour partir en Abyssinie en 1930, et qui m'avait depuis suivi dans toutes sortes de circonstances, plus d'une fois rapiécé et réparé. À l'intérieur se trouvaient mes vêtements les plus utiles, mon journal des six derniers mois, et le portefeuille en cuir contenant tous mes documents personnels et toutes les notes de mon rapport sur l'Église en Croatie. J'étais désespéré. La police militaire était offensante et léthargique ; personne, si compatissant soit-il, n'avait le moindre espoir qu'il me soit restitué. Des bagages sont volés tous les jours à Bari, me disaient-ils, vous ne le retrouverez jamais mon vieux. Ma mémoire était assez bonne pour que je puisse noter quelques conclusions générales mais le rapport perdrait toute son authenticité sans mes documents. J'étais désespéré. Ai dîné seul et suis allé me coucher, ai décidé de rentrer en Angleterre sur-le-champ sans avoir écrit le compte rendu.

Samedi 10 mars 1945

Une matinée assombrie par l'inconfort d'avoir perdu la plupart de mes principaux articles de toilette. Après le déjeuner j'ai appris par message téléphonique que la police militaire avait retrouvé mon sac intact.

Dimanche 11 mars 1945

Je vais commencer à écrire mon rapport[1].

Lundi 12 mars 1945

Suis resté à San Spirito où j'ai travaillé de temps à autre.

Mardi 13 mars 1945

Après avoir entendu dire que Maclean quittait la Yougoslavie et partait directement pour Londres j'ai décidé de partir demain. Compte rendu à moitié terminé.

Charlie Brocklehurst a dîné avec moi à San Spirito.

---

1. L'idée d'écrire un rapport sur la condition des églises en Yougoslavie venait de Waugh. Il était intitulé « Église et État en Croatie libérée » et fut présenté à Fitzroy Maclean et au Foreign Office à la fin du mois de mars 1945. Ce rapport concluait que le régime de Tito « menace de détruire la foi catholique dans une région qui compte aujourd'hui quelque 5 000 000 de catholiques », mais ajoutait que Tito, si soumis à la pression des Alliés, « pourrait être poussé à suffisamment modifier sa politique pour donner une chance de vivre à l'Église ». Le rapport en lui-même, ainsi que les commentaires du Foreign Office, se trouve maintenant dans le Public Records Office, et on peut en trouver le résumé dans *Evelyn Waugh* de Christopher Sykes, p. 273-276.

Mercredi 14 mars 1945

Levé à 5 heures, suis arrivé à l'aéroport à 6 h 30, avion retardé jusqu'à 8 h 30, suis arrivé à Naples vers 10 heures. Pas de vol ce jour-là. Ai téléphoné à Bloggs. Ai déjeuné, dîné et dormi la nuit avec lui [1].

Naples-Londres, jeudi 15 mars 1945

Levé à 4 h 30, mais à 5 heures, avion à 7 h 30. Vol direct et calme au-dessus des nuages qui se sont dissipés à 12 h 20 pour révéler Versailles juste en dessous de nous. Ai déjeuné à Lympne à 14 heures. Londres à 18 heures. Hôtel Hyde Park. Dîner au White Peter Beatty. Ai téléphoné à Laura qui me rejoindra demain ; aussi à Basil qui m'a prêté sa suite.

Hôtel Hyde Park, Londres, samedi saint 31 mars 1945

Suis depuis une quinzaine de jours, en Angleterre, surtout à l'hôtel Hyde Park. Dépenses colossales si bien qu'avant-hier j'ai eu l'impression de faire des économies en achetant une montre en or à 50 £. Vivre, manger et fumer nous revient en moyenne à 15-20 £ par jour. Confort tout à fait honnête et, me semble-il, bien meilleur qu'il y a un an. Du bon bordeaux pour 2 £ 10 shillings. Déjeuner au bar à huîtres du Marks jeudi pour Maimie, Nancy Rodd, Basil et moi-même, rien d'autre à boire à part de la bière brune et du porto 7 £ 14 shillings. Mais j'ai plein d'argent qui s'est accumulé pendant mon absence. Des roquettes tombent deux ou trois fois par jour assez près pour

---

1. En anglais, « sleep the night with him » (*NdlT*).

qu'on les entende ; une a emporté les fenêtres de notre salon dimanche matin, en tombant à Marble Arche. Les nouvelles de la guerre continuent d'être bonnes. Tout le monde s'attend à ce qu'elle prenne fin dans quelques semaines mais sans allégresse ; les gens, quel que soit leur milieu, s'attendent à ce que la paix soit pire que la guerre. J'ai eu quelques entretiens au Foreign Office avec Chapman-Andrews, un vieil ami d'Abyssinie, qui est maintenant responsable du personnel consulaire ; il a très bon espoir que j'obtienne un poste si je le souhaitais. Aussi avec Douglas Howard[1], un bureaucrate timide mais courtois qui ne voulait pas me donner de réponse quand j'ai demandé de pouvoir faire circuler mon rapport croate parmi les MP[2], évêques et éditeurs catholiques. « S'il vous plaît, ne pensez pas que je veuille vous faire obstruction. » Combien de fois ai-je entendu cette phrase ; combien de fois devrai-je encore l'entendre. J'ai vu l'archevêque de Westminster, malin, vaniteux, vulgaire, pas sans humour ; j'y suis allé après avoir bu une bouteille de champagne avec Basil, un peu éméché et en mangeant mes mots, mais je ne pense pas qu'il l'ait remarqué ; quoi qu'il en soit, il est prévu qu'il déjeune avec nous le jour de Pâques.

Je suis allé passer deux nuits à Pixton où j'ai trouvé mon garçon plus avenant et viril. J'ai fait des dessins, joué à des jeux, suis monté sur le toit et étais épuisé. Puis à Midsomer Norton où mes tantes prennent grand soin de ma mère et font preuve d'une remarquable bonté à son égard. Elle a été informée qu'il fallait qu'elle quitte son appartement dans six mois et cela lui semble être la fin du monde – sans défense et sans espoir, incapable de donner une réponse claire à la question la

1. Directeur du Southern Department au Foreign Office, s'occupant de l'Albanie, la Yougoslavie, la Grèce, la Bulgarie, la Roumanie et la Turquie.
2. Abréviation de Member of Parliament, membre du Parlement (*NdlT*).

plus simple. J'ai trouvé sa compagnie tout à fait désagréable et l'ai quittée honteux de ne pas avoir été plus doux avec elle.

Henry[1] a écrit un livre obscène nommé *Loving* qui raconte l'histoire de domestiques.

Je suis allé à l'église de Warwick Street et on m'y a fait porter le dais. J'ai été alarmé par les esquisses réalisées pour remettre l'endroit à neuf et écrit pour demander un entretien.

Pâques, 1er avril 1945

Messe à Warwick Street, puis de tristes tentatives pour petit-déjeuner quelque part, tous les restaurants fermés ou débordants de files d'attente. L'archevêque au déjeuner, aimable et vif d'esprit, incapable de parler sans citer de grands noms : « J'ai dit à Lord Beaverbrook je lui ai dit... » « Alexandre m'a dit "*cui bono ?*" » ; mais il a mangé avec appétit et je pense qu'il est parti de bonne humeur.

Lundi 2 avril 1945

Une matinée à Victoria Palace. Henry Yorke et Dig à dîner. Il faisait des remarques incohérentes sur le symbolisme dans son livre et d'autres pertinentes sur le prolétariat et la Russie, que, selon lui, la corruption interne fera s'effondrer dans dix ans.

---

1. Henry Yorke, dont le nom de plume était « Henry Green ».

Mardi 3 avril 1945

Déjeuner chez Maimie. Ai signé de gros chèques à l'ordre de l'Inland Revenue. Suis allé voir le père More O'Ferrall concernant les suggestions désastreuses pour la remise à neuf de Warwick Street. Ai dîné avec Basil dans notre suite, puisqu'il avait laissé la sienne au maréchal Smuts. Aucune bombe depuis quelque temps maintenant. Nulle part la moindre euphorie à l'approche de la fin de la guerre.

Dimanche de la Divine Miséricorde 8 avril 1945

Une semaine calme. Mercredi nous avons reçu la mère de Laura et jeudi la mienne. Mary n'avait besoin que d'un dîner ; ma mère avait besoin de conseils juridiques. Les deux visites se sont bien passées. Pas d'autres roquettes ou bombes. Les nouvelles du front, triomphes continus de la destruction de l'Europe centrale. Aucune réponse de Windsor, ni du département consulaire du Foreign Office, ou du département responsable de mon compte rendu sur l'Église croate. J'ai acheté quelques livres victoriens de gravure et une montre en or. Je vais presque tous les jours passer une heure au White, autrement vis dans nos appartements à l'hôtel Hyde Park.

Mardi 10 avril 1945

Laura est repartie passer quelques jours à Pixton. J'ai déjeuné au Beefsteak et suis rentré légèrement éméché, me suis rendu au White où j'ai trouvé un message de Kitty Brownlow, suis allé la voir en bas de la rue et suis resté jusqu'à minuit. Ursula Manners est arrivée ; c'était étrange d'entendre une troisième génération parler de « Max », de l'écouter raconter qu'elle lui avait téléphoné pour avoir des nouvelles de la blessure de son frère, etc.

Mercredi 11 avril 1945

Encore un déjeuner au Beefsteak. Clive Bell très doucereux ; ai fait presque tout le chemin jusqu'à la maison à pied avec lui ; dormi ; dîné au Turf avec Basil, suis plus tard allé voir Bob et Angie ; ivre.

Jeudi 12 avril 1945

Gueule de bois. Ai fait parvenir des fleurs à Angie, envoyé promener le rendez-vous que j'avais pour faire visiter Londres à un Amerloque insignifiant nommé Edmund Wilson, critique ; ai passé l'après-midi au White avec Connolly ; y ai dîné, bu une bouteille de champagne et me suis senti mieux, suis allé chez Connolly où j'ai rencontré le E. Wilson mentionné ci-dessus. C'est le lendemain que je lui ai fait faux bond. Augustus John, Elizabeth Bowen, des bohémiennes.

Vendredi 13 avril

Gueule de bois. Laura est rentrée. V. et A. Powell[1] et Dru sont venus dîner à l'improviste. Toutes mes journées depuis le départ de Laura ont été embrouillées par l'alcool et l'insomnie, surtout à cause de Kitty qui a commencé à m'empoisonner de

1. Lady Violet Powell et Anthony Powell.

bonne heure. Au cours de la semaine, j'ai rendu visite à AG17 et les ai trouvés courtois, promettant de régulariser ma position. Maclean m'a aussi appris que j'aurai l'autorisation d'informer les MP, éditeurs, etc., au sujet des églises croates. Roosevelt est mort et un homme tout à fait comique lui a succédé, à la plus grande joie de Lord Sherwood. Armées si souvent victorieuses que cela en devient monotone. Sombres appréhensions du jour de la victoire. J'espère y échapper.

Samedi 14 avril 1945

Toujours ébranlé par le poison de Kitty. Angie au déjeuner. Une étouffante vague de chaleur. Le mardi 17 Laura est rentrée à Pixton. J'ai acheté un petit Mulready de la collection d'Hugh Walpole.

Mercredi 18 avril 1945

Service commémoratif pour Basil Dufferin. Pas mal de monde du White est venu. « Est-ce que je fais trop Noël ? » Ensuite déjeuner à Belgrave Place avec Korda. Quelques chevaliers ennuyeux. K. intelligent et agréable. Bon déjeuner, vin du Rhin et cigares de La Havane. Après-midi 16 h 45 à Oxford avec Frank[1], lui ai conseillé de se présenter aux élections du Parlement en tant qu'excentrique noble étranger ayant battu le record de démobilisation. Ai passé deux nuits à Campion Hall. Très chaud. T. S. Gregory[2] y séjournant aussi. Discussion

1. L'Honorable Frank Pakenham. En raison de sa santé, il n'avait pas pu servir dans l'armée.
2. Journaliste et auteur catholique.

essentiellement décourageante tournant autour de l'effondrement de l'Europe, l'avancée de la Russie, l'impiété. T. S. Gregory se vantant de la façon dont nous maintenions l'ordre en Europe. Je lui ai fait remarquer que nous n'avions pas les hommes pour maintenir l'ordre en Angleterre, que les villes de garnison n'étaient pas des cœurs du bon ordre. Lui ai conseillé les catacombes. Le père d'Arcy croyait avoir reçu des garanties surnaturelles lui assurant l'avenir de la chrétienté en Europe.

Jeudi 19 avril 1945

Une agréable journée à Oxford. Marronniers et lilas en fleurs. Ai acheté des livres. Ai déjeuné avec Frank et John Betjeman, rendu visite à Rachel Cecil (oreillons) me suis assis dans le jardin de Maurice[1] où j'ai entendu de sévères commentaires sur *Retour à Brideshead* : « Le livre préféré de Cecil Beaton. Connolly fait une imitation amusante de Marchmain sur son lit de mort. Je ne savais pas que vous aviez été amoureux d'Auberon. » Dîner à Campion.

Me suis présenté à Windsor après un voyage en train difficile et le commandant par intérim m'a accordé vingt-huit jours de permission. Suis arrivé au White à 13 h 30. Perry m'a descendu en voiture jusqu'à Belton. Ils ont une partie de la maison ouverte, la petite bibliothèque, le seul salon. Un négociant en valeurs boursières nommé Waddington ; champagne et délicieuses jeunes asperges. Le lendemain Kitty, un romancier nommé Valentine Williams et l'industriel prince Poniatowski. Très bonne discussion commerciale. Dimanche

---

1. Le jardin de Maurice Bowra à Wadham College.

Ursula Manners est venue dîner avec des nouvelles de la fête de Debo[1].

Pixton Park, lundi 23 avril 1945

Train matinal pour Londres. Il fait maintenant froid. Ai acheté une montre à répétition minutes à 125 £ – ne l'ai pas encore dit à Laura. Train de l'après-midi pour Dulverton, wagons vides.

Mardi 24 avril 1945

Mary et Gabriel sont partis. Les enfants des Grant n'étaient pas là. J'ai fait la conversation avec mes enfants et calculé que Laura descendait de six ou sept ducs.

Chagford, mardi 1er mai 1945

Arrivé à Chagford hier soir. Un voyage déplaisant puisqu'une porteuse lunatique a descendu mon bagage du train à Taunton et que j'ai dû attendre trois heures à Exeter sous des bourrasques de neige fondue et de flocons. J'ai acheté quelques livres de gravures.

À la fin de la semaine, Laura s'est alitée avec une température élevée. Magdalen Eldon est arrivée et se sentant mal, s'est alitée. Dru alternait entre son lit et un fauteuil souffrant

---

1. En anglais, « news of Debo's party ». « Party » peut aussi bien vouloir dire fête que groupe ou encore détachement ; ici, il est difficile de trancher (*NdlT*).

d'un foie distendu. Eddie[1] avait l'air de quelqu'un qui aurait dû être au lit et on aurait dit que la tombe était le seul endroit qui restait à ce pauvre M. Belloc. Il a laissé pousser une splendide barbe blanche et avec sa cape, qu'il portait à l'intérieur avec son chapeau et qu'il ne quittait jamais, il ressemblait à un archimandrite. Il perdait et volait toutes sortes de choses et tout ce qui entrait dans ses poches, toast, cigarettes, livres disparaissait à jamais, comme l'envers du chapeau d'un prestidigitateur. Il parlait sans arrêt, proclamant avec une grande clarté les griefs d'il y a quarante ans : que les Anglais vénéraient les Allemands et ne respectaient que la richesse chez les uns les autres ; que les riches asservissaient les pauvres en leur mentant ; que les professeurs d'université à Oxford étaient payés par les riches pour mentir. Peut-être que dans quarante ans, je me rendrais moi aussi pénible en dénonçant les communistes de la même façon. « La Banque d'Angleterre ne laisserait pas Napoléon bâtir un empire. » « Les Français sont un peuple catholique. » Les femmes l'amadouaient de temps à autre en lui demandant de chanter et alors, le visage illuminé d'une joie simple et avec de nombreux trous de mémoire, il chantait d'une voix chevrotante de vieilles chansons de marche françaises et des bribes de music-hall de sa jeunesse. Il a conscience d'être décrépit et d'avoir mauvaise mémoire, mais pas d'être assommant.

J'ai appris que ma candidature pour retourner en Yougoslavie avait été rejetée et j'en suis tout à fait heureux. L'honneur est sauf. Je suis content d'avoir fait tout mon possible pour y retourner et content de ne pas repartir. La fin de la guerre est attendue d'une minute à l'autre. Mussolini assassiné de façon obscène, d'incessantes rumeurs selon lesquelles Hitler aurait enfin perdu l'esprit. Le communisme gagne la France. La Russie

---

1. Eddie Grant.

insulte les USA. Je vais maintenant commencer à travailler sur Sainte Helena[1].

Dimanche 6 mai 1945

J'ai suffisamment lu pour commencer à écrire *Helena* demain. On a attendu la victoire en Europe toute la journée et à 21 heures, il a finalement été annoncé que ce serait pour demain. Carolyn s'en veut de ne pas se sentir transportée de joie. Il est agréable de terminer la guerre vêtu d'habits quelconques, en écrivant. Je me souviens écrire au début de tout cela à Frank Pakenham qu'elle aurait le mérite d'enfin nous montrer que nous ne sommes pas des hommes d'action. J'ai mis plus longtemps que lui à le comprendre. Je considère que le plus grand risque que j'ai encouru a été de devenir l'un des jeunes hommes de Churchill, d'obtenir une médaille et de me présenter au Parlement ; si tout s'était passé, comme on aurait alors pu s'y attendre, pendant les deux premières années, ce serait ce que je serais devenu aujourd'hui. Je remercie Dieu de toujours être écrivain et de me trouver au travail sur un sujet aussi « incontemporain » que moi.

---

1. Mère de l'empereur Constantin et, selon la légende, celle qui aurait découvert la croix sur laquelle le Christ avait été crucifié. Le roman de Waugh, *Helena*, est paru en 1950.

Sans ~~toit fait~~. ~~un dejean~~
pour le moins ~~incongrue~~ (un déjuner)

choyer

P.J avec des côtes perlées
Metal rentre éventé - assommé
             éventé   des coups

timbre d'un tambour — corde boyau
                              string
boyau - intestin
         guts

Bibliographie

Ouvrages de l'auteur dans leur ordre de citation

Trilogie *Sword of Honour* :

- *Hommes en armes*. Traduit par Jean Dumas-Simar, Stock, 1954 ; réédition Robert Laffont, coll. « Pavillons poche », 2012.
- *Officiers et Gentlemen*. Traduit par Gilbert Vivier et J.-G. Chauffeteau, Stock, 1956 ; réédition Robert Laffont, coll. « Pavillons poche », 2013.
- *La Capitulation*. Traduit par Jeanne Hébert-Stevens, Stock, 1962 ; réédition Robert Laffont, coll. « Pavillons poche », 2019.

Grandeur et décadence. Traduit par Henri Evans, Julliard, 1981 ; réédition Robert Laffont, coll. « Pavillons poche », 2006.

Ces corps vils. Traduit par Louis Chantemèle, Éditions de la Table ronde, 1947 ; réédition Robert Laffont, coll. « Pavillons poche », 2011.

Diablerie. Traduit par Marie Canavaggia, Union générale d'éditions, 1982 ; réédition 10-18, coll. « Domaine étranger », 2003.

Une poignée de cendres. Traduit par Marie Canavaggia, Bernard Grasset, 1945 ; réédition Robert Laffont, coll. « Pavillons poche », 2018.

Scoop. Traduit de l'anglais par Henri Evans, Julliard, 1980 ; réédition Robert Laffont, coll. « Pavillons poche », 2010.

Hissez le grand pavois. Traduit de l'anglais par Georges-Philippe Brabant, Robert Laffont, 1948 ; réédition Robert Laffont, coll. « Pavillons poche », 2019.

Retour à Brideshead. Traduit par Georges Belmont, Robert Laffont, 1946 ; réédition Robert Laffont, coll. « Pavillons poche », 2015.

When the Going was Good. Londres, Duckworth, 1946, non traduit.

Le Cher disparu. Traduit de l'anglais par Dominique Aury, Robert Laffont, 1949 ; réédition Robert Laffont, coll. « Pavillons poche », 2010.

Helena. Londres, Chapman and Hall, 1950, non traduit.

Edmund Campion. Traduit de l'anglais par André Prêle, préface d'André Maurois, Amiot-Dumont, 1953 ; réédition Desclée de Brouwer, Montréal, Bellarmin, 1989.

Life of Reverend Knox. Londres, Chapman and Hall, 1959, non traduit.

Un médiocre bagage. Traduit par Camille Lemercier, Gallimard, 1968.

P. R. B. An Essay on the Pre-Raphaelite Brotherhood 1847-1854, tirage privé par Alastair Graham, non traduit.

Rossetti, His Life and Works. Londres, Duckworth, 1975, non traduit.

Hiver africain, voyage en Éthiopie et au Kenya, 1930-1931. Traduit par Marc Gibot, Payot, 1992 ; réédition Payot, 2002.

Waugh en Abyssinie. Traduit par Béatrice Vierne, Arléa, 1989.

Scott-King et le monde moderne. Traduit par Jocelyne Gourand, Quai Voltaire, 1993 ; réédition Rivages poche, 1994.

The Holy Places. Londres, Queen Anne press, 1952, non traduit.

Love Among the Ruins. Londres, Chapman and Hall, 1953, non traduit.

L'Épreuve de Gilbert Pinfold. Traduit de l'anglais par Claude Elsen, Stock, 1958 ; réédition 10-18, coll. « Domaine étranger », 1999.

Table des matières

Présentation	7
Biographie	11
Chronologie	13
Préface	17
Introduction	21
JOURNAL DE GUERRE, 1939-1945	25
Bibliographie	357

ces écheveux P.9 — cheveux étourdi
une neige boueuse — plein de boue
calculs biliaires — deux lames
une vessie — bladder
une pantomime — mime - show
! ormes e/m
branle-bas disturbance
plonger — l'hôtel-cad chut + plonger
mirer émersion
    — de mirer
chauve — dégarni de mirer
                    pelé
septentrional méridional
discalie — changer de ton — déchanter
mimes
nous chevrotant — voix d'un vieillard ou fatigué
ton

s'écisims faute contre la syntaxe
la bondé large ouverture du fond — pommes d'eau

légèrement timbré
Un sadique sadique — un saducéen secte
sibyllines prédictions oracle
J. pleuricha — pleure

qui voulait soudain — souder une fabrique
très soûl pleinement repu — lire

pusillanimes — faible
            — tige d'arbre — a strand
la bringue

Laura était
face crasseuse

Ce volume,
le vingt-septième de la collection
« Mémoire de guerre »
publié aux Éditions Les Belles Lettres
a été achevé d'imprimer
en août 2019
sur les presses de l'imprimerie Laballery
58500 Clamecy

Composition et mise en pages : Flexedo (info@flexedo.com)

Dépôt légal : septembre 2019
N° d'éditeur : 9353
N° d'imprimeur : 907377
Imprimé en France